中国发展报告2020

中国人口老龄化的发展趋势和政策

中国发展研究基金会　著

中国发展出版社
CHINA DEVELOPMENT PRESS

图书在版编目（CIP）数据

中国发展报告 2020：中国人口老龄化的发展趋势和政策 /
中国发展研究基金会著. —北京：中国发展出版社，2020. 10
ISBN 978-7-5177-1139-1

Ⅰ. ①中… Ⅱ. ①中… Ⅲ. ①中国经济–经济发展–研究报告
②人口老龄化–研究报告–中国–2020 Ⅳ. ①F124②C924.24

中国版本图书馆CIP数据核字（2020）第196041号

书　　　名：中国发展报告2020：中国人口老龄化的发展趋势和政策
著作责任者：中国发展研究基金会
责 任 编 辑：樊　虎
出 版 发 行：中国发展出版社
标 准 书 号：ISBN 978-7-5177-1139-1
经 销 者：各地新华书店
印 刷 者：北京市中献拓方科技发展有限公司
开　　　本：787mm×1092mm　1/16
印　　　张：12.75
字　　　数：257千字
版　　　次：2020 年 10 月第 1 版
印　　　次：2020 年 10 月第 1 次印刷
定　　　价：128.00元

联 系 电 话：（010）68990646 67899620
购 书 热 线：（010）68990682 68990686
网 络 订 购：http：//zgfzcbs.tmall.com
网 购 电 话：（010）68990639 88333349
本 社 网 址：http://www.develpress.com
电 子 邮 件：cheerfulreading@sina.com

本书课题组成员

顾 问

王梦奎　国务院发展研究中心原主任，中国发展研究基金会原理事长、学术委员会主任

李　伟　第十三届全国政协人口资源环境委员会主任，中国发展研究基金会理事长，国务院发展研究中心原主任

项目组组长

卢　迈　中国发展研究基金会副理事长、研究员

项目组副组长

方　晋　中国发展研究基金会秘书长、研究员

俞建拖　中国发展研究基金会副秘书长、副研究员

主报告作者

陈　功　北京大学人口研究所所长、教授

冯文猛　国务院发展研究中心社会发展研究部研究室主任、研究员

背景报告作者

郑秉文　第十三届全国政协委员，中国社科院世界社保研究中心主任、教授

杜　鹏　中国人民大学副校长，老年学研究所所长、教授

尚少梅　北京大学护理学院院长、教授

陆杰华　北京大学社会学系教授

张许颖　国家卫生健康委中国人口与发展研究中心副主任、研究员

张毓辉　国家卫生健康委卫生发展研究中心副主任、研究员
王广州　中国社科院人口与劳动经济研究所研究员
陈俊华　中央财经大学管理科学与工程学院副院长、教授
孙鹃娟　中国人民大学社会与人口学院教授
郝晓宁　国家卫生健康委卫生发展研究中心研究室主任、研究员
王莉莉　中国老龄科学研究中心老龄经济与产业研究所副所长、研究员
顾　严　国家发改委社会发展研究所治理室副主任、研究员
罗定生　北京大学信息科学技术学院智能科学系副主任、副教授
王海涛　中国老龄科学研究中心老龄战略研究所副所长、副研究员
郑志刚　欧亚系统科学研究会老龄产业研究中心主任
谢立黎　中国人民大学社会与人口学院讲师

项目协调人
邱　月　中国发展研究基金会研究二部主任、副研究员

项目官员
程昭雯　中国发展研究基金会研究二部项目主任
王起国　中国发展研究基金会研究二部项目主任
马璐岩　中国发展研究基金会研究二部项目副主任

伴随着现代化进程与社会进步，人口老龄化在全球已成为普遍现象和社会难题，也是贯穿中国21世纪的基本国情。自2000年进入老龄化社会以后，中国老龄化程度持续加深。2019年末，中国65岁及以上人口已达1.76亿，占总人口的12.6%。预计"十四五"期间，中国老年人口数量和比例将继续增长，65岁及以上人口将超过2.1亿，占总人口比例约15%，从而由老龄化社会进入老龄社会。2035年和2050年，65岁及以上人口规模将达到3.1亿和接近3.8亿，占总人口比例分别为22.3%和27.9%。

中国人口老龄化来得快、规模大，而且发生在中国经济尚不发达、发展还不平衡的阶段，使得我们面临着"未富先老"和"未备先老"的双重挑战。但是，人口老龄化本身也是人民生活水平提高和社会文明进步的成果，也能带来发展的机遇和动力，关键在于如何积极、科学、有效应对。改革开放以来，中国老龄事业快速发展，政府主导、社会参与、全民行动的养老体系加快建立，逐渐适应了老年人的经济保障、服务保障、社会参与、精神关爱等需求。但是，超大规模、快速的人口老龄化，不仅使养老体系的可持续性面临挑战，而且将对经济、社会发展产生一系列重大影响，这是中国现代化进程中不能不重视的问题。为此，必须加快和加大统筹谋划的进度和力度，在科技创新、生育政策、人力资本投资、健康支持体系、养老服务体系、社会治理、税收制度以及社会伦理规范等诸多领域，进行广泛、深入和协同的改革。

中国发展研究基金会组织撰写的《中国发展报告2020：中国人口老龄化的发展趋势和政策》对上述问题进行了系统研究。报告基于对中国人口老龄化近期和中长期发展趋势的预测，对人口老龄化和经济社会发展的相互关系进行了分析，并围绕养老服务、健康支持、经济保障、社会治理等方面提出改革思路和关键政策选择。报告特别指出，调整生育和人力资源开发政策，积极开发老年人力资本，发展老龄产业，推动科技创新和技术进步，是将人口老龄化挑战变为机遇，形成经济增长新动能的重要举措。

我期待，这份研究报告的公开出版，对于理论界和实际工作部门全面了解中国人口老龄化的特征、影响，调整和完善适应人口老龄化的经济社会政策，对于增进国际社会在应对人口老龄化方面的知识共享，都有积极的促进作用，这也是开展此项研究的初心。

第十三届全国政协人口资源环境委员会主任

中国发展研究基金会理事长

国务院发展研究中心原主任

李伟

2020年6月8日

致谢
Thanks

经过两年的努力，《中国发展报告2020：人口老龄化的发展趋势和政策》终于呈献给读者了。本次报告选择"人口老龄化的发展趋势和政策"作为主题，是因为人口老龄化趋势对未来中国经济社会发展和建设社会主义现代化强国的重要影响。中国是全球人口老龄化发展速度最快的国家之一，老龄化与工业化、城镇化进程相伴随。十九大报告指出，"中国特色社会主义进入新时代，我国社会主要矛盾已经转化为人民日益增长的美好生活需要和不平衡不充分的发展之间的矛盾。"人口老龄化作为贯穿我国21世纪的一项基本国情，既是经济社会发展的巨大成就，带来的挑战也是全面、深刻和持久的。

近年来，党中央、国务院高度重视老龄事业发展和养老体系建设，就养老服务业发展、城乡居民基本养老保险制度、老年人口的健康支持体系、老年照顾服务等出台了一系列的政策和规范，并组织修订了《老年人权益保障法》，制定了《中国老龄事业发展"十二五"规划》和《"十三五"国家老龄事业发展和养老体系建设规划》，我国在养老保障和服务体系建设方面取得了显著进展。基本养老、基本医疗保障覆盖面不断扩大，保障水平逐年提高，城乡居民及城镇职工基本养老保险参保人数达8.59亿人；以居家养老为基础、社区为依托、机构为补充、医养相结合的养老服务体系初步形成，全国养老床位数达到627.7万张，每千名老年人拥有养老床位数30.3张。

虽然成绩显著，但存在的问题与困难依然突出。我国涉老法规政策缺乏顶层设计，系统性和可操作性有待增强；老龄健康支持体系和养老服务体系建设在城乡、区域和不同人群间不均衡问题突出；老龄相关服务有效供给不足，质量效益不高，社会参与不充分；养老保障制度依然处于碎片化状态。能否正确应对老龄化，关系国计民生、民族兴衰和国家的长治久安。

在上述背景下，中国发展研究基金会于2018年启动了这项大型综合研究。结合实证资料，本报告详细分析了中国人口老龄化的现状和趋势，对当前和未来经济社会面临的挑战和机遇进行了分析提炼。服务于社会主义现代化战略大局，本报告在主动适应和积极引领的总原则下，在经济增长、社会参与、服务提供、健康促进、经济保障和社会治理六个领域，提出了把握推动经济社会发展的机遇期，积极应对人口老龄化挑战的政策建议和措施。

本报告的完成，得益于全体课题组成员的辛勤投入以及众多专家学者的鼎力支持。北京大学人口研究所所长陈功教授和国务院发展研究中心冯文猛研究员作为主报告作者，用深厚的专业理论知识、长期积累的政策实践经验、对现实问题的准确把握和辛勤的工作，为报告的顺利完成奠定了坚实的基础。国务院发展研究中心原主任、中国发展研究基金会原理事长王梦奎先后三次对报告进行了仔细的阅读和细致的修改，对报告的框架结构和各章内容提出了重要的指导意见。中国发展研究基金会副理事长卢迈、副秘书长俞建拖全程指导了报告的写作，对报告各阶段的修改提供了重要意见。

人口老龄化研究涉及多个学科，这份报告也是多学科合作的结晶。为了使报告的分析具有坚实的科学基础和广阔的视角，中国发展研究基金会先后组织召开了多次专家座谈会和主报告讨论会，并委托来自高校和部委科研机构的研究者以及政府相关部门的政策实践者撰写了16份背景报告，这些座谈会和背景报告中的许多资料、分析和意见已经被本报告采纳。这些背景报告及作者分别是：《中国人口老龄化与未来发展趋势》（王广州、高瑗、李竞博）、《当前与未来老年人群特征及需求分析》（张许颖、刘厚莲）、《国际应对老龄化的政策和经验》（郑志刚）、《国内老龄政策和老龄产业研究》（王莉莉）、《人口老龄化与经济发展》（顾严、范宪伟）、《人口老龄化与科技创新》（罗定生、曹国良等）、《人口老龄化与区域、城乡发展》（杜鹏、安瑞霞）、《发展多元养老服务体系研究》（陆杰华、曾筱萱、陈瑞晴、刘静瑜）、《老龄问题社会治理的体制机制探索与改革》（王海涛）、《未来中国老年人生理心理健康状况、问题与预防》（郝晓宁）、《老年人医疗费用与医保筹资研究》（张毓辉）、《老年人长期照护保障制度探索》（尚少梅、万巧琴、于明明）、《中国老年人社会参与政策与现状分析》（谢立黎）、《年龄友好型社会环境建设的探索》（孙鹃娟、吴海潮）、《从财政（金融）角度讨论对老龄化的应对》（陈俊华）、《中国养老金的发展现状和前景》（郑秉文、牟瑾瑾）。上述背景报告的作者还参与了各个阶段的讨论并提供了很多宝贵的建议。除上述背景报告作者之外，浙江大学教授李实、民政部政策研究中心主任王杰秀对整体报告的修改提出了十分有益的意见和建议。

为了更准确地把握养老保障、医疗保障以及养老和医疗服务体系等与人口老龄化状况相关的政策和实践现状，课题组先后赴上海、深圳等地进行了实地调研。调研当中，得到了当地政府有关部门的大力协助。此外，为了了解国际经验，课题组在日本、美国、加拿大、英国的调研中，专门向当地主管医疗卫生和养老的政府部门、提供相关服务的重点企业了解了医疗和养老照护服务、健康信息技术的发展等情况。

中国发展研究基金会为报告的完成投入了大量的人力物力，邱月、程昭雯、马璐岩、王起国同志出色地完成了项目的具体组织工作，同时还承担了资料收集整理、辅助性研究和后期的大量修改完善工作，都静、李莹、闫晓旭、杨沫等同志参与了资料收集整理和报告修改工作。

2008年，中国发展研究基金会设立了"中国政策研究基金"，以支持年度性的《中国发展报告》以及其他研究项目的进行。中银国际控股有限公司、雅培贸易（上海）有限公司、东京海上日动火灾保险株式会社为中国政策研究基金提供了慷慨资助。

值此报告付梓之际，谨代表中国发展研究基金会，对全体课题组成员以及为报告的顺利完成提供支持和帮助的单位和个人表示诚挚的感谢！

中国发展研究基金会秘书长

方晋

2020年6月8日

导言
Introduction

新中国成立以来，特别是改革开放以来，中国的现代化驶入了快车道。这是一个涉及政治、经济、社会、文化等各个领域的复杂、深远、持续的过程。在20世纪80年代，中国提出现代化三步走的战略构想，分阶段解决人民温饱问题、人民生活总体上达到小康水平、到21世纪中叶基本实现现代化。在此战略目标下，中国又进一步提出了"两个一百年"奋斗目标。[①] 随着全面建成小康社会的目标即将实现，2017年中国提出新的现代化愿景：2035年基本实现现代化；到本世纪中叶建成富强民主文明和谐美丽的社会主义现代化强国。

人口是影响经济社会发展的基础性变量。现代化的核心目标是实现人的全面发展。现代化服务于人，又依托于人。人口老龄化会带来人口数量、质量、结构的趋势性和根本性变化，这将深刻地影响现代化的目标内涵和方式选择。

中国人口老龄化走向最高峰的过程，与现代化建设的规划期限相重叠。2000年，中国65岁及以上老年人口占比达到7%，进入老龄化社会。此后，在新中国成立以来历次人口转变的叠加影响下，中国人口老龄化不断加速。许多研究表明，到本世纪中叶，中国人口老龄化将达到最高峰，65岁及以上老年人口占比将接近30%，总人数将达到3.79亿。这样一种超大规模、快速的人口老龄化，会影响中国现代化愿景的如期实现吗？这是国内外都非常关心的问题。

人口老龄化对经济发展产生多重影响。首先是劳动力供给的影响。出生率下降从长远看会带来劳动力数量的减少，在就业机会充裕的情况下，会导致劳动成本的上升，对经济竞争力和经济增长可能会有负面影响，经济增长更依赖于技术进步。而寿命的延长则意味着人力资本的增加，对经济增长的影响更加正面。其次，人口年龄结构的变化会影响对最终产品和

---

① 到建党一百年时，使国民经济更加发展，各项制度更加完善；到世纪中叶即建国一百年时，基本实现现代化，建成富强民主文明的社会主义国家。

服务的需求，带来需求结构的变化。社会对物质的需求总量可能会降低，对质量的要求会更高，这有助于推动经济向可持续发展和高质量发展转型。最后，人口老龄化影响消费—储蓄行为，进而影响投资。总体来说，人口老龄化对经济增长的积极影响和消极影响并存，这些影响还与经济资源禀赋和经济结构、就业机会充裕程度、就业制度安排和人力资本投资水平等因素密切相关。

在社会层面，人口老龄化的影响也是复杂而深远的。伴随着人口老龄化向深度发展，老年群体在总人口中的比重会显著增加。年龄增长会带来身体机能的不可避免的衰退，使老年群体成为社会的脆弱人群，社会中原有的贫困和不平等问题，在老年群体中可能会表现得更加突出。从宏观层面看，老年人口比重的变化，有可能会带来社会观念、偏好和文化的改变。社会的就业压力可能会减轻，但这还要取决于技术进步带来的就业岗位需求的变化。在微观家庭层面，人口年龄结构的变化意味着抚养比的变化，家庭的养老负担将加重，家庭内部的分配问题和伦理也会面临诸多压力和挑战，这对养老保障体系提出了更高的要求。法律和社会规范需要做出调整以适应人口年龄结构的变化。

人口老龄化对经济、社会的影响，无疑也会传递到公共政策和政治层面。人口老龄化程度的加深，将使医疗卫生服务体系、医疗保险体系和养老保障体系的可持续性面临挑战。不仅要实现资金的可持续，制度调整衔接过程中的政策设计、路径选择和公众沟通也很重要。在一些国家，因为养老金标准和支付政策、退休政策、人口流动和跨国移民政策的调整，引发了社会动荡甚至政治上的混乱。由于历史的原因，中国的医疗保险制度、医疗卫生服务体系和养老保障体系在城乡之间、地区之间是高度分割的，这带来制度整合衔接过程中的巨大复杂性和不确定性。从公共治理的角度看，随着老龄人口规模和社会占比的扩大，社会的政治、经济、社会参与模式和内容也会发生变化，其对公共治理有何影响，尚缺乏全面而深入的研究。

从世界各国的发展历史看，人口老龄化都是自然的、不可避免的过程和趋势，不应该将老龄化视为洪水猛兽。人口老龄化对经济、政治和社会既有挑战和压力，也带来转型发展的机遇和动力，还有一些影响属于未知领域，有待进一步地研究。当前需要积极、理性、客观、全面地看待老龄化，通过政策选择来扬长避短，避免对老年群体的歧视以及陷入一种"恐老"的情绪中。

积极应对老龄化的重要基础是老年群体本身。老龄化并不意味着老年群体立即和全面失去经济社会活动的参与能力，老年群体实际参与经济社会活动的水平，在很大程度上是一种人为的和政策选择的结果。随着经济社会的发展，老年群体中相当比例的人口，特别是低龄老年人群，尚拥有良好的经济社会活动参与能力，是社会的宝贵财富，可以继续提供人口红利，在各方面创造价值。为老年群体创造良好的经济社会参与机会和条件，使老有所为，是积极应对老龄化的题中应有之义。

人口老龄化是影响经济社会发展的重要变量，但不是唯一的、决定性的变量。老龄化是和城市化、技术进步、产业结构调整、生活水平提升以及社会文化变迁等诸多因素联合发生作用的，其影响是正面还是负面、是大还是小，取决于经济、社会、政治和文化的一系列基础条件以及政策选择。中国在向高质量发展转型和迈向现代化的过程中，经济社会各个领域都在发生一系列快速的结构调整，这为应对老龄化的挑战、把握人口转型带来的机遇提供了政策选择空间。

当然，也不能轻视老龄化带来的挑战。中国这种大规模的人口转型，在人类社会发展史上是空前的。如果想要在2050年顺利实现现代化，中国需要在科技创新、第二次人口红利开发、生育政策、人力资本投资、人口迁徙政策、健康支持体系、养老服务体系、税收制度改革、社会治理体系、法律和立法以及社会伦理规范等诸多领域，进行广泛、深入和协同的改革。综合实施这些改革，挑战之大是可以预见的。中国在这些领域的政策探索，是自身实现现代化的需要，对于其他发展中人口大国也有借鉴意义。本报告力图全面而清晰地呈现中国人口老龄化的图景，分析不同老年人群的特征，对老龄化带来的复杂影响进行分析，并提出相应的政策建议。本报告的分析和对策，以中国人口老龄化相关研究和政策的最新进展为基础，同时力争在视域上有所超越，以期对当前的政策研究和讨论有所裨益。

目录
Contents

第一章

中国人口老龄化：现状、趋势、机遇和挑战

伴随着现代化进程与社会进步，人口老龄化在全球成为普遍现象。对全世界人口规模最大的国家——中国来说，人口老龄化值得格外重视和研究。这不仅因为中国拥有全世界最庞大的老年人群体，还因为在迈向社会主义现代化强国的道路上，人口老龄化将对社会面貌产生根本性的影响。积极、科学、有效应对人口老龄化带来的挑战，开发老年人力资本，发掘新人口红利，需要对人口老龄化发展趋势以及关键时间节点上的人口特征给出科学回答。

一、中国人口老龄化的历史和现状

（一）中国人口老龄化发展的历史

2000年，中国65岁及以上老年人口占比7%，达到国际上对老龄化社会的划分标准。人口老龄化是新中国成立以来人口转变必然出现的结果。新中国成立以来三次生育高峰的人口堆积，是导致21世纪中国人口老龄化快速发展的人口基础；而人均预期寿命的延长和生育水平的降低，则是人口老龄化重要的影响因素。

1. 老龄化的人口基础：新中国成立以来的三次生育高峰

新中国成立以来经历了三次生育高峰，三次生育高峰形成的人口队列，是中国人口老龄化快速发展的人口基础。随着他们依次进入老年期，中国的人口老龄化程度也不断加深。

1949~1957年是第一次生育高峰。1949~1957年，相对稳定的社会环境，使新中国迎来第一次生育高峰，人口再生产模式特点是"高出生率、低死亡率、高自然增长率"。根据1953年第一

1

次人口普查数据，妇女总和生育率保持在6左右。这一时期年出生人口在1700万~2200万，同期死亡率则不断下降。出生率的稳定上升和死亡率的快速降低，使总人口快速增加，1957年中国总人口已达6.4亿，比新中国成立时增加近1亿。

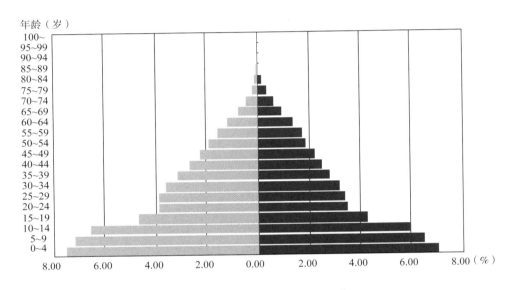

图1-1　1964年中国人口年龄结构

数据来源：国家统计局人口统计司：《中华人民共和国第二次人口普查统计数字汇编》，北京：国家统计局人口统计司1986年版。

从图1-1可以看出，0~14岁组人口数量要远高于15~19岁组。如以65岁及以上作为老年人的判断标准，第一次生育高峰期出生的人口在2014~2022年期间进入老年期，这批老年人是当前中国老年人口的主体。

1963~1973年是第二次生育高峰。"三年自然灾害"使得中国人口短期内出生率降低、死亡率增高，整体生育水平下降。1963~1965年中国人口产生了一个补偿性生育的出生高峰，其间共出生超过8000万人。此后的1966~1973年间出生率虽有所降低，总和生育率仍保持4以上的较高水平，同期内死亡水平大幅降低。这一时期总人口平均每年增长约2000万人。第二个生育高峰期出生的人口数量远远大于第一次生育高峰期。1972年开始实行的"晚、稀、少"计划生育政策，虽然使生育规模开始萎缩，但政策实施初期限制生育的效果并未释放，人口仍然处于高增长阶段。从图1-2可以看出第二个生育高峰期出生的人口队列正在进入青年时期。以65岁及以上作为进入老年期的标准，第二个生育高峰期出生的人口，将在2028~2038年间，即在中国基本实现社会主义现代化的过程中，逐渐进入老年时期。

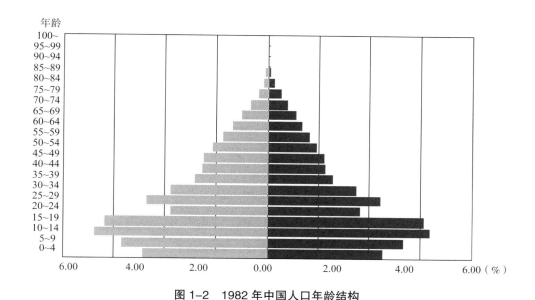

图 1-2　1982 年中国人口年龄结构

数据来源：国务院人口普查办公室、国家统计局人口统计司：《中国1982年人口普查资料》，北京：中国统计出版社1985年版。

1981~1990年是第三个生育高峰。第二次生育高峰后，出生率明显下降，1974~1980年出生率从24.8‰降至18.2‰，自然增长率随即减少。随着第二次生育高峰人口渐次进入婚育旺盛期，自1981年开始出现第三次生育高峰。不同于前两次生育高峰由高生育率、高出生率所致，这次出生高峰主要归因于育龄妇女规模增加，次要因素是该时期妇女生育水平依然较高，平均一个妇女仍然生育2.3~2.7个孩子，而死亡率保持了基本平稳的态势。在此阶段，中国的总人口规模突破10亿人，平均每年增长1500万~1600万人左右。20世纪八九十年代，虽然计划生育政策执行较为严格，生育规模受到严格管控，但是由于先前出生的人口进入生育旺盛期，人口发展的惯性规律导致人口增速并未急速放缓。

从图1-3显示的人口信息中，可以计算出第三次生育高峰期出生的人口将在2046~2055年进入老龄阶段。这批人口在进入老年阶段之后，其教育水平和健康水平都要远远超过其父辈和祖辈。

2. 老龄化的过程与推动性因素

人口老龄化是全人群事件，受人口发展规律制约，是人口转变的必然结果。在人口金字塔中可以看到，中国人口老龄化的发展历程中，影响因素主要来自金字塔底部（少年儿童人口）和顶部（老年人口）。

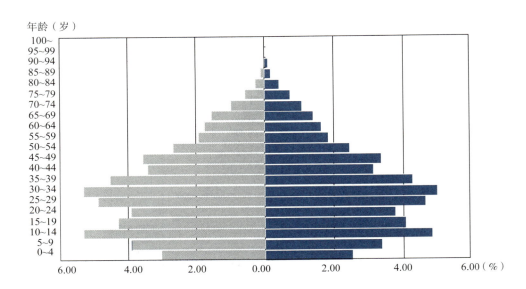

图1-3 2000年中国人口年龄结构

数据来源：国务院人口普查办公室、国家统计局人口统计司：《中国2000年人口普查资料》，北京：中国统计出版社2002年版。

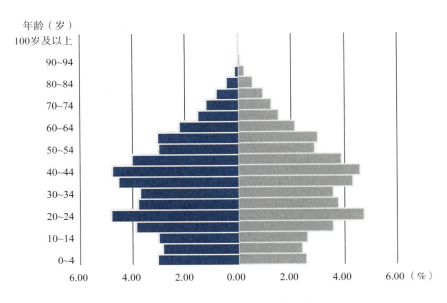

图1-4 2010年中国人口年龄结构

数据来源：国务院人口普查办公室、国家统计局人口统计司：《中国2010年人口普查资料》，北京：中国统计出版社2012年版。

生育水平下降。1964年人口年龄金字塔底部较宽、顶部较窄，人口再生产类型属于典型的年轻型，老年人口占比较低。1982年人口年龄金字塔的塔底宽部向上平移，10岁以下人口大幅度收缩，少年儿童人口占比持续下降，老年人口相对规模开始迅速上升。20世纪90年代总和生育率开始低于更替水平并持续走低，劳动年龄人口和老年人口的相对规模不断上升，少年儿童人口占比不断降低。这种少年儿童人口占比不断降低的过程，可以称为"底部人口老龄化"，是人口老龄化发展的最主要推动因素。

人口寿命延长并进入老年期。三次生育高峰出生的人口相继进入老年期，使老年人口绝对规模和相对规模急速扩大。2000年，中国65岁及以上人口规模达到8827万人，老年人口占比达到7%，超过了国际社会对人口老龄化社会的判定标准，进入人口老龄化社会。2010年开始，第一次生育高峰出生的人口进入老龄阶段，导致老年人口数迅速增加，人口老龄化进程提速，进入急速变化的人口老龄化阶段。

中国的人口老龄化是新中国成立以来人口结构演变的必然结果。三次生育高峰的人口堆积，是中国人口老龄化快速发展的基础；而人口健康状况的改善、人均预期寿命的延长和计划生育政策导致的生育水平的下降，是推动人口老龄化的重要因素。

（二）人口老龄化的现状与特点

中国进入人口老龄化社会后，在老年人口数量、年龄结构、性别结构、区域发展和经济发展等多个方面，都与进入老龄化社会之前有所不同。

1.老年人口基数庞大，增长速度快

截至目前，中国是世界上总人口和老年人口规模最大的国家。1982年，中国60岁及以上的老年人口约为7600万人，占总人口比例为7.6%；65岁及以上老年人口为4991万人，占比4.9%。1990年，60岁及以上的老年人口增长至约9752万人，占总人口比例为8.6%，65岁及以上老年人口上升至6368万人，占总人口的5.6%。2000年，60岁及以上的老年人口为1.30亿，占总人口比例10.3%，65岁及以上老年人口8821万人，占比为7.0%，中国进入人口老龄化社会。2005年中国65岁及以上老年人口突破1亿人，超过多数发达国家的总人口。2010年，中国60岁及以上的老年人口数达到1.78亿，占总人口比例13.3%，65岁及以上老年人口达到1.18亿人，占总人口的8.9%。根据国家统计局发布的数据，2019年末中国的65岁及以上老年人口达到1.76亿人，占总人口的12.6%。

新中国成立后，特别是改革开放以来，社会经济发展速度较快，平均预期寿命不断提升，老年人口规模长期居于世界第一。在世界范围内，中国处于较晚进入人口老龄化社会的国家，但从

2000年迈入人口老龄化社会以后，老龄化发展速度较快。2000~2019年间65岁及以上老年人口占比从7%上升至12.6%。根据预测，中国将在2022年左右，由老龄化社会进入老龄社会[①]，届时65岁及以上人口将占总人口的14%以上。这一过程仅用约22年，速度要远远快于最早进入老龄社会的法国和瑞典，这两国分别用了115年和85年才实现向老龄社会的转变，也快于其他主要的发达国家。人口基数大、发展速度快是中国人口老龄化典型的特征。

2. 人口年龄结构高龄化凸显

按照现行退休政策，以60岁退休后开始进入老年期对老年人进行划分，60~69岁人口称为低龄老年人口，70~79岁人口称为中龄老年人口，80岁及以上人口称为高龄老年人口。

高龄化是中国人口老龄化一个重要的特征。2010年第六次人口普查，中国有1904万高龄老年人。《中国人口和就业统计年鉴》的统计数据显示，2000~2018年，低龄老年人口、中龄老年人口和高龄老年人口占总人口的比重分别从6.16%、3.34%、0.96%左右上升至10.73%、5.03%、2.08%左右。其中高龄老年人口的平均增速最快。

2000年至今，低龄老年人口占老年人口的比重超过半数，结构相对稳定。中龄老年人口相对规模"先增后降"，2005年达到约三分之一，到2018年则略有下降。高龄老年人口比重持续上升。随着三次生育高峰的出生人口相继进入高龄期，未来老年人口年龄结构中"高龄化"现象将逐渐凸显。

3. 女性人口老龄化程度高于男性

女性平均预期寿命高于男性。随着社会发展水平的提高，居民健康状况不断提升，两性人口的平均预期寿命都有很大程度的提升。2015年，男性和女性平均预期寿命分别为73.6岁和79.4岁。根据2000年后老龄化的性别变动趋势（如图1-5所示），男性群体中65岁及以上人口占比于2001年超过7%，晚于全人群1年跨入人口老龄化社会；2000年女性中65岁及以上老年人口占比7.7%，高于全人群老龄化程度。女性人口高龄化程度也高于男性人口，女性高龄老年人数量更多。

4. 人口老龄化程度区域、城乡发展差异明显

我国区域、城乡之间发展的差异性，导致区域、城乡之间人口转变进程和程度不同，人口年龄结构变动趋势不一。以第六次人口普查各省份数据为例，65岁及以上人口占地区总人口比重

[①] 联合国经济和社会理事会1957年委托法国人口学家撰写的《人口老龄化及其社会经济后果》中，提出60岁及以上老年人占总人口10%以上或65岁及以上老年人占总人口的7%以上，则称为老龄化社会。与之类似，65岁及以上老年人口占总人口比例超过14%，则被认为是进入老龄社会；65岁及以上老年人口比例超过21%，则被称为"深度老龄社会"。

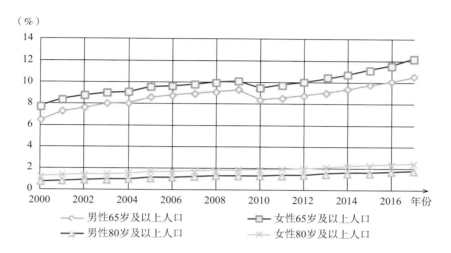

图 1-5　2000~2017 年中国男性、女性老年人口状况

数据来源：国家统计局人口和就业统计司：《中国人口和就业统计年鉴2018》，中国统计出版社2018年版。

最高的前十个省（自治区、直辖市）是：重庆、四川、江苏、辽宁、安徽、上海、山东、湖南、浙江、广西，主要集中在东部地区。其中，重庆市、四川省老龄化程度相对较为严重，主要因当地年轻劳动力人口外出打工，持续向外迁移所致。老年人口占比最低的五个省（自治区）是：西藏、青海、宁夏、新疆、广东，老年人口占比均在7%以下，未进入人口老龄化社会，这些省份主要集中在中国西部。其中，广东省的状况较为特殊：由于改革开放后，大量年轻人口持续迁入珠三角地区从事劳动密集型产业，使广东省的人口年龄结构年轻化。整体而言，当前中国东部地区人口老龄化程度较高，中部、西部地区老龄化程度相对较低，老龄化进程也相对显慢。2015年的1%人口抽样调查显示，中国各地区人口老龄化程度与经济发展水平具有一致性，自西向东呈阶梯上升，区域差距较大。

中国乡村人口老龄化程度高于城市和镇，呈现出"城乡倒置"的状况。2015年全国1%人口抽样调查揭示，城市的人口老龄化程度最低，65岁及以上老年人口占比为9.2%；镇的老龄化程度居中，占比为9.4%；乡村老年人口占比为12.0%，老龄化程度最高。形成老龄化"城乡倒置"局面的原因，主要是改革开放以来，中国乡村地区的劳动力年龄人口向城镇地区大规模流动，这种流动加深了中国农村地区的老龄化，而且在一定程度上降低了城镇地区的人口老龄化水平。

将老龄化的区域、城乡变化结合来看，中国城市人口老龄化区域差异明显，中部城市地区的人口老龄化程度最高，其次是西部城市地区，东部城市地区的老龄化程度最低。从镇的人口老龄化程度的区域差异来看，东部镇的人口老龄化程度明显高于中部和西部，中西部镇的老龄化程度相差不多，西部地区镇的人口老龄化程度略高于西部整体水平。乡村人口老龄化程度的区域差异的趋势与镇的老龄化区域差异一致，65岁及以上老年人口占比表现为东部乡村地区最高，其次是西部，中部最低，中西部的乡村人口老龄化程度差异不大。

中国人口老龄化程度的区域、城乡差异表现为以下几个特征。第一，在城市地区，中部城市的人口老龄化程度最高，其次是西部城市，东部城市的老龄化程度最低；第二，镇和乡村的人口老龄化程度东、中、西部依次降低；第三，整体上乡村人口老龄化程度相对较高，城市的人口老龄化程度相对较低，镇的人口老龄化程度介于二者之间。

（三）现阶段中国老年人群的特征

新中国成立70年来，经济社会环境发生了剧烈变化，各个时期出生的人口有不同的成长经历，他们进入老年期之后，所呈现的特征也有显著不同。基于宏观数据的可获得性，本部分针对现阶段老年人口的人口学基本特征描述，采用2010年第六次全国人口普查数据。

1. 老年人受教育状况以小学为主

第六次人口普查时65岁及以上人口中未上过学占32.6%。时至今日，这些人已进入74岁以上的高龄期。换言之，在中国当前74岁及以上的老年人口中，从未上过学的人口比例接近1/3，其余多数中高龄老年人也仅受过小学教育。

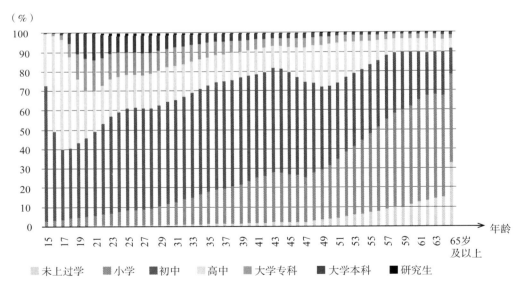

图1-6　中国人口受教育程度

数据来源：《中国2010年人口普查资料》。

2. 老年人中丧偶比例超过三成

第六次全国人口普查显示，老年人口婚姻状况与全人群人口婚姻状况差异较大，有配偶人口占63.2%，丧偶人口占34.5%，未婚者仅占1.7%（如表1-1所示）。由于身体状况随年龄增长逐渐恶化，高龄老年人的丧偶率较高，且老年女性丧偶率明显高于男性。老年人口有一定比例的终身未婚者，近些年，农村地区男性群体中的终身未婚者比例有所上升。

表1-1 中国人口婚姻状况 单位：%

年龄组	未婚	有配偶	离婚	丧偶
15~19岁	98.7	1.3	0.0	0.0
20~24岁	75.0	24.8	0.2	0.0
25~29岁	28.9	70.0	0.9	0.1
30~34岁	9.0	88.8	1.9	0.3
35~39岁	4.1	93.0	2.3	0.6
40~44岁	2.5	94.1	2.3	1.1
45~49岁	1.8	93.8	2.3	2.0
50~54岁	1.8	92.3	2.0	3.9
55~59岁	1.8	90.2	1.4	6.5
60~64岁	1.9	85.5	1.0	11.5
65岁及以上	1.7	63.2	0.7	34.5

数据来源：《中国2010年人口普查资料》。

3. 健康状况随年龄增加而恶化，男性好于女性

作为劳动力的退出人群，老年人的健康状况关乎社会养老负担及相关老年政策效果。由于现行退休政策以60岁为退休标准，因此虽然本研究主要将65岁及以上作为老年人的判定依据，仍然需要关注60~64岁之间的人群。第六次人口普查显示，60~64岁的老年人口中93.2%健康，6.0%不健康但生活能自理，仅有0.9%生活不能自理。65~79岁的老年人中70%健康，不健康但生活能自理的比例增加，生活不能自理的比例同样有所增加。在高龄老年人群中，随着年龄的增加，健康和基本健康的人口比重降低，不健康但生活能自理的高龄老年人口在90~94岁之间达到峰值，达31.0%。生活不能自理的高龄老年人口占比随年龄的增加不断提高，90岁及以上老年人口生活不能自理的占比20%以上（如表1-2所示）。

表1-2 老年人口健康状况 单位：%

	健康			基本健康			不健康，但生活能自理			生活不能自理		
	合计	男	女	合计	男	女	合计	男	女	合计	男	女
60~64	60.8	64.7	56.8	32.4	29.0	35.7	6.0	5.4	6.6	0.9	0.9	0.9
65~69	48.4	52.8	43.9	39.8	36.4	43.1	10.4	9.3	11.5	1.5	1.5	1.6
70~74	35.2	38.7	31.8	45.2	43.2	47.2	16.8	15.5	18.2	2.7	2.6	2.8
75~79	27.8	30.7	25.3	45.8	44.9	46.6	22.0	20.4	23.4	4.3	4.0	4.6
80~84	20.5	22.7	18.7	43.1	43.8	42.6	28.5	26.5	30.0	8.0	7.0	8.7
85~89	16.9	18.8	15.8	39.5	41.0	38.6	30.9	29.5	31.8	12.7	10.7	13.9
90~94	13.9	15.6	13.0	34.2	36.5	33.1	31.0	30.6	31.2	21.0	17.4	22.7
95~99	14.1	17.5	12.8	31.4	34.5	30.1	28.4	27.7	28.7	26.0	20.4	28.4
100+	12.7	17.7	11.1	30.8	29.8	31.1	27.3	30.2	26.4	29.2	22.3	31.4

数据来源：《中国2010年人口普查资料》。

各年龄段的老年人口中，"健康"和"基本健康"的男性老年人比重高于女性对应指标。除100岁及以上年龄组之外，其他年龄组的"不健康，但生活能自理"的女性老年人口比例高于男性。60岁及以上老年人口所有年龄组中，"生活不能自理"的女性人口比例均高于男性。结合上述对男、女性老龄化程度与健康状况差异的认识，可以发现虽然女性老龄化和高龄化程度高于男性，平均预期寿命也长于男性，但健康状况明显差于男性。

4. 老年人的主要收入来源

中国老年人的收入来源，主要包括家庭赡养、个人劳动和养老金三类。第六次人口普查显示，40.7%的65岁及以上老年人口主要依赖家庭其他成员给予生活支持，其次是主要依赖劳动收入（29.1%）和离退休金（24.1%）作为生活来源的老人，主要依赖财产性收入作为生活来源的老年人仅占0.4%。分性别看，女性更依赖于被动型家庭成员给付，主动性劳动获得有限，而男性反之，主动性劳动获得为主。2010年男性老年人生活来源于劳动收入占36.6%，其次为离退休金和家庭其他成员支持；而半数以上女性老年人口需要其他家庭成员给予生活补助，劳动收入占21.9%，财产性收入仅占0.3%（如图1-7所示）。

以2015年第四次城乡老年人生活状况调查为例，城镇老年人收入来源显现结构性转变，农村老年人的保障性收入占比也有明显提升。调查显示，2014年城镇老年人退休金等保障性收入比例为79.4%，而经营性收入、财产性收入和家庭转移性收入等非保障性收入占总收入的比重为20.6%。农村老年人保障性收入比例为36.0%，经营性收入、财产性收入和家庭转移性收入等非保障性收入的比例为64.0%。

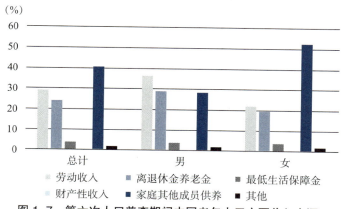

图1-7 第六次人口普查期间中国老年人口主要收入来源

数据来源：《中国2010年人口普查资料》。

5. 老年人流动比例有所增加

相当一部分中国老年人存在迁徙行为，低龄老年人口和高龄老年人口迁移比例高于其他年龄段的老年人口。第六次人口普查显示，不同年龄段老年人口均以省内户籍登记为主，且以"人户合一"的状态为主，八成以上的老年人口户籍登记地为省内，只有十分之一左右的老年人口进行过"人户分离"的省外迁移。老年人的省外迁移随年龄增长呈"U"形：65~74岁和90岁及以上老年人口进行省外迁移的比例较高，95~99岁老年人口中省外迁移比例最高，达到19.7%。在迁徙的老年人中，因拆迁搬家、投亲靠友和随迁亲属者较多，分别占23.1%、22.5%、18.5%。分性别看，各年龄段的女性老年人口省外迁移比例低于男性。结合中国健康与养老追踪调查（CHARLS）微观调查数据，老年人迁移行为更趋向于短距离区域内迁移。从短期来讲，将近九成的老年人口常住地在近一年内未发生变化。

表1-3　　　　　　　　　　　　　　　老年人口户籍登记状况　　　　　　　　　　　　　　单位：%

年龄（岁）	省内			其中市辖区内人户分离			省外		
	合计	男	女	合计	男	女	合计	男	女
65~69	86.6	86.3	87.0	30.7	29.4	32.1	13.4	13.7	13.0
70~74	88.4	88.1	88.7	34.9	33.0	37.0	11.6	12.0	11.3
75~79	90.4	89.9	90.9	39.7	38.4	41.1	9.6	10.1	9.1
80~84	91.7	91.4	91.9	41.7	40.9	42.5	8.4	8.7	8.1
85~89	91.8	91.3	92.2	42.9	42.2	43.5	8.2	8.7	7.8
90~94	88.7	86.0	90.3	40.2	38.8	41.1	11.4	14.0	9.7
95~99	80.3	73.3	85.1	29.1	23.0	33.3	19.7	26.7	14.9
100+	86.3	82.6	87.7	34.5	31.8	35.6	13.7	17.4	12.3

数据来源：《中国2010年人口普查资料》。

低龄老年人和高龄老年人迁徙更多的原因是低龄老年人流入城市照顾孙辈和年长老年人因生活自理能力弱化不得不投靠子女一起居住。目前一些大中城市日益增多的"老漂族"开始引发社会关注。这也说明，老年人流动和流动老年人的问题，已成为应对老龄化社会中需要考虑的一个重要方面。

二、中国人口老龄化的发展趋势

从人口发展的整体趋势看，中国的总人口即将到达峰值并进入长期负增长阶段，老龄化程度持续加深，老龄化趋势不可逆转。本研究以2010年第六次人口普查为预测基期，采用队列要素人口预测模型[①]等方式对2020~2050年人口状况进行测算。结果显示，2020~2035年，中国的总人口即将达到峰值并进入长期负增长阶段，达到峰值的时间在2030年左右，峰值人口为14.2亿~14.4亿；此后总人口将开始进入负增长时期。2050年人口规模将下降至13.6亿到13.8亿人。

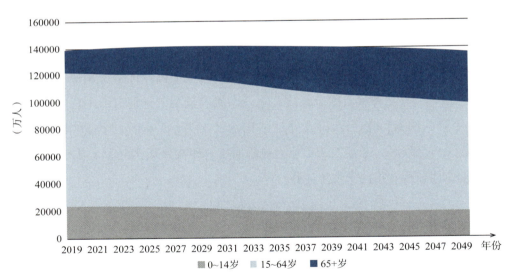

图1-8　2019~2050年中国人口数量及年龄结构变化

数据来源：国务院人口普查办公室、国家统计局人口统计司：《中国2010年人口普查资料》，北京：中国统计出版社2012年版。

---

① 队列要素人口预测模型的目的是通过对年龄别人口状况的研究、模拟和分析，了解人口系统的发展过程。队列要素人口预测方法实际上是采用系统仿真的思想，构建结构功能模型，对人口年龄结构的动态变化趋势和过程进行模拟分析。队列要素人口预测方法的基本原理是将人口群体划分为几个部分，根据人口变动规律和预测周期反复递推不同年龄别的活人剩多少、活人生多少和活人死多少。关于队列要素人口预测的基本原理、基本模型和预测方法详见《人口预测方法与应用》。

未来，中国老年人口的数量占总人口比例将持续上升。根据本研究测算，2020年中国65岁及以上的老年人约有1.8亿，约占总人口的13%；2025年"十四五"规划完成时，65岁及以上的老年人将超过2.1亿，占总人口数的约15%；2035年和2050年时，中国65岁及以上的老年人将达到3.1亿和接近3.8亿，占总人口比例则分别达到22.3%和27.9%。如果以60岁及以上作为划定老年人口的标准，中国的老年人口数量将会更多，到2050年时将有接近5亿老年人（如表1-4所示）。

表1-4	中国老年人口数量变化趋势测算		单位：万人
时间	总人口数	60岁及以上老年人	65岁及以上老年人
2020年	139845.6	25446.2	18156.8
2025年	141565.2	30851.5	21150.6
2035年	141326.1	42280.1	31478.5
2050年	136008.2	49761.8	37931.6

数据来源：根据2010年人口普查资料整理。

中国少年儿童人口数量将呈现出持续下降的趋势。2020年，中国0~14岁的少年儿童人口约有2.4亿，占总人口的17.2%；到2025、2035和2050年将只有2.36亿、1.96亿和1.93亿，占总人口的比重也持续下降。

以2035年中国基本实现现代化这一目标年份为界，可以将我国未来三十年的人口老龄化划分为中短期和远期两个阶段。这两个阶段人口老龄化既有共性，也表现出各自的阶段性特征。

（一）中短期（2020~2035年）人口老龄化的发展趋势

1. 2020~2035年的中国人口发展状况

2030年左右总人口规模达到峰值。在不考虑国外迁移流动的情况下，中国的人口规模将于2029年达到峰值14.2亿。2030年开始下降，2035年将下降到14.1亿人。

人口老龄化快速加深，老年人口规模庞大。截至2019年底，中国65岁及以上的老年人口数量，已经达到1.76亿。根据测算，2020年65岁及以上的老年人将有约1.8亿，占总人口的13%左右。2022年将接近2亿，占比将超过14%，进入老龄社会。2030年左右人口总量达到顶峰时，65岁及以上老年人口将有约2.4亿~2.5亿人。2034年老年人口将超过总人口的21%，进入深度老龄社会，届时老年人口数量将超过3亿。与多数发达国家人口老龄化程度较高但老年人口规模较小的特点相比，中国的人口老龄化同时呈现出变化速度快和老年人口规模大的特点。中国老年人口的庞大规模是西方国家未曾有过的；直到21世纪中期，中国都将是老年人口数量最多的国家。

劳动年龄人口规模持续负增长。如果以现行的15~60岁作为劳动年龄人口的划分标准，2011年劳动年龄人口为9.4亿，是劳动力资源供给的峰值，也是劳动力资源从增加转为减少的拐点。2019年劳动年龄人口9.0亿，2023年降至9亿以下，2035年为7.9亿，比2019年净减少约1.1亿。如果以15~64岁作为劳动年龄人口的划分标准，2019年劳动年龄人口9.8亿，2035年还有约9.0亿，净减少约0.8亿。2019年劳动年龄人口占总人口的比重为70.4%，2035年仅占63.9%。

人口城镇化持续发展。根据测算，2020年中国的城镇人口约有8.4亿；到2025年"十四五"规划完成时，将有约9.2亿人生活在城镇中；2035年，城镇人口可能达到10.36亿。整体来看，中国的人口城镇化将持续以较高的速度发展，15年间城镇总人口增长2亿左右。农村人口持续减少，2025年农村人口约有4.74亿，到2035年将下降至约3.45亿人。

少儿人口规模达到峰值并开始下降。根据预测，中国的少年儿童人口将在2021年达到峰值2.4亿后开始减少，2034年下降到2.0亿以下，2050年下降到1.9亿。少年儿童人口占总人口的比重在2020年达到峰值17.1%后开始下降，2035年下降至13.9%。

2. 本阶段人口老龄化的发展特征

老年人口规模庞大。庞大的老年人口规模将是中国人口老龄化发展过程中的突出特点。中国人口老龄化的速度远快于西方主要发达国家，基本上与东亚的韩、日两国持平甚至略缓。而中国庞大老年人口规模，则是其他国家都不具备的。根据预测，到2023年中国65岁及以上的老年人口数量将超过2亿，2034年将超过3亿。庞大的老年人数量，是中国应对人口老龄化必须考虑的重要因素。

老年人口高龄化有所加深。2010年，中国80岁及以上高龄老年人口规模为1904万人。根据预测，2026年高龄老年人将超过4000万，2030年超过5000万，2033年将超过6000万。2029年以前，高龄老年人口的增速略慢于人口老龄化的增速；此后高龄老年人将成为老年人口中增长最快的群体，高龄老年人群体占总人口比例将从2019年的2.3%增加到2034年的4.6%。

人口老龄化的城乡差距进一步拉大。本研究分城乡预测发现，2020~2035年期间，中国的农村人口老龄化程度和变化速度依然高于城镇地区，人口老龄化的"城乡倒置"的现象依然会持续，城乡之间老龄化差距也会进一步拉大。2019年中国城镇人口老龄化水平为10.5%，比农村低5.3个百分点，到2029年城镇人口老龄化率将达到14%。2026年农村人口老龄化率将突破20%，2032年农村人口老龄化率将突破30%。

人口健康状况有所改善。伴随着"健康中国2030"规划的实施和社会经济的快速发展，这一时期中国的人均预期寿命将超过80岁，超过"健康中国2030"中提出的79岁的目标。中国人口特别是老年人口的健康状况，将有实质性的改善。需要注意的是，2020~2035年期间可能面临着大量老年人口失能的风险。

人口受教育程度大幅提升。2020~2035年间，伴随着中国教育事业发展，人口的整体教育水平将有大幅度的提升。根据北京大学人口研究所的预测，这期间将有超过一半的总人口接受过完整的高中教育，受过高等教育的人口比例也将从13.9%大幅提升至23.9%。因此，虽然在这一时期中国的劳动力人口的数量有所下降，但其素质将有大幅提升。

老年人口的受教育程度也将持续改善。2020年时，还有约3280万65岁及以上老年人口未受到过任何教育，占老年人口总数的约18.1%；到2025年，未上过学的老年人口将下降到约2870万，占比下降到13.6%；到2035年时，只有1800万老年人未受过任何教育，仅占老年人口的约5.8%。与此同时，受过初中教育的老年人数量将快速上升，2020年仅有约25%的老年人受过初中教育，2035年，这一比例将超过40%。受过大学专科以上高等教育的老年人比例也持续上升。

表1-5 　　　　　　　　　　　　未来中国老年人口的受教育水平

	未上过学（%）	小学（%）	初中（%）	高中（%）	大学专科（%）	大学本科及以上（%）	65岁及以上老年人口数（万人）
2020年	18.1	49.1	25.0	7.3	2.4	1.2	18156.8
2025年	13.6	45.3	29.3	10.3	2.7	1.3	21150.6
2035年	5.8	34.5	41.2	12.9	3.6	2.0	31478.5
2050年	1.0	17.0	54.2	17.0	6.4	4.3	37931.6

数据来源：国务院人口普查办公室、国家统计局人口统计司：《中国2010年人口普查资料》，北京：中国统计出版社2012年版。

受惠于人口健康水平和受教育水平的改善，这一时期中国人力资本状况将有显著改善。届时全人口健康与教育状况将大幅提升，新进入老年期的人群，特别是低龄老年人，将拥有极大的人力资本开发潜力。

3. 利用人口红利的关键时期

自20世纪60年代开始，中国的总抚养比一直处于下降趋势。如果以总抚养比小于50%作为适合开发人口红利的判定界限，1995年降至50%以下，人口机会窗口开启。2010年达到最低值34.2%，2010年开始上升，2017年为39.2%，2030年将超过50%（如图1-9所示）。人口结构转变为中国创造了35年（1995~2030年）人口抚养比比较低的人口年龄结构"黄金"时期，也是生产性人口的黄金生产期和积极应对人口老龄化的战略机遇期。辅之以积极的社会发展政策，配合人力资本状况改善，这一时期将成为收获人口红利的机遇期。

从少年儿童与老年人口比例和抚养比来看，2027年前少年儿童人口多于老年人口，之后老年人口数量开始超过少年儿童人口数量。2028年前，少儿抚养比高于老年抚养比，此后老年抚养

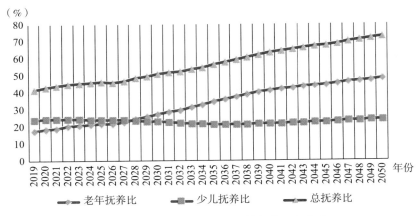

图1-9 2019~2050年抚养比测算与人口机会窗口

数据来源：国务院人口普查办公室、国家统计局人口统计司：《中国2010年人口普查资料》，北京：中国统计出版社2012年版。

比开始高于少儿抚养比，说明整个社会开始从"养小"向"养老"转变。在社会总抚养比持续上升的情况下，主要抚育负担由少年儿童转变为老年人，这将使按照现有模式开发人口红利更加困难，对社会长期的可持续发展带来影响。因此应该更加注重开发老年人口的人力资本。

（二）中长期（2035~2050年）人口老龄化的发展趋势

1. 人口总量持续下降

长期低生育水平和人口寿命的延长导致中国人口惯性增长并在2030年左右达到峰值，此后开始下降。根据本研究预测，2050年中国总人口将下降到13.6亿人。北京大学人口研究所、中国人民大学人口与发展研究中心、全国老龄办和联合国等机构的人口数据预测都显示，到21世纪中叶中国人口总量将下降至13.6亿~13.8亿。

2. 人口老龄化达到峰值并趋于平稳

从2035年到2050年是中国人口老龄化的高峰阶段：根据预测，到2050年中国65岁及以上的老年人口将达到3.8亿，占总人口比例将接近30%；60岁及以上的老年人将接近5亿，占总人口比例将超过三分之一。2050年之后人口老龄化速度逐渐趋于平稳。

3. 人口城镇化基本完成，农村老年人口规模缩减

2035~2050年，中国人口城镇化将逐步完成；城镇人口数量下降，但比例缓慢上升。2035年城镇人口比例将达到75%左右，大约有10.36亿人生活在城镇。而城镇人口数量高峰则为2036年，届时城镇人口将可能达到约10.47亿。此后伴随总人口的下降，城镇人口数量也将缓慢减少，到2050年城镇人口数量将可能下降至10.13亿左右，但占比仍将继续缓慢上升至78%左右。

这一时期农村人口将持续下降，从2035年的3.45亿人下降到2050年的不足3亿人。届时65岁及以上人口中农村老年人占比下降到远低于城市老年人口占比，农村人口老龄化的问题在一定程度上得到缓解。到2050年，农村老年人口占农村人口的比例，也将有所下降（如图1-10所示）。

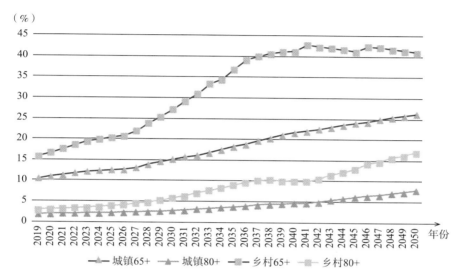

图1-10　2019~2050年城乡老年人及高龄老年人占各自人口比例变化

数据来源：国务院人口普查办公室、国家统计局人口统计司：《中国2010年人口普查资料》，北京：中国统计出版社2012年版。

4. 老年高龄化导致老年人失能风险增加

高龄化意味着老年人寿命的普遍延长，也意味着老年人失能风险的提升，老年人的健康风险特别是失能风险需要格外重视。从生活不能自理老人的规模变化和结构变化趋势来看，预计2050年中国60岁及以上[①]生活不能自理老人的总量将在1725万以上，是2019的2.4倍左右。2050年60岁及以上生活不能自理老人占老年人口的比例将超过3.4%。从老年人口"不健康，但生活能自理"状况来看，预计2050年将达到8464万左右，是2019年的2倍左右。分性别来看，60岁及以上"生活不能自理"的女性老年人口高于男性，女性大体是男性的1.5~1.6倍之间，老年人健康存在明显的性别差异。2050年，60岁及以上"生活不能自理"的男、女性数量分别为660万、1065万。

如果将"生活不能自理"的老年人视作需长期照护的失能老年人，未来失能老年人的数量将持续攀升。根据本研究的测算，2020年60岁及以上的失能老年人大约为742万，占60岁及以上人口总数的约2.9%；2025年"十四五"规划完成时，60岁及以上失能老年人口数攀升至911万左

---

① 由于未来中国疾病谱的转变，退行性疾病和慢病占比的持续提升，未来将有更多的人口在更早的年龄面临失能风险，因此本部分讨论了60岁及以上人口的失能状况，而非仅仅针对65岁及以上人口进行讨论。

17

右，占相应年龄段人口比例则基本保持不变。到2035年和2050年时，60岁及以上失能老年人口数将分别上升至约1360万和1725万人，届时失能老年人所占对应年龄段人口比例也将上升至3%以上。

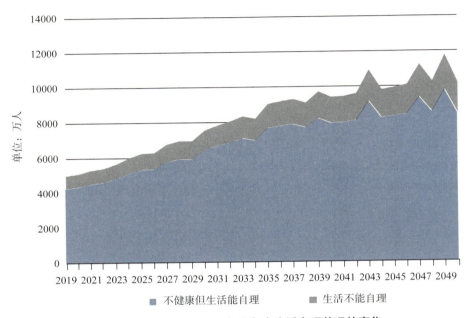

图1-11 2019~2050年老年人生活自理状况的变化

数据来源：国务院人口普查办公室、国家统计局人口统计司：《中国2010年人口普查资料》，北京：中国统计出版社2012年版。

表1-6 　　　　　　　　　　中国60岁及以上老年人口及失能老年人状况预测　　　　　　　　单位：万人

年份	60岁及以上老年人口	失能老年人
2020年	25446.2	742.2
2025年	30851.5	911.7
2035年	42280.1	1360.3
2050年	49761.7	1725.1

数据来源：国务院人口普查办公室、国家统计局人口统计司：《中国2010年人口普查资料》，北京：中国统计出版社2012年版。

也应该看到，如果排除了那些不健康和生活不能自理的失能老人，中国还有相当数量的老年人身体较为健康且生活可以自理的。由于老年人的不断增多和健康水平的改善，这部分老年人在逐渐增多。根据预测，2025年、2035年、2050年生活健康且能自理的60岁及以上老年人数量，分别为2.45亿人、3.32亿人、3.95亿人。其中一部分老年人由于年龄等原因，可能不再能够参与社会、经济活动，但是仍然有大量60~70岁的老年人是"活力老人"，他们将成为这一时期重要的人力资源。

表1-7　　　　　　　　　中国60岁及以上老年人口及生活健康且能自理老年人预测　　　　　　　单位：万人

年份	60岁及以上老年人口	生活健康且能自理的老年人
2020年	25446.2	20327.2
2025年	30851.5	24587.5
2035年	42280.1	33247.4
2050年	49761.7	39572.2

数据来源：国务院人口普查办公室、国家统计局人口统计司：《中国2010年人口普查资料》，北京：中国统计出版社2012年版。

5. 老年人口受教育水平大幅上升

老年人口的代际替代将大幅提高2035年至2050年间中国老年人口的受教育水平。未上过学和仅上过小学的老年人口占比逐年下降，接受中学、大学教育的老年人口占比均有所上升。从表1-6可以看到，到2050年，65岁及以上老年人口中54.2%为初中受教育程度，17.0%为小学受教育程度，10.7%接受过大学专科及以上教育。80岁及以上的高龄老年人口中50.8%为初中受教育程度，22.1%为高中受教育程度，仅有0.9%未接受过教育。老年人整体的受教育水平大幅提升，老年人的人力资本将随着健康状况的改善而得到充分发挥。

6. 家庭规模进一步小型化，独居、空巢老人数量将增加

预测显示，2035~2050年，中国家庭规模的小型化趋势将进一步明显，独居老年人的数量也将明显增多。三代家庭进一步分化，一人户、一对夫妇户、三人户等小家庭将快速增长。2010年第六次人口普查时中国家庭平均规模已下降到3.1人以下，2015年前后下降到3人以下。未来家庭规模将进一步下降，到2050年下降到2.5人左右（如图1-12所示）。

图 1-12　平均家庭规模变动趋势

数据来源：国务院人口普查办公室、国家统计局人口统计司：《中国2010年人口普查资料》，北京：中国统计出版社2012年版。

独居老年人规模和比例持续增长。2010年第六次人口普查时，65岁及以上独居老年人户共有1754万户，2015年增长至1996万户，未来将会进一步增长（如图1-13所示）。城乡区别的分析显示，农村老年人空巢比例将高于城镇家庭，2050年将达到城镇地区的两倍以上。

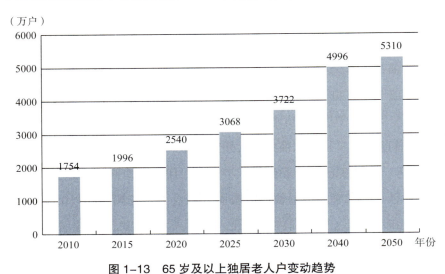

（万户）

图 1-13　65岁及以上独居老人户变动趋势

数据来源：国务院人口普查办公室、国家统计局人口统计司：《中国2010年人口普查资料》，北京：中国统计出版社2012年版。

综合两个阶段看，未来三十年，中国的人口老龄化将进一步深化，老年人规模继续迅速扩大，在总人口中占比不断增加。老年人在地区分布、年龄结构和教育水平等方面也将发生显著变化，独居老年人规模和比例增加，生活不能自理的老年人数量增长，因此有针对性地做好资源配置和措施构建十分关键。

三、中国人口老龄化带来的挑战与机遇

人口老龄化为我国未来的发展带来一系列挑战，但人口老龄化不仅仅带来负面影响，也是人类社会发展的重要成就之一。参考国际应对老龄化的先进经验，采取适当的政策鼓励和引导，人口老龄化也可能会给中国发展带来难得的机遇。

（一）从国际视角看中国人口老龄化的突出特点

人口老龄化是一个全球性的议题，世界各国已经或将面临同样的挑战。将人口老龄化问题放在国际视野下看待，与其他国家比较，可以发现中国的人口老龄化在人口数量、人口与经济水平、人口与社会发展三个方面具有鲜明的特点。

从人口数量看，中国的老年人口绝对数量庞大。迄今为止，中国是世界上总人口和老年人口规模最大的国家。从老年人占总人口的比例上看，中国老龄化的问题相比其他发达国家（如日本、德国、瑞典、英国等）并不突出。但在老年人口规模上，中国面临的问题的严峻性远超其他国家，老年人口规模甚至超出很多国家的人口总数。2025年中国65岁及以上的老年人口，将达到约2.1亿；2035年将达到3.1亿；2050年将达到3.8亿左右。庞大的老年人口数量，将会给中国的社会治理、社会保障和养老服务带来巨大压力。与目前老龄化程度较为严重的发达国家相比，中国未来巨大的老年人口数量将会变成老龄化过程中经济、社会问题的"放大镜"。

从经济发展水平看，中国的老龄化水平超前于经济发展。"未富先老"是1982年人口普查后针对中国人口特征与经济发展状况提出的概念。人口基数大、老龄化速度快的特点致使中国在经济发展还不充分的情况下就快速进入老龄化社会。中国国内生产总值2010年超过日本，成为世界第二大经济体，但仍然是发展中国家，人均GDP远低于发达国家。在进入老龄化社会时，中国的劳动生产效率还有待提高，居民财富还不能满足消费属性突出的老年人口的生活需要。相对薄弱的经济实力和物质基础与人口老龄化叠加，对未来社会经济发展产生深远影响。近年来有学者指出，中国的经济发展速度已经超过了人口老龄化的发展速度，中国人口老龄化与经济发展的匹配程度正在不断提高。但是如果观察同等老龄化水平下的经济发展水平，可以发现中国的经济发展水平（例如用人均国民总收入GNI进行比较）仍然要落后于美、日、韩等同样面临人口老龄化问题的发达国家。

从社会发展角度看，老龄化与城镇化发展叠加。未来中国人口老龄化迅速发展的同时，人口的城镇化同步高速发展，二者发展的过程几乎严格对应、相互叠加。

根据上一节中有关人口城镇化的相关测算，可以将2019~2050年期间中国的城镇化过程大致划分为两个阶段：第一阶段为2019~2036年，这一时期中国的城镇人口规模不断增加，从2019年的8.26亿增至2036年的10.47亿。相对而言，农村人口数量则不断减少。第二阶段为2037~2050年，这一时期中国的城镇人口从2037年高峰时的10.44亿降至2050年的10.13亿，净减少0.31亿人；与此同时，农村人口规模也从3.30亿减少至2.86亿，净减少0.44亿，农村人口下降速度快于城镇人口。

可以明显地看到，中国人口城镇化的发展过程与人口老龄化过程中的中短期（2019~2035年）和中长期（2036~2050年）两段时期基本一一对应：中短期时，中国人口老龄化快速发展，人口的城镇化也持续推进；而中长期人口老龄化趋势放缓时，中国的城镇化速度也随之减慢。

中国的人口老龄化和城镇化相互叠加，在国际对比中也较为独特：最早出现人口老龄化的西欧和美国等国家，在出现人口老龄化态势之前就基本完成了城镇化进程。与中国地理接近的日本和韩国城镇化水平也远远高于中国。早在1957年日本的城镇化率就达到76%；1985年韩国的城镇化率也达到74%。日韩两国在人口老龄化的初期，都基本完成了人口的城镇化过程。反观中国，2035年基本实现社会主义现代化时，才能达到与日韩老龄化开始时的城镇化水平，而此时人口老龄化已经经历了快速发展的15年，人口总量由上升转入下降阶段。人口老龄化与城镇化过程相互叠加，一定程度上反映了中国在老龄化过程中社会发展水平的相对落后。人口老龄化伴随大规模的城乡人口流动，还将给城镇发展带来极大的挑战。

（二）人口老龄化给中国带来的主要挑战

未来中国的人口老龄化将有可能在以下几个方面对经济、社会发展构成极大的挑战。

人口老龄化对未来经济可持续发展产生潜在消极影响。未来中国人口总量将会下降，老年人口占比和数量将提升，劳动人口占比和数量相对下降，未来劳动力人口的供给将会减少。目前中国正处于第一次人口红利末期，经济发展一定程度上依赖劳动力的充分供给，依照现有模式继续发展劳动密集型产业，将会碰到极大的困难和障碍。此外，劳动力人口供给的减少，还将在一定程度上提高劳动力的工资成本，也将对劳动密集型产业产生不利影响。

从科技发展的角度来看，人口老龄化对创新决策存在一定的负面影响。人口老龄化也会导致有效劳动力减少、市场规模萎缩和生产活动活跃度下降，抑制技术进步和全要素生产率的提高。目前中国的老龄产业发展尚不充分，老年人的新生需求有限，难以推动相关领域科技的突破性进步。

老年人口数量庞大，给社会保障体系、养老服务体系和老年健康支持体系带来巨大压力。到2025年"十四五"规划末期，中国65岁及以上的老年人口将超过2亿，2050年中国老年人将接近4亿。未来庞大的老年人口数量将给资金本就不够宽裕的社会保障体系、产业人员缺口巨大的养老服务体系和发展不充分的老年健康支持体系带来巨大的压力。从人力、财力和政策等几方面来看，中国还未达到西方主要发达国家经历人口老龄化时的发展水平。如何满足不断增长的老年人群体在生活保障、养老服务和健康等方面的需求，将是极大的挑战。

老龄化与城镇化叠加，为老年社会参与和老龄社会治理提出新挑战。老龄化与城镇化相叠加，意味着在老龄化的过程中，相关政策考虑维度的增加，需要同时考虑人口的老龄化与人口的城镇化。这一过程带来的老年社会参与和老龄社会治理挑战也较为严峻。在老年人口城镇化的过程中，老年人将脱离原有的熟人社会，进入城镇中的生人社会，导致个体的碎片化、原子化。这将会对老年人的社会参与带来极大的挑战。城镇化过程中老年宜居环境的建设通常优先级不高，老年人进入城镇后也将面临各种适老设施和法律政策环境的不足。老龄化与城镇化对国家和社会最大的挑战，是老龄社会治理。65岁及以上人口占比接近30%的深度老龄社会，其社会面貌、社会形态、社会的基本需求和矛盾，都将与当前社会有所不同。届时老年人群体将会成为数量最大的群体，他们的诉求都将难以忽视。城镇化的发展不足，很有可能导致老年人的需求无法得到充分满足、政府的治理能力和社会的自组织能力都无法充分发挥。

（三）人口老龄化为中国发展带来的机遇

人口老龄化不仅对经济、社会的发展带来挑战，同时也能带来发展的机遇。通过制度完善和政策引导，抓住机遇，迎接挑战。

一是重新审视老龄化与经济发展的关系，大力开发老年人力资本。人口老龄化对中国当前经济发展模式的影响，整体上可能是负面的，但人口老龄化也倒逼经济发展模式改革。深化对人口老龄化与经济发展关系的认识，采取积极的政策开发老年人力资本、扶持老龄产业推动科技进步，可以为经济发展寻找到新机遇和新动能。

老年人力资本可成为推动中国经济可持续发展的重要动力。由于法定退休年龄偏早、就业保障制度不完善等因素，老年人作为人力资本的重要组成部分，开发还不够充分。未来伴随着教育水平、健康水平的提升，老年人作为人力资本的价值将进一步提升。因此，采取积极的政策鼓励老年人力资本充分发挥，将能够有效地推动中国经济的可持续发展。

"银发经济"发展前景广阔。当前中国的老龄产业、养老服务业等"银发经济"行业尚处于发展的初级阶段。随着中国老龄化的进一步加深，社会对满足老年人生活、健康需求的产品、服务的需求也将持续增长。辅之以必要的政策支持和引导，"银发经济"未来将成为老龄化社会中，带动中国经济可持续发展的新的增长点。

二是进行整体规划与顶层设计，采取总体性政策。目前中国的人口老龄化与城镇化和现代化过程基本同步发展，有进行通盘规划和完善顶层设计的空间。如果从人口政策、经济发展、社会治理和健康照护等方面，出台协调一致的老龄政策，将会有效降低老龄政策成本、提升政策成效，达成积极、科学、有效应对人口老龄化的政策目标。

三是充分发挥制度优势，全面强化应对老龄化社会的能力。《国家积极应对人口老龄化中长期规划》中提出从财富储备、劳动力供给、老龄产业、科技创新和社会环境等方面应对人口老龄化，但具体政策落实和执行仍需要进一步具体化。老年人身体健康条件的下降，将会导致未来中国老龄化社会的抗击风险能力降低，自然灾害、大规模流行病等因素将对整个社会的发展产生巨大影响。发挥现有制度优势，以党的十九届四中全会中提出的加强社会基层治理能力和加强养老服务体系建设为契机，推动老龄政策的出台、落实、执行，将会有效增强全社会应对人口老龄化的能力。

参考文献

[1] 国家统计局. 2019年国民经济和社会发展统计公报. 2019. 2。网址为http：//www. stats. gov. cn/ tjsj/zxfb/202002/ t20200228_1728913. html

[2] 邬沧萍，王琳，苗瑞凤. 中国特色的人口老龄化过程、前景和对策. 人口研究，2004（01）

[3] 中国老龄科学研究中心. 老龄蓝皮书：中国城乡老年人生活状况调查报告（2018）. 社会科学文献出版社，2018

[4] 国务院人口普查办公室，国家统计局人口统计司. 中国2010年人口普查资料. 北京：中国统计出版社，2012

[5] 罗雅楠，程云飞，郑晓瑛. "全面二孩"政策后中国人口态势趋势变动. 人口与发展，2016（05）

[6] 孙鹃娟，高秀文. 国际比较中的中国人口老龄化：趋势、特点及建议. 教学与研究，2018（05）

[7] 王磊. 中等收入阶段应对人口老龄化挑战的国际经验及启示. 老龄科学研究，2014（02）

第二章

开发老年人力资本

本章探讨人口老龄化对中国经济发展的影响，怎样通过开发老年人力资本来促进老龄产业发展和科技创新与技术进步，带动经济发展。目前，中国具备持续开发老年人力资本尤其是低龄老年人力资本的条件，产业结构的优化升级与科技创新能够为经济发展提供强劲动力。为了将人口老龄化挑战变为机遇，促进经济社会平稳转型和发展，需要政府、企业、个人多方面共同配合，将开发利用低龄老年人力资源和发展老龄产业科技作为前瞻工程和长期任务。

一、人口老龄化与经济发展的关系

人口老龄化对经济发展影响的研究是20世纪中期才逐渐兴起的。法国人口学家、人类学家、经济史学家阿尔弗雷德·索维（Alfred Sauvy）是这个领域的开创者。他较早地指出人口老龄化对劳动力供给、进而对储蓄率和投资率存在负面影响。1956年联合国发布的《人口老龄化及其社会经济影响》，至今仍被广泛引用。在20世纪中期至今的几十年时间里，关于人口老龄化对经济发展影响的研究已十分丰富，主要集中在人口老龄化对劳动生产率、资本积累、产业结构和科技四方面的影响。

（一）人口老龄化影响劳动生产率

人口老龄化不仅是老年人口相对规模趋于增加的表象，还是人口全年龄结构的重要转变特征。劳动年龄人口是经济增长中最重要的生产力，其规模和占比深刻影响生产潜能。老龄化伴随着因人口出生率、死亡率和自然增长率变化而产生的人口负增长，这使得劳动力规模和结构发生变化。探讨老龄化对劳动力供给的影响机制，主要是针对劳动力参与率存在的三种效应：退出效应、长寿效应和挤出效应。

专栏

人口老龄化对劳动力参与率影响的三种效应理论

"退出效应"：随着老年人口比例的上升，正规就业的老年人退出劳动力市场的总量会相应增加，有养老金制度保障的老年人选择提前退休的人数也会增加，从而使劳动力供给下降，劳动力参与率下降；另一方面，由于劳动能力下降甚至失去劳动能力，没有养老金的老年人会被迫退出劳动力市场，促使劳动力参与率下降。

"长寿效应"：伴随着人口老龄化进程，平均预期寿命上升，劳动力供给会增加。理性人需提前为自己老年生活打算，年轻时增加劳动供给时间，以便获得更多收入并为养老储蓄。尤其是在一个养老保障不完善且生育水平比较低的社会，劳动者既不敢完全指望养老金，也不敢完全指望子女养老，只能通过增加劳动供给提高收入增加养老储蓄来降低养老风险。

"挤出效应"：随着老龄化、高龄化和失能化程度加深，中青年劳动者照顾老年人的时间将增加，家庭照料的强度也会增加，使得其参加社会经济活动的时间被挤占，对劳动力参与率产生负面影响。

2015年以后，20世纪五六十年代出生的人口开始逐渐退出劳动力市场，劳动年龄人口的绝对数量不断减少，老龄化趋势明显，养老负担逐渐加重。人口老龄化一方面增加对劳动力的需求，另一方面却使劳动力供给严重不足，二者形成的真空和断层，给中国未来经济增长带来不小的挑战。如果中国保持目前的低生育率，人口老龄化和低生育率将造成劳动力数量和占比的持续下降，导致国内生产总值增长速度将在21世纪20年代放缓2个百分点。但是如果能推动低龄老年人力资源的开发利用，作为充足稳定的老年人力资源，将会弥补劳动力参与率下降对经济的负面影响。低龄老年人参与经济活动，能够节约企业用人成本，减轻家庭养老负担，减轻社会的赡养压力。

经济发展带来生育率降低的经济学解释

哈维·莱宾斯坦（Harvey Leibenstein）：运用成本效用比较分析解释，家庭的收入与养育孩子的成本呈正相关关系，与孩子带来的消费效用、经济效用以及潜在的保障效用相权衡，收入增加带来成本增加，进而引起生育率下降。

加里·贝克尔（Gary Becker）：对于父母来说，孩子是"耐用消费品"，孩子的数量与质量之间存在替代，父母对孩子质量的偏好强于对孩子数量的偏好，因此收入越高，生育孩子的数量越少。

理查德·伊斯特林（Richard Easterlin）：家庭以外的经济社会因素对生育行为有显著影响，医疗卫生的改善会提高生育率，但教育、城市化、计划生育等会降低生育率。

朱利安·西蒙（Julian Simon）：家庭收入在增加之初，养育孩子能力的提升带来生育率上升；但从长期看，人均国民收入的增加带来教育水平的提高、城市化的发展、避孕技术的普及等，使生育率降低。

（二）人口老龄化影响资本积累

人口老龄化对资本积累影响方向存在不确定性。通常情况下，人口老龄化导致人口结构的老化，由于退休金替代率下降的速度比居民储蓄率下降速度更快，会导致全社会储蓄率和居民消费能力的下降，影响资本的形成。但第二次人口红利理论认为，人们通过预防动机产生未雨绸缪储蓄激励，因此老龄化会促进资本积累和经济增长。

人口老龄化对资本积累影响的三种理论/假说

生命周期理论：老龄化会提高消费率，降低储蓄率。生命周期理论假设各代人都有相同的工作年龄和同样的储蓄率，随着全社会出生率不断下降且人口老龄化不断加重，使得总储蓄倾向降低而消费倾向升高，老年人理性地追求个人效用最大化，其全部支出来自中年时期的储蓄。但是，在有遗赠的前提下，老年人将会留出一部分储蓄作为遗产配置给下一代，使得老年人的消费倾向不会大幅提升，储蓄倾向也不会大幅降低。

预防储蓄动机理论：老龄化会提高储蓄率，降低消费率。该理论认为，老年人为了应对未来可能发生不确定的支出而进行预防性储蓄，如数额未知的医疗支出、子女升学等不确定支出都会引发预防性储蓄。预期寿命会影响消费储蓄决策，预期寿命的增加会促使劳动人口增加储蓄以应对更长期的退休消费，从而提高储蓄率，同时降低消费率。当然，随着预期寿命的不断延长，不储蓄、只消费的老年人口会越来越多，因此老龄化也会存在提高总消费倾向的效应。

抚养负担假说： 老龄化会同时抑制消费和储蓄。首先，老年人口比重不断上升，政府需要增加用于老年人口的福利支出，同时，现收现付的社保制度会增加中青年劳动者的税负，减少中青年的当期可支配收入，进而限制消费规模。其次，老年抚养比的上升加大了家庭的养老负担，劳动年龄人口会拿出一部分收入来赡养老人，在一定程度上降低了储蓄率。最后，老年人口退休后收入减少，为了维持原有的生活水平，开始使用储蓄，导致储蓄率降低。

（三）人口老龄化影响产业结构

人口老龄化可以促进产业结构升级，主要通过人力资本积累效应和劳动力禀赋效应；人口老龄化也会通过降低人力资本和增加老龄人口负担而阻碍产业结构升级。归纳起来，人口老龄化对产业结构的影响存在五种效应：**消费需求效应、人力资本积累效应、劳动力禀赋效应、劳动生产率效应、老年抚养负担效应。**

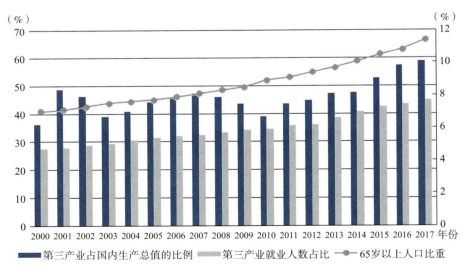

图 2-1　中国人口老龄化率、第三产业产值占国内生产总值的比重、第三产业就业人数占总就业人数比重

资料来源：国家统计局：《中国统计年鉴》，北京：中国统计出版社。

根据中国统计年鉴的数据，自2000年以来，第三产业占国内生产总值的比例越来越高，2017年为58.8%。第三产业就业人数占比也逐年增加，2017年为44.9%。产业结构的变化一定程度上反映出人口老龄化对于产业的影响。老龄化会使积累的劳动力优势逐渐减退，劳动力成本提高，从而使劳动密集型产业的优势渐失，同时倒逼社会创新能力和人力资本开发，有利于向资本和技术密集型产业转型。

从培育新的消费增长点来看，老龄化也会带来重要机遇。老龄人口具有不同于其他年龄段的消费偏好和倾向。随着老年人口规模的持续增加，老年群体的物质需求和精神需求将不断增长，医疗健康、生活照料、老年用品和休闲旅游产业会迎来规模庞大的老年消费需求，进而刺激经济增长。

人口老龄化对产业结构影响渠道的五种效应

消费需求效应：需求变化是产业结构变化的动因，受不同年龄人口消费数量、结构和习惯的影响，人口年龄结构变化会引起消费需求结构变化，从而对生产消费品的产业带来影响。在老龄化社会中，老年人口不断增多，促使最终消费的规模和产品构成发生变化，促使产业结构反映老年人的消费习惯和偏好，老龄产业随之兴起，即人口老龄化会通过老年人的需求引发产业结构升级。产业升级效应的大小，主要取决于老年人的消费能力与消费意愿。如果老年人的消费能力不强或消费意愿较弱，老龄化对产业升级的需求效应就会减弱。

人力资本积累效应：老龄化程度不断加深，会促使成熟劳动力增加，提高有工作经验的劳动力占比，同时，预期寿命的延长使受教育的收益增加，促使年轻人提高受教育年限，增加人力资本积累。发达国家人口老龄化与产业结构演变的一般规律表明，随着老龄化程度不断加深，一国平均受教育年限和人力资本水平上升，进而促使产业结构由劳动密集型转向技术和知识密集型。

劳动力禀赋效应：一般来说，产业发展方向取决于劳动力素质和技能的高低，劳动密集型产业的发展通常伴随着低素质劳动力的大量供给，高素质劳动力的供给则能够推动知识密集型产业发展。从经济全球化和世界贸易格局看，人口老龄化会导致劳动年龄人口日益短缺，低端制造业的劳动力成本优势逐步丧失，倒逼企业通过更多研发投入和技术创新来提升竞争力，从而推动发展中国家的产业升级。

劳动生产率效应：人口老龄化程度的不断加深势必会引发劳动人口年龄结构的老化，由于不同年龄劳动者在体力、耐力、技能、创新以及综合素质等方面都存在着较大差异，不同年龄段劳动者从事的产业也有所差异。因此，即使在人口规模不变的条件下，人口结构的变化也会对产业结构产生冲击。随着人口老龄化的加深，劳动人口的平均年龄增长，劳动生产率可能会降低，不利于产业升级。另外，即便对劳动力进行技能培训和再教育，但受劳动年龄结构老化的影响，老龄劳动者接受新知识和学习新技能的难度和成本均较大，特别是当技术进步较快时，老龄劳动力通常难以适应产业向更高级化发展的要求，结构性失业普遍存在，最终也会拉低全社会的劳动生产率水平，阻碍产业转型升级。

老年抚养负担效应：人口老龄化程度的不断加深导致家庭的抚养负担加重，从而对年青一代的教育投入产生挤出效应，制约劳动力素质的提升。人口老龄化的加剧促使老年人口社会保障支出增加，给政府带来沉重的财政负担。为了缓解财政支出压力，政府会压缩科教经费支出，增加企业税负，导致企业减少研发投入，制约企业科技进步和创新能力提高，对产业结构升级产生不利影响。

（四）人口老龄化影响科技创新

科技创新的主体是人，人口结构的变化必然会影响到科技创新能力。从积极角度看，市场经济会优化配置劳动力，面对产业转型，很多行业对劳动力的要求越来越多地转向拥有较高的科学文化素质和丰富的工作经验。在某些高端技术行业领域，老年人经验更加丰富，其经验也会促进科技发展。相反，由于老龄化导致的身体机能下降和接受新观念、新知识存在障碍等，也会阻碍科技的进步。具体来看，人口老龄化对科技创新的影响可分为以下几个方面。

第一，衰老影响科技进步。随着人的衰老，个人创新能力会趋于下降。一个国家的整体科技创新能力与个人的创新能力息息相关。第二，人口老龄化不利于创新决策。新技术发挥成效需要时间，一般情况下，老龄群体由于自身原因，往往存在认知惯性，或者享受不到新技术带来的收益，因此对采用新技术缺乏敏感和主动性。第三，人口老龄化影响创新效率。人口老龄化导致有效劳动力减少、市场规模萎缩和生产活动活跃度的下降，从而抑制技术进步和全要素生产率的提高。第四，人口老龄化带来新增科技创新需求。日渐增长的老年人口带来巨大的新生需求。比如，伴随年龄增长产生的身体功能衰退，迫切需要发展以提升养老护理服务效率、服务性能、服务质量为目标的科技创新；需要发展能即时对老年人（特别是独居老人）健康进行监测和预警的科技创新；需要发展增强老年人社交能力的科技创新，增加老龄群体互相之间以及同子女之间的交流；需要科技创新来满足老年人基本的行走需求，避免摔倒或滑倒，以及能够移动到社区进行社交活动的需求等。

智慧医疗有广阔的发展前景。随着人口老龄化进程的加快，中国医疗科技进步很快，智慧医疗开始起步，智能化和科技化的养老服务项目成为新的发展热点。远程医疗和电子健康都是目前中国老年健康服务业的主要发展内容。利用物联网、云计算、移动互联网和信息智能终端等新一代信息技术，通过对老年人服务需求信息的感知、传送、发布和服务资源的整合共享，实现对老年人提供数字化、网络化和智能化服务。

二、推动老龄化社会经济发展面临的挑战

（一）人口结构转变影响经济发展，老年人力资本有待进一步开发

随着人口老龄化程度不断加深，人口结构转变，特别是劳动力结构的转变，将影响到中国经济的发展。这集中表现为第一次人口红利逐渐失效，即数量型人口红利对经济增长的贡献逐步减少。

在老龄化趋势加深的背景下，人口红利的减少涉及两个方面：一是抚养比提高，二是劳动年龄人口数量下降。按照联合国0~14岁人口占总人口比重小于30%和65岁以上人口比重低于15%的标准，中国于2000年后开启人口机会窗口（第一次人口红利/数量型人口红利），并于2015年结束；若按总抚养比低于50%的标准，则中国人口机会窗口开启于1995年，结束于2030年。

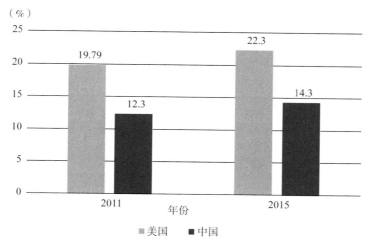

图 2-2　中国和美国老年抚养比的变化情况

资料来源：根据世界银行（WorldBank）公布数据整理。①

---

① 参见https：//data. worldbank. org. cn/indicator/SP. POP. DPND. OL?locations=US–CN。

通过图2-2中的国际比较可以发现，中国的老年抚养比在2015年为14.3%，远低于美国的老年抚养比22.3%。作为发展中国家，中国在2015年以前，老年抚养比低于15%，存在着人口机会窗口。2015年后，中国的老年抚养比上升到15%后并继续上升，传统的数量型人口红利的作用逐渐减弱。随着人口拐点的到来，劳动力人口的绝对数量将逐步减少，同时劳动力的年龄将逐步提升，这将同时影响到劳动力数量、创新能力和全要素生产率提升对经济的拉动作用，最终可能拉低中国潜在的经济增长率。

中国的劳动力人口结构改变对既有经济模式的可持续性将产生一定的影响。同时，当前中国老年人的人力资本还有待进一步充分开发，中国老年人的寿命有所增长、整体健康水平有所提升，但是退休年龄仍然偏低，对老年人的人力资本开发重视程度不够、保障也不够充分。

表2-1 　　　　　　　　　　　2015年各国人口人均预期寿命和健康预期寿命

国家或地区	平均预期寿命（岁）	健康预期寿命（岁）	健康预期寿命占比（%）
日本	83.7	74.9	89.49
德国	81.0	71.3	88.02
韩国	82.3	72.3	87.85
美国	79.3	69.1	87.14
英国	81.2	71.4	87.93
巴西	75.0	65.5	87.33
挪威	81.8	72.0	88.02
印度	68.0	59.5	87.50
中国	75.7	67.8	89.54
世界	71.4	63.1	88.38

数据来源：WHO全球卫生观察站数据库。[①]

健康水平提高是老年人力资本开发的有效保证。如表2-1中WHO公布的数据所示，中国人口的平均预期寿命和健康预期寿命分别为75.7岁和67.8岁，健康预期寿命占比已经达到89.54%。虽然与发达国家相比仍然存在差距，但已高于世界平均水平。

---

① 参见WHO全球卫生观察站数据库：https：//apps. who. int/gho/data/node. main. HALE?lang=en。

表2-2 世界上主要国家的退休年龄

国家	男（岁）	女（岁）
澳大利亚	65.0	65.0
加拿大	65.0	65.0
捷克	63.0	62.3
法国	61.6	61.6
德国	65.0	65.0
希腊	62.0	62.0
冰岛	67.0	67.0
意大利	66.6	65.6
日本	65.0	65.0
韩国	61.0	61.0
墨西哥	65.0	65.0
荷兰	65.5	65.5
新西兰	65.0	65.0
英国	65.0	63.0
美国	66.0	66.0
OECD - 平均	64.3	63.4
欧盟28国	63.8	62.9
阿根廷	65.0	60.0
印度	58.0	58.0

数据来源：经济合作与发展组织（OECD）2016年数据。[①]

从世界上主要国家退休年龄的对比来看，**中国目前整体退休年龄偏低，干部中男性普遍为65周岁退休、女性普遍为60周岁退休，工人退休年龄还要低于干部退休年龄，这与人口预期寿命延长不相适应。**退休年龄人群的性别差异较大，如女性平均预期寿命长，但退休年龄更早，二者不相匹配。有学者还发现，中国不仅法定退休年龄偏低，且由于劳动力延迟退休意愿普遍不高，退休年龄总体上有略微提前的倾向，实际退休年龄甚至明显低于法定退休年龄。提前退休人群中仍有相当一部分是掌握劳动技能、身体状况良好且有就业意愿的中年人，加剧了中国实际的老年抚养压力，加重了在职者的供养负担，更是对劳动力资源的一种浪费。中国现行退休制度不利于老年人力资本的开发和利用，需要进一步调整。

---

① Pensions at a Glance 2017：*OECD and G20 Indicators*，Paris：OECD Publishing，2017。

表2-3　　　　　　　　　　　　　2010年中国老年人参与就业比例估算

	长表抽样调查中的就业人口数量（人）	估算占总就业人口比例（%）
55~59岁	5304269	7.4
60~64岁	2866047	4.0
65~69岁	1477246	2.1
70~74岁	641266	0.9
75岁以上	357533	0.5

资料来源：2010年第六次人口普查就业数据（长表数据）。

现阶段适宜开发的老年人力资本主要集中在60~69岁的低龄老年人。根据第六次人口普查2010年的长表数据进行估算，中国55岁以上就业人口占总体就业人口的比例为14.9%，主要集中在55~64岁老年人。2018年发布的《中国城乡老年人生活状况调查报告》显示，低龄老年人再就业的意愿较强。但中国目前为应对老龄化问题，采取多项改革的重点在老年人社会保障和医疗服务等方面，对于老年人力资本，尤其是低龄老年人人力资本的开发重视不足，使许多仍有劳动能力的低龄老人被排除在劳动力范畴之外，有较强工作意愿的老年人工作找寻渠道不够畅通。中国劳动统计年鉴的数据显示，城镇60岁以上人员寻找工作的主要途径是委托亲友介绍，占比超过50%，而正规职业介绍所和招聘会所占比例都很低。

在法律方面，中国针对老年人再就业的权利保障范围不明确，《中华人民共和国宪法》及《中华人民共和国老年人权益保障法》只在宏观层面规定了国家保障老年人劳动参与的权益，对于有关年龄歧视方面的规定没有进一步细化和明确，导致实际操作层面老年人再就业的渠道不畅通。从企业角度来看，聘用老年人的行为不适用于有关劳动法、劳动合同法和工伤保险条例的规定，不能签订劳动合同，双方权责模糊，减少了雇佣老年人的动机。同时，在终身教育和职业培训方面，城乡老年人存在接受继续教育和培训的渠道不畅通、培训内容不足等问题，这也影响了老年人，尤其是低龄老年人力资本利用率的提高。

（二）老龄产业市场巨大，"银发经济"作用尚未完全展现

随着老年人口基数不断增长，老年人经济需求和潜在购买能力将带动可观的市场消费。老龄产业是一个多元化的产业体系，产业辐射面广，产业链长，几乎涵盖了国民经济行业的所有类别。中国是全球老龄产业市场潜力最大的国家，人口老龄化的快速发展，老年人口、高龄老人、孤独老人、病残老人和空巢家庭数量的不断扩大，对专业化养老服务机构的建设提出了更高的要求，对老年人相关的产品也存在巨大的需求，这意味着中国拥有一个巨大的消费市场的潜力。

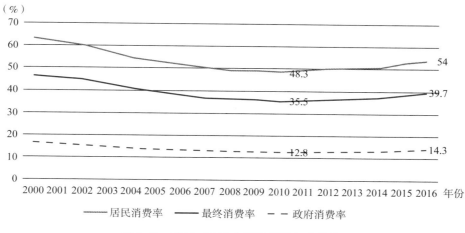

图 2-3 2000~2016 年居民消费率变化图

数据来源：根据国家统计局网站各期数据整理。

如图2-3所示，中国居民消费率从2010年35.5%的低点回升到2016年的39.7%，最终消费率从2010年的48.3%回升到2016年的54%。其中居民消费率提升了4.2个百分点，总需求结构改善，内需驱动力提升。随着老年人消费观念和行为变化，老年人口消费潜力不断增长。据2017年中国家庭金融调查报告①统计，中国1600万老人的家庭月收入超过10000元，绝大多数老年人拥有一套或多套住房。

中国的老龄产业尚处于初步发展时期，正在逐渐形成以养老金融、社交娱乐和养生理疗等几大板块为主的老龄产业发展格局。同时，国家对养老产业支持力度加大，利好政策不断出台。十九大报告指出，要积极应对人口老龄化，构建养老、孝老、敬老政策体系和社会环境，推进医养结合，加快老龄事业和产业发展。根据全国老龄工作委员会预测，未来10~15年是养老产业快速发展的黄金年代。

但整体来看，尽管市场巨大，老年人消费潜能却未完全释放，"银发经济"作为经济增长的引擎之一尚未完全开启。**中国的老龄产业仍然面临服务供给和支付能力不足两方面问题。**

从服务供给来看，首先，缺乏清晰的顶层设计和政策性金融支持，企业面临不平等竞争和资金困难等挑战。国家并未明确界定老龄事业和产业的界限，在老龄服务市场，还没有完全明确政府"兜底"的服务对象及相应标准，产业和事业的界限还不清晰，民营企业面临不公平的市场环境。尽管中央和各地相继出台了一系列优惠政策和措施，但往往落实并不到位。老龄产业的利润水平整体较低，投资大，投资回收周期长，对于金融支持的要求较高，国家对老龄产业发展的金

————————————
① 由西南财经大学联合中国人民银行发布，包含中国家庭、小微企业和城乡社区治理三大数据库。

融支持环境尚不完善。金融机构对老龄产业的发展规律和前景不清楚，对老龄产业相关企业的风险评估机制不成熟，缺乏对老龄产业相关企业进行贷款审批的经验，大部分老龄产业企业融资手段和渠道少，资金困难。其次，规范和标准缺失，市场监管体系不完善，导致市场扭曲。中国老龄产业发展较晚，相关的标准和规范制定滞后。老龄保健品业存在很多虚假宣传、误导欺骗老年人的情况；一些老年辅具用品缺乏相应的标准，粗制滥造；一些"老年代步车"无牌照无保险，一旦发生事故，不仅严重损害老年消费者的权益，也会为整个行业带来负面影响。老龄服务业中相关的评估标准和服务标准还不尽统一，容易产生纠纷，也不利于监管部门进行监管，导致老年人消费市场监管不足，老年人的消费权益得不到保障，影响了老年人的消费信心。

从支付能力来看，老年人整体上收入水平较低，有效需求不足。尽管随着社会保障制度的不断完善，老年人的整体收入不断增加，但目前老年人的经济收入仍然较低。老年人贫困发生率较高，人口规模巨大。2014年中国老年社会追踪调查的数据显示，有23%的老年人总收入低于1.9美元/天/人[①]的贫困线标准，有26%老年人总收入低于国内低保线，老年人相对贫困发生率高达36%~42%，绝对贫困老年人口高达4895万，相对贫困老年人口高达7698万~8959万人。

第六次人口普查显示，中国老年人的主要收入来源是劳动收入和其他家庭成员供养，养老金占比不高，收入来源单一。2016年参加城乡居民养老保险的老年人养老金平均每月仅为117元，整体保障水平比较低。2017年中国的城镇化率为58.52%，与人口老龄化国家（大部分发达国家）相比，城镇化率较低，农村地区的老年人口非常多，造成消费能力不足，这是影响和制约中国老龄产业发展的重要因素。

（三）老龄科技创新进步速度快，智能化养老科技需进一步发展

应对人口老龄化问题需要强大的社会物质基础，这一基础只有通过大力发展经济和科技才能建立。改善老年人生活，建设年龄友好型社会，必须依靠福祉科技的发展。党的十九大也提出进一步加快创新型国家建设的目标。

科技的快速发展正在改变老年人的生活方式。中国互联网信息中心数据显示，中老年网民群体快速增长。随着家庭的核心化与小型化，老年人对更紧密的联系和社交方式的需求日益旺盛。随着移动互联网的普及，老年群体对于移动社交媒体的使用率不断增加。社交媒体的勃兴和移动支付的便利，让年轻的老年群体消费思维模式不断更新，消费方式越来越智能化，更愿意尝试网上购物和采取新方式支付。

---

① 1.9美元/天/人为世界银行绝对贫困线，折算成中国2014年购买力平价为2448元/年/人。

科技的快速创新研发，使老年人有更多的机会享受舒适健康的晚年。对于低龄老年人，科技的发展改变了其思维习惯，适应了便利的出行和支付方式。对于中高龄老年人，科技的发展提供了舒适的养老设施和空间。近些年来，中国老年福祉科技①不断创新、快速发展，老年人辅具、智慧养老产品和医养康护福祉科技产品快速发展，人工智能、大数据与物联网成为智慧养老重要手段。

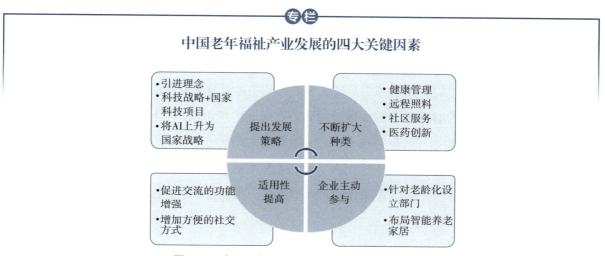

图2-4　中国老年福祉产业发展的四大关键因素

切实可行的发展策略和政策引导：《国家中长期科学和技术发展规划纲要》等科技战略，将应对老龄化列为重点领域。国家已经将AI上升为国家战略。药物创新方面，加强自主研发能力，国家重大新药创制科技重大专项启动，大量引进海外高层次人才，促进了国内创新药的繁荣，诞生了大量新药。国家还出台了一系列加快境外上市新药审评审批政策，如《关于进口化学药品通关检验有关事项的公告》取消了进口化学药品的口岸检验等。

不断丰富的产品种类：在养老社区方面，21世纪以来，随着智能科技的发展，专业化的服务更加丰富，发展社区养老有了更多的可能性。

不断提高的适用性：设备的使用越来越便利，基于穿戴式设备的健康监控设备，利用语音技术的健康管家，基于多种传感器的便携式活动监测设备等，这些智能养老设备中都植入

---

① "老年福祉科技"的概念发端于日本并广泛应用于中国台湾地区，我国学者也对其有所阐述，本书采用马俊达等人在《社会福利视野下我国老年福祉科技及其发展路径探析》所下定义："老年福祉科技是综合现代老年学与信息技术、老年养护技术、老年医学、生命科学、中医药学、康复辅具等科学技术手段，为老年人提供最佳照料护理、健康管理、卫生保健、安全环境和社会参与途径，提高老年人健康、福祉和生命生活质量的跨学科、跨领域的科技工作。"

了传感器装置，对老年人的日常生活实施远程实时监控，可应用于养老生活的许多方面。

> **主动参与开发的企业：** 许多企业都专门针对老龄化设立相关部门提供有效服务，更好地满足养老需求，解决老年人所面临的问题，以阿里巴巴、小米为代表的互联网公司，纷纷布局智能养老家居。

和世界先进国家相比，中国智能化养老仍然滞后。中国智慧养老领域的风险因素多、可控性差、投入高和回报周期长，限制了资金的流入和公司的开发。同时，科技支撑手段的发展与老年人接受的教育水平不匹配，相当多的老年人难以理解和使用高科技产品。高科技应用于养老产品时，往往对"年龄友好"这一概念考虑不足，导致产品功能不健全或使用门槛较高。

在伦理方面，老龄个体隐私泄露的风险加大。 在智能护理领域，高科技医疗照护系统趋向于采集更多的用户数据。数据被采集得越多，隐私数据随之增加，泄露的风险就越高。一些高科技养老设备的应用场合多见于护理对象的私人空间，隐私泄露风险被进一步提升。数据的泄露侵犯老人隐私权，大幅度提升了潜在危害的程度，为不法分子实施精准诈骗提供了可乘之机。

三、推动老龄化社会经济发展的国际经验和政策建议

（一）调整生育和迁移政策，制定家庭友好型、生育友好型的政策

在少子化背景下，中国应注重新生劳动力的补充，进一步调整生育政策，制定家庭友好型、生育友好型的政策，适度提高生育率，积极推进人口迁移，使得劳动力在空间和时间上均衡分配，促进经济发展。

制定家庭友好型、生育友好型的政策，应当加大鼓励生育的配套政策力度，为家庭创造更好的育儿条件。对生育多胎的家庭实行税收优惠制度，从经济方面鼓励生育行为。这样做，尽管在短期内，政府用于儿童的支出增加，会加重财政负担，但从长期来看，对于提高未来人力资本水平，提升家庭养老能力，促进经济发展将起到重要作用。

在人口迁移方面，按照经济增长规律，劳动力向大城市聚集是发展趋势，有利于规模经济的发展。1956年至1973年日本经济实现高速增长的原因之一，就是农村大量的剩余人口向城市转移，农业部门的劳动力大量流向更具有增长潜力的工业部门，这不仅促进了产业结构转型，而且带动需求，实现了经济整体高速增长。

中国应减少人口迁移的政策限制，尤其是大城市应该鼓励劳动力跨区域流动。但随之而来的

是，区域之间的人口老龄化特征被重塑，欠发达地区，尤其是广大农村地区，将面临更加严重的老龄化问题，需要从政策上提前应对。

（二）改善人力资源供给，开发老年人力资本

在人口老龄化逐步加深的大背景下，为积极应对这一现状，推动经济可持续发展，应当从全面改善人力资源供给和开发老年人力资本两个方面着手。

改善人力资源供给，既要努力提高总体人力资源的素质，同时也要提升人力资源的开发利用水平。

提高总体人力资源素质，主要需从新增人力资源质量提升和既有人力资源素质的改善入手。为提高新增人力资源的整体素质，需要做到这几点：第一，进一步完善国民教育体系，推进学历教育质量优质均衡发展，进一步促进区域之间、城乡之间的教育公平；在培养宏大的高素质劳动者大军同时，着力提升劳动者的总体教育水平、增加总体劳动者受教育年限。第二，完善职业技术教育、高等教育、继续教育统筹协调发展机制，搭建职业技术教育与其他教育相互协调衔接的机制，大力发展职业教育与培训体系，推动产教融合、校企合作，大力支持开展职业技能培训，推动应对人口老龄化所需的职业技术教育体系快速发展。

要加快推动终身学习体系发展，进一步强化职业培训，推动职业技能培训终身化，为有需要的在岗职工、农民工等人群持续开展符合国家发展战略需要和满足个人需求的职业培训。加快推动学习型社会建设，营造终身学习的社会氛围，为全民提供终身学习的机会。继续大力发展老年教育，推动老年大学发展，引导和支持社区、院校、行业企业开设老年大学，提供更加丰富的老年教育资源。

提升人力资源的开发利用水平，需从改善就业市场和扩大劳动力供给入手。改善就业市场，主要在于推动人力资源市场良性发展，改革户籍、土地制度，破除阻碍劳动力自由流动的体制机制障碍。同时要继续拓宽就业渠道，不断开辟新的就业领域，配合城镇化发展，吸纳农村转移劳动力。扩大劳动力供给，一方面要持续推动计划生育政策改革，恢复适度生育水平，保证未来劳动力总体供给可持续；另一方面要适时吸纳境外高端人力资源，与国家"一带一路"倡议结合，吸纳境外高技能人才和为老服务人才。

充分发掘老年人劳动力潜在供给，开发老年人力资本，延长人口红利期，也是应对人口老龄化的有效政策选择。当前，美国、德国等发达国家纷纷延迟退休年龄，拉长工作年限，或者建立弹性退休机制，鼓励劳动者在达到退休年龄后根据个人意愿继续从事力所能及的工作。这既能降低享有老年福利的人口基数，又能增加劳动力供给，是降低人口老龄化所带来的负面影响的手段

之一。OECD（经济合作发展组织）2017年的相关数据显示，希腊、德国、法国和意大利等国的做法，是逐步提高退休年龄到70岁。这些经验都值得我们借鉴。

美国、德国鼓励老年人就业的做法

逐步提高退休年龄。美国现行的退休政策规定：1937年及以前出生者，可以在65岁申请领取全额养老金；1943年及以后出生者，可以在66岁申请领取全额养老金；1960年及以后出生者，全额领取养老金年限提高至67岁。德国2007年养老保险改革法案规定，全额领取养老金的退休年龄从2012年的65岁调整至2029年的67岁，即每年提高一个月，每12年提高一岁。

建立弹性退休激励机制。把退休年龄与养老金水平挂钩，鼓励低龄老年人自觉延长就业年限，减少提前退出劳动市场行为。如德国规定，每提前一年退休，养老金减发3.6%，而每延迟一年，养老金增发6%。

引入部分退休机制。所谓部分退休是指允许低龄老年人在达到提前退休年龄后，以兼职方式留在劳动市场，同时发放部分养老金，使提前退休年龄到标准退休年龄之间的低龄老年人仍能保持一定的劳动参与率。德国规定，65岁之前退休但仍有一定经济收入的，养老金将根据不同收入标准按照全额水平的1/3、1/2和2/3发放。

立法鼓励就业。通过法律途径，在招聘、录用等环节，保护老年人经济参与的权利，对于歧视老年人的行为在法律上加以惩罚，很多国家都已经出台相关的法律。

部分发达国家鼓励老年人就业法律政策专栏

1986，日本设立《**高龄者雇用安定法**》，鼓励和促进各企业延长退休年龄，让有工作意愿的员工都能工作至65岁。

1991年，韩国设立《**老年人就业促进法**》，规定企业有义务雇用员工至60岁；企业必须要雇用一定比率以上的老年人。

2007年，韩国通过《**雇佣上禁止年龄歧视及老年人雇佣促进法**》，从招聘、录用、工资、晋升、福利等方面禁止企业设置年龄门槛歧视老年人，并制定了遭受歧视可以向国家人权委员会说明情况等救济制度。2008年对该法进行修改，规定如果雇主以"年龄大"为由拒绝招聘员工，将处以500万韩元的罚金。

除日韩外，其他发达国家也针对不同对象进行划分，在鼓励老年人就业政策上所做的努力，基本包含两类政策，一类针对雇主，提升雇主雇用老年人的积极性，普遍立法禁止就业歧视，并且提供雇用补贴；另一类针对高龄劳动力，提升其就业能力和就业可能性，主要是提供补贴或者就业岗位，提供培训等，具体如下：

自由主义模式

针对雇主：1.普遍立法禁止就业年龄歧视；2.美国、英国向雇主提供高龄雇佣补贴。

针对高龄劳动者：1.英国为失业成人提供学习项目，美国实施个人再就业账户计划，提高技能；2.提供高龄就业岗位：英国、美国专门设立高龄雇佣项目。

北欧模式

针对雇主：1.普遍立法禁止就业年龄歧视；2.向雇主提供高龄雇用补贴和免除社会保险缴费（丹麦、荷兰、瑞典）。

针对高龄劳动者：1.普遍立法禁止就业年龄歧视；2.在高中设立成人学习课程（挪威）；3.加强劳动者的培训（荷兰）；4.提供工作福利。

欧洲大陆模式

针对雇主：1.普遍立法禁止就业年龄歧视；2.法国、意大利、希腊雇用50岁以上劳动者减免社会保障缴费；3.提供高龄雇用补贴。

针对高龄劳动者：1.法国、意大利设立高龄成人的个人学习账户；2.德国给高龄就业者提供补贴；3.意大利提供就业岗位。

为了开发老年人，特别是低龄老年人的人力资本，中国可以采取的政策举措有以下几点。

建立符合中国特色的延迟退休年龄政策。 启动实施延迟退休政策，逐步提高退休年龄；调整法定退休年龄，实施弹性退休年龄制度，通过渐进的方式逐年提高平均退休年龄。

鼓励老年人再就业。 鼓励老年人参与就业，出台相关政策保障老年就业者的利益，尤其对于60~69岁的低龄老年人，使老年人在应聘过程中不受到歧视，同工同酬。同时给予雇主充分的激励，应给予发展吸纳老年人再就业的企业和部门税收优惠。

扩大高储蓄人群数量。 当养老保障制度发展完善时，退休人群及劳动者的养老期望和储蓄动机的提升会继续形成一个比较高的储蓄率，资本积累得以持续。应建立具备积累功能的养老保障和资本储备制度，确保资本增值，使高储蓄率得以延续。

提升老年人的健康水平。 通过生命周期的健康储蓄，尤其是年轻时的健康积累，实现老年人口健康资本存量的提高，不仅可使老年人延长劳动参与，还可减少家庭、社会照料的时间和精力，更可节约大量医疗、康复和照料等经费。

（三）积极扶持老龄产业发展，发挥"银发经济"作用

世界上一些发达国家在进入老龄化社会以后，纷纷发展老龄产业。老龄产业是一个新的经济增长点，抓住发展老龄产业的关键时期，不仅能够提供给广大人民，尤其是老年人及其照料者更加便利的条件，也会带来新的经济增长和就业机会。日本把老年人使用的商品和服务从普通的商品和服务中细分出来，以发展特定器具及生活用品。韩国2006年制定了《老龄亲和产业振兴法》。法国鼓励多元主体参与养老市场。借鉴国际经验，中国扶持老龄产业发展，可采用以下做法。

第一，将老龄产业发展融入社会经济发展规划整体战略。老龄产业的发展和整体经济的政策走向有关，应该从整体经济战略角度支持老龄产业发展，把老龄产业作为国民经济发展中具有巨大潜力的重要组成部分。

第二，完善补贴支持政策和税收优惠。养老市场的参与主体非常广泛，有公共机构，也有私营机构，私营机构中又分营利和非营利。应该对所有的市场参与者制定统一规则和标准，同时落实好国家现行支持养老服务业的税收优惠政策。

第三，完善投融资政策并加快金融创新。通过投融资模式创新吸引社会资本与民间资本进入养老服务市场，培育和扶持一批养老服务企业先行发展。为此各地要加大投入，安排财政性资金支持养老服务市场建设。通过财政贴息、小额贷款等金融手段，刺激养老服务市场的资金投入。

第四，加大创新力度，不断开发老龄产业新市场，包括老年旅游、老年教育、老年健身等领域。要针对老年人的文化娱乐休闲需求，结合老年人的生理特点和消费心理，做好市场调查，科学合理地设计各类适合老年人的文化休闲、旅游、健身娱乐产品与服务。

"银发经济"是带动中国未来经济发展的重要引擎之一。发挥"银发经济"的作用，应当主要从发展多样化、高质量的老年产品和推动养老服务产业发展入手。

发展多样化、高质量的老年产品，应当推动与老年人生活直接相关的食品、药品和保健品行业规范发展，完善相关标准，从严打击制假售假；进一步推动助听器、呼吸机等老年功能代偿品和康复辅具的发展，鼓励家庭医疗用品的发展；注重科技创新，开发智能化老年产品，推动智能监测、看护设备、服务型机器人的发展。

推动养老服务产业发展，提供满足老年人需求的服务。推动养老服务产业与教育、旅游、体育和文化等相关产业的协同发展，大力发展健康养老和文化养老，推动老年旅游业发展。拓展家政服务体系，推动家政服务向为老服务延伸，促进为老服务相关行业的职业化、规范化、标准化。

（四）实现科技创新进步与老龄化的良性互动

不少较早进入老龄化的国家，在应对人口老龄化的科技创新方面已经取得明显进步。在美国，日益增长的老龄人口为提供医疗服务的公司带来了更多商机，也促进了相关技术创新发展。亚马逊在医疗保健领域提供渗透到社区范围的医疗服务。微软针对人口老龄化推出多个举措，如推动医疗护理技术创新与数字化转型，重塑业务流程让老年人看病更省心，让医疗护理触手可及。微软还针对旗下多款操作系统推出面向个性化的计算，让老年人也能享受到丰富多彩的数字化生活。日本在机器人方面取得应对人口老龄化的重大突破，其重要推动力之一就是人口快速老龄化带来的现实需求。机器人可以补足劳动力缺口、直接从事老年护理。瑞典的一家公司针对独居老人推出一种移动远程监控装置，名为"家庭访问者"，该装置可通过网络虚拟访问另一个地点，帮助老年人既可以舒适、独立地住在自己家中，健康问题也有所保障。全力推动创新型国家的建设，积极应对人口老龄化，促进中国科技创新进步与老龄化的良性互动，可以采取以下做法。

第一，采取跨学科的路径，推动关键技术产品研发。大力推动健康养老终端设备的适老化设计与开发。推进健康状态实时分析和健康大数据趋势分析等智能分析技术的发展。

第二，组织医疗与康复护理服务设备的试点和示范应用。加快智能护理产品的试点工作，通过试点得到用户反馈，发现在实际使用过程中遇到的问题，并通过新的研发予以解决。

第三，从老年人及其家庭需求出发推动技术普及。针对老年人不断增长的独立行动、健康监护和指导锻炼等需求，开发相应的产品功能，满足老年人及其家庭的需求。

第四，在建设高水平智慧养老体系的同时把伦理因素纳入考量范围。制定针对高科技养老产品数据存储和传输的相关规范，保障老年人的隐私。

第五，提高老龄产业和服务业信息化水平。加快发展新一代移动互联网、云计算、大数据和人工智能技术，促进新技术在应对人口老龄化过程中的应用，重点推进老龄健康和老龄教育领域的信息化平台建设。

参考文献

[1]　周祝平，刘海斌.人口老龄化对劳动力参与率的影响.人口研究，2016（3）

[2]　王辉，杨卿栩.新中国70年人口变迁与老龄化挑战：文献与政策研究综述[J].宏观质量研究，2019（02）

[3]　蔡昉，王美艳."未富先老"与劳动力短缺[J].开放导报，2006（1）

[4] Golley J. and Tyers R. ，*China's Growth to 2030：Demographic Change and the Labor Supply Constraint*，ANU Working Papers No. 467，Australian National University，June 2006

[5] Lee R and Mason A. *What is the Demographic Dividend. Finance and Development*，2006（3）： 16–17.

[6] Coale，A. J. and Hoover，E. M.（1958）*Population Growth and Economic Development in LowIncome Countries*. Princeton University Press，Princeton，6–25.

[7] 魏义方，张本波.人口老龄化对产业发展的影响[J].中国国情国力，2016（10）

[8] 原新，周平梅.第二次人口红利之窗正在开启[N].北京日报，2019-3-4

[9] 王军，王广州.中国城镇劳动力延迟退休意愿及其影响因素研究[J].中国人口科学，2016（3）

[10] 孙鹃娟.老年人再就业和二次人口红利[J].人民论坛，2019（4）

[11] 中国老龄科学研究中心.老龄蓝皮书：中国城乡老年人生活状况调查报告（2018）.北京：社会科学文献出版社，2018

[12] 朱晓，范文婷.中国老年人收入贫困状况及其影响因素研究[J].北京社会科学，2017（1）

[13] 丁英顺.日韩两国居家养老服务比较及启示[J].日本问题研究，2013（4）

[14] 刘莉.退休政策弹性化的国际探索与中国观照[J].社会科学战线，2015（7）

[15] 崔桂莲，刘文.韩国老龄亲和产业的经验与不足及对中国的启示[J].社会保障研究，2017（3）

[16] 钱童心.法国政府支持国内机构投资中国养老市场[N].第一财经日报，2014-8-21

第三章

重视老年社会参与

老年社会参与是创建"不分年龄人人共享的社会"的基本途径，是促进人口老龄化与经济协调发展，全面建成小康社会的重要举措，也是解决新时期老龄问题的重要环节。

为应对世界范围内的人口老龄化问题，1999年世界卫生组织提出"积极老龄化"的倡议，将其界定为"尽可能增加健康、参与和保障机会的过程，以提高人们老年时的生活质量"，标志着国际社会已将提高老年人生活质量的政策重点，由原来的注重老年人救助经济保障和促进健康的对策，逐渐转变为促进老年人的社会参与。2002年联合国颁布的《马德里老龄问题国际行动计划》中，把"独立、参与、照顾、自我实现、尊严"确定为21世纪老龄问题行动计划的基本原则。

一、老年社会参与的国际倡导

本报告界定的老年社会参与是指老年人在社会互动过程中，通过参与经济劳动、政治活动、公益活动和网络互动活动等，以满足自身需求、实现自身价值的行为。从内容上看，老年社会参与呈现出从经济层面和社会层面向家庭层面和个人层面拓展，从正式参与向非正式参与层面拓展的趋势。

专栏

老年社会参与的定义

　　对于老年社会参与的定义，学术界尚未形成统一的意见。国外学者主要从三个角度定义老年人的社会参与。第一，从角色介入角度，强调的是老年人在休闲或生产性活动中表现出有意义的社会角色。这种定义体现出对老年人在社会参与过程中的身份认同。在参与的过程中不仅仅体现出老年人的归属感，而且扮演着相应的角色。第二种，从社会互动角度，老年社会参与是指维持社会关系和参与社会活动，或者是在正式或非正式场合中与除配偶以外的人的互动。这种定义通常将社会交往和互动视为老年社会参与的核心组成部分。第三，从功能发挥角度，老年社会参与被定义为老年人有意义地参与社会活动和生产活动，或被定义为从事涉及个人行动和对他人有贡献的活动。这种定义不仅不局限于老年人是否参与活动，而且还进一步强调了老年人的参与程度如何，即老年人在参与的过程中是否发挥了积极的作用。

　　国内学者对于老年人社会参与的定义涉及社会交换、角色扮演、符号互动、价值实现等基本内涵，并体现出三种价值取向，即个人价值主导论、社会价值主导论以及多元价值主导论。邬沧萍认为老年人的社会参与是指参与社会的物质文明建设和精神文明建设，具体如政治层面的参政议政、经济层面的再就业和文化层面的社区活动参与等。王莉莉认为老年人社会参与是指"老年人在社会互动的过程中，通过社会劳动和社会活动的形式，实现自身价值的一种行为模式"。这一定义强调的是老年人在社会参与过程中的互动、联系以及角色价值的实现，这就将照顾孙子孙女等无报酬的活动也纳入老年人社会参与的范围。陈岱云、陈希从社会与老年人价值交换的角度将老年人社会参与定义为"社会为老年人提供服务，而老年人在接受社会服务的基础上通过社会参与来回应社会，继续与社会进行互动，一直到达整个生命过程的终结"。还有学者从老年自我价值的实现出发，认为社会参与强调老年人能够按照自己的需要、愿望和能力参与社会活动。

　　世界人口年龄结构正在经历根本性转变，老年人口在总人口中的占比在迅速扩张。目前65岁及以上老年人口比例超过7%的国家有76个，2050年可能超过150个。全球60岁以上人口数量从1950年的2亿增加到现今的7.6亿，2020年将上升到10亿，2050年将上升到20亿。80岁以上高龄老年人从1950年的1400万增长到如今的超过1亿，2100年将超过9亿。

虽然60岁以上或65岁以上人口统称为老年人，但这个群体内部存在相当大的异质性，低龄老年人数量远超高龄与失能老年人数量。更重要的是，老年人的身体健康水平与劳动能力减弱是一个渐进过程，并不会因为跨过60岁或65岁门槛就突然消失。低龄、健康老年人完全有能力、有活力参与社会活动，即使失能也可以选择性地发挥自身所长。不同年龄段的人群具有的能力和潜能不同，老年人在人生阅历、文化传承和工作经验等方面都具有年轻人难以企及的优势。庞大的"银发群体"不能被视作与经济发展相矛盾的群体，只要积极鼓励、合理利用，其本身蕴藏的珍贵的人力资本与社会资本，都将成为重要的资源。

联合国于1982年在维也纳举行第一届老龄问题世界大会，会上通过的《老龄问题国际行动计划》明确指出，老年人在精神、文化、社会和经济方面所做的贡献是宝贵的，应当予以承认，并应进一步加以促进。1991年12月通过的《联合国老年人原则》中进一步对老年人的参与原则做出明确的界定：老年人应始终融合于社会，积极参与制定和执行直接影响其福祉的政策，并将其知识和技能传给子孙后辈；老年人应能寻求和发展为社会服务的机会，并以志愿工作者的身份担任与其兴趣和能力相称的职务；老年人应能组织老年人运动或协会。

1999年的国际老年人年主题定为"不分年龄人人共享的社会"，这表明老年人不再只被视为领取退休金的人，而是社会发展进步的主体和受益人。该主题的确认提升了全世界对老年人参与社会发展的认识。2002年，马德里世界人口老龄化大会通过《2002年老龄问题国际行动计划》（以下简称为《马德里行动计划》），该计划将促进"老年人与发展"作为行动计划中的首要优先方向，通过推动老年人积极参与社会和发展，使老年人能够"通过赚取收入工作和志愿工作，充分和有效地参与其社会的经济、政治和社会生活"。

2007~2008年，联合国对《马德里行动计划》进行第一次周期审查评估，审查发现，自从第二届老龄问题世界大会以来，政府和民间社会提出了越来越多鼓励老年人参与的倡议。一些国家的老年人参与到政府老龄政策和方案的决策中，一些国家成立老龄问题协调机构并吸收老年人参与主体协调工作。大多数欧洲国家都进行了劳动力市场的改革，其目标主要是增加就业率和延长职业生涯，并在一定程度上降低养老金给付等社会福利的压力。联合国欧洲经济委员会的部分成员国制订了逐步退休计划以抬高退休年龄，中国香港、日本和新加坡政府优先为老年工人提供进修教育，设法挽留已超过法定退休年龄的有经验的劳动者。萨尔瓦多、洪都拉斯、墨西哥和秘鲁等国家通过提供小额信贷和补助金等方式鼓励老年人自主创业。为了鼓励老有所为，以埃及和卡塔尔为主的西亚北非地区的一些国家启动老年志愿服务项目，如让老年人为年轻学生提供相关领域的培训，使老年人继续有所作为，也可以加强不同代际之间的互动。

重视老年社会参与，不仅关乎老年人的价值，也关系到全人口的发展。与日俱增的老年人口数量，不仅对劳动力市场、资本市场和社会服务体系造成直接影响，还会波及文化、政治等各领域，因此需要整个社会改变对老龄化的成见与歧视，改变老年人无足轻重的消极思想，形成一种新的社会伦理。"积极老龄化"认为人口老龄化可以与社会经济协调发展，老龄化的社会同样能够实现可持续发展，并且突出老年人社会参与的重要作用，让人们认识到自己在整个生命周期都可以发挥潜能，并按照自己的权利、需求与能力参与社会发展。"老年人是社会发展的受益者，同时也要把老年人视作年龄一体化社会的积极参与者和贡献者。现在是塑造这一新观念的时候了。"

积极老龄化与老年社会参与

所谓积极老龄化，不仅仅是指身体具备活动能力或参加体力劳动，还包括参与社会、经济、文化和公民事务。2001年世界卫生组织编写的《积极老龄化：政策框架》指出：积极老龄化是指在老年时为了提高生活质量，使老年人尽可能获得最佳健康、参与和保障的机会的过程。依照世界卫生组织的倡导，老年人应提高生活质量，延长预期寿命，健康、积极地参与社会活动。

2002年，"积极老龄化"被联合国第二届世界老龄大会接受并写进《政治宣言》，成为应对21世纪人口老龄化的政策框架。构成这一发展战略政策框架的三要素是健康、参与和保障，这三者相互促进、相互制约而形成一个循环体系。其中，参与是关键节点，是指在劳动力市场、就业、教育、健康、社会政策以及计划都支持老年人充分参与社会经济、文化和精神生活的条件下，人们年老时就能按照他们的基本人权、能力、需要和爱好，继续以有偿或无偿两种方式为社会做贡献。只有实现老年人的有效参与，才能使这个循环成为相互促进的良性循环，进而实现"积极老龄化"。

积极老龄化政策框架的形成，标志着国际社会已将提高老年人生活质量的政策重点，由原来的注重老年人救助等老年人经济保障和促进老年人健康的对策，逐渐转变为促进老年人的社会参与。

二、中国老年社会参与的现状

本章把老年社会参与分为劳动和再就业、政治活动、公益活动和网络参与四个部分。用于分析的数据主要来源于中国人民大学中国调查与数据中心2014年和2016年中国老年社会追踪调查（CLASS）、2010年和2015年中国城乡老年人生活状况抽样调查以及第三期妇女社会地位调查。

老年社会参与比例总体有待提高。2016年数据显示，约五成老年人参与政治活动（50.85%）约一成老年人参与劳动与再就业（12.47%）。2015年数据显示，不足五成老年人参与公益活动（45.63%），而参与网络活动的老年人比例不到一成（5.0%）。

纵观老年社会参与变动情况，老年劳动与再就业比例有所下降，老年政治、公益参与均有所提高。从2014年和2016年中国老年社会追踪调查数据来看，老年政治活动参与率从2014年的45.84%上升至2016年的50.85%；老年劳动与再就业参与率从2014年的19%下降为2016年的12.47%。从2010年和2015年中国城乡老年人生活状况抽样调查数据来看，老年公益活动参与率从2010年的41.39%上升至2015年的45.63%；老年网络参与率从2010年的0.3%上升至2015年的5%。

老年人社会参与率存在明显的城乡差异。2016年，劳动与再就业率农村老年人为13.42%，城市老年人为11.42%；政治活动参与率农村老年人为50.07%，城市老年人为47.31%；2015年，公益活动参与率农村老年人为48.21%，城市老年人为43.26%；网络参与率农村老年人为0.5%，城市老年人为9.2%。可以看出，农村老年人在劳动与再就业、政治活动和公益活动领域参与率比城市老年人更高，但在网络参与方面明显低于城市老年人。

老年人社会参与存在一定性别差异，但差异在缩小。2016年，劳动与再就业率男性老年人为14.61%，女性老年人为11.40%；政治活动参与率男性老年人为52.07%，女性老年人为49.57%；2015年，公益活动参与率男性老年人为48.89%，女性老年人为42.65%；网络参与率男性老年人为6.6%，女性老年人为3.6%。可以看出，男性老年人在劳动与再就业、政治活动和公益活动参与率比女性老年人略高，但在劳动和再就业活动和政治参与中的性别差异较小。

（一）劳动与再就业参与：受退休政策影响明显

根据调查结果，中国老年人的经济劳动参与率受退休政策的影响明显，农村老年人参与劳动和再就业比例明显高于城市老年人。从职业内容来看，中国在业老年人中从事"国家、企事业单位领导""专业技术人员"等职业的占比非常低，主要集中于"农、牧、渔民""个体户/自由职业者"等不受退休政策影响的职业。经济劳动整体参与率在降低，主要是由农村参与率降低导致，这可能与农村社会保障制度不断完善、农村土地使用制度特色和规模经营有关。

2016年CLASS调查结果显示，参与就业的60岁及以上的老年人占调查人口的12.47%，其中男性老年人口的就业数量和比例明显高于女性老年人口。参与就业的老年男性人口占男性老年人口的14.61%，女性老年人就业比例为11.40%。低龄、中龄和高龄段中，老年男性劳动参与率均高于同年龄段的女性。

低年龄组（60~69岁）老年就业人口是中国老年就业人口的主体力量。低年龄段的老年人在数量上和比例上都远大于中年龄组（70~79岁）及高年龄组（80岁及以上）。随着年龄的增加，老年人口的就业率迅速下降，这不仅与老年人的体力和健康水平下降有关，现行退休制度也要求职工在达到一定年龄后退出劳动力市场。

农村和城市老年人劳动参与率差距明显。农村老年人劳动参与率为13.42%，城市为11.42%。主要原因可能是农村老年人需要继续劳动作为经济来源，城市老年人往往到50~60岁就必须退休。

无论城市还是农村，老年人口的就业率都与健康水平呈现明显的正相关关系，即健康状况越好的老年人的劳动参与率越高。总体来看，自评很健康和很不健康的老年人劳动参与率分别为20.47%和5.00%，差异非常明显。可见，健康状况是决定老年人能否参与劳动的关键因素。

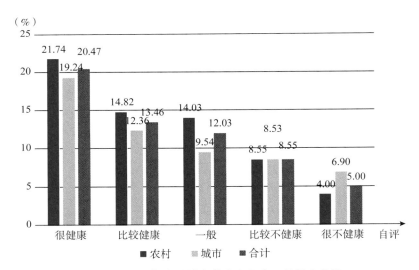

图3-1 2016年中国城乡就业老年人口的健康差异

数据来源：中国老年社会追踪调查（CLASS）2016年调查数据。

分教育水平来看，中国老年人口整体就业率并非随教育水平的升高而升高。私塾/扫盲教育水平的老年人口就业率最高，为16.54%，其次是小学教育水平，为14.21%，初中为13.57%和高中/中专为13.87%。劳动参与率最低的为不识字的老年人，仅为9.64%。

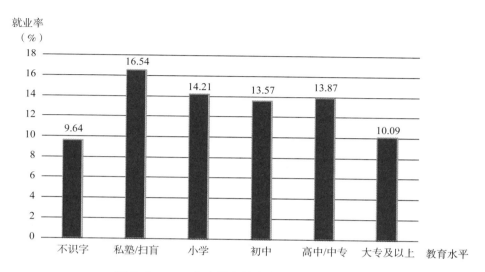

图 3-2　2016 年中国各教育水平老年人就业率

资料来源：中国老年社会追踪调查（CLASS）2014年与2016年调查数据。

　　将2016年的调查结果与2014年相比可以发现，老年人口的劳动参与率总体有所下降，从2014年的19%下降为2016年的12.47%。从劳动力市场的性别差异来看，女性老年人口的劳动参与率一直低于男性，但是这种差异正在逐步缩小。从劳动参与率的城乡差别来看，农村高于城市，2014年城市为10.87%，农村为31.17%。到2016年，城乡差距明显缩小，城市老年人劳动参与率为11.42%，农村为13.42%。其中，城市在两年中老年人的劳动参与率变化较小，农村老年人劳动参与率大大下降。这可能与国家对农村老年人提供的养老普惠政策有关，如农村养老保险的推广、大病统筹等。这些政策减少了农村老人养老的经济压力，他们的劳动参与率也相应降低。

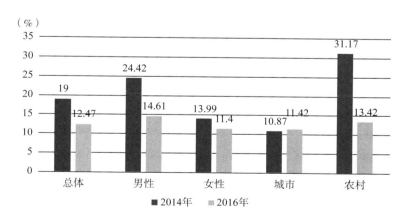

图 3-3　2014 年与 2016 年老年人分性别、分城乡劳动参与率的变化情况

资料来源：中国老年社会追踪调查（CLASS）2014年与2016年调查数据。

分区域来看,京津沪地区的老年人与东、中、西部地区的老年人经济活动参与率存在显著差异,京津沪地区的老年人从事有收入的工作/劳动的比例最低,仅有7.3%,而东、中、西部地区都在20%左右。

表3-1　　　　　　　　　　　　　　　分区域老年人工作/劳动参与率　　　　　　　　　　　　　　　单位:%

目前是否从事有收入的工作/劳动	京津沪地区	东部地区	中部地区	西部地区	合计
是	7.3	19.5	20.0	19.6	18.2
否	92.7	80.5	80.0	80.4	81.8

资料来源:第三期妇女社会地位调查。

(二)政治参与:城市老年人积极性不及农村,未来老年人政治价值将逐渐凸显

老年群体在政治生活中扮演的角色越来越重要。随着老年人口占总人口的比例不断提高,老年人的政治价值将逐渐凸显。根据数据分析,有一半(50.85%)的老年人近三年参与了社区或村委会选举。总体上男性高于女性,在农村这种性别差异更加明显。与农村不同的是,城市女性老年人参与社区选举的比例比男性高。

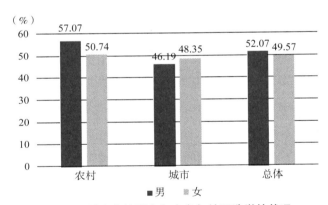

图3-4　城乡分性别老年人参与社区选举的状况

资料来源:中国老年社会追踪调查(CLASS)2016年调查数据。

伴随着年龄的提高,老年人政治参与的比例逐步下降。从文化程度来看,小学学历的老年人参加社区选举的比例最高,为52.56%;其次为大专及以上文化程度的老年人,为50.23%;"不识字"的老年人政治活动参与率与大专及以上的老年人差不多,为50.17%;高中/中专和初中学历的老人参与率稍低,分别为49.25%与48.1%;文化程度为"私塾/扫盲"的老年人政治参与率最低,为43.75%。参与社区选举的概率与文化程度并没有正向关系,内部差异并不大。

通过对比2014年与2016年的CLASS调查数据可以发现,总体上,中国老年人政治参与的比例有显著提升,从2014年的45.84%增加到2016年的50.85%。分城乡来看,两年间农村老年人政治参

与率基本没有变化，城市老年人参与率从42.44%增加到47.31%。这一方面说明基层民主建设取得新的进步，另一方面说明老年人在政治生活中发挥的作用越来越明显。

表3-2 　　　　　　　　　　　2014年与2016年老年人政治参与率对比　　　　　　　　　　单位：%

	总体	农村	城市	男性	女性
2014年	45.84	50.94	42.44	49.27	42.71
2016年	50.85	50.07	47.31	52.07	49.57

资料来源：中国老年社会追踪调查（CLASS）2014年与2016年调查数据。

总体而言，经济较发达地区的老年人参与政治选举活动的积极性高于经济欠发达地区的老年人，这与其他国家的研究结果一致。

表3-3 　　　　　　　　　　　分区域老年人基层投票参与率　　　　　　　　　　单位：%

最近5年是否参加过村民/居民委员会的投票选举	京津沪地区	东部地区	中部地区	西部地区
是	83.2	74.7	66.8	66.0
否	16.7	24.7	31.7	33.3
记不清	0.1	0.6	1.5	0.8

资料来源：2010年第三期妇女社会地位调查。

（三）公益参与：以非正式志愿服务为主，参与的积极性在提高

2015年全国抽样数据显示，近一半的老年人参加了公益活动，以邻里帮扶、社区活动为主。参与率排名前三的活动分别为：帮助邻里、维护社区卫生环境和协助调解邻里纠纷。具体而言，在维护社区社会治安、维护社区卫生环境、参加文化科技推广活动方面，城市老年人参与的比例高于农村老年人，而农村老年人在调解邻里纠纷、帮助邻里等非正式公益活动中参与比例高于城市老年人。可以看出，中国老年人公益活动参与以非正式志愿服务为主，正式志愿服务则以社区为主要平台。

表3-4 　　　　　　　　　　　老年人参与的公益活动类型　　　　　　　　　　单位：%

类型	全国	城市	农村	男性	女性
维护社区社会治安	8.63	8.93	8.31	11.35	6.15
协调调解邻里纠纷	16.98	15.95	18.11	19.85	14.36
维护社区卫生环境	20.68	22.12	19.11	22.82	18.72
帮助邻里	34.39	31.82	36.96	36.18	32.55
关心教育下一代	13.15	12.36	14.00	14.16	11.81
参加文化科技推广活动	2.34	3.12	1.49	2.98	1.76
都没有	54.37	56.74	51.79	51.11	57.35

资料来源：2015年中国城乡老年人生活状况抽样调查。

对比2010年数据可以发现，5年来中国老年人参与公益或社区活动的比例明显提高。帮助邻里、维护社区卫生环境和协助调解邻里纠纷一直是老年人参与最多的公益活动。

表3-5　　　　　　　　　　2010、2015年中国老年人参与公益活动变化　　　　　　　　　　单位：%

年份	维护社区社会治安	协助调解邻里纠纷	维护社区卫生环境	帮助邻里	关心教育下一代	文化科技推广	都没有
2010	7.72	14.26	14.67	31.42	5.62	—	58.61
2015	8.63	16.98	20.68	34.39	13.15	2.34	54.37

资料来源：2010年、2015年中国城乡老年人生活状况抽样调查。

在2020年新冠肺炎疫情防控过程中，很多老年人作为志愿者加入群防群控的人民防线中，在基层社区协助防疫人员做好出入口值守、测量体温、信息排查、防疫宣传等工作，尤其有很多老党员用自己的实际行动践行初心和使命，有力助推了群防群控的防控作用和优势。反映出当前老年人在社会面临重大突发事件时，在一定程度上参与全社会对突发事件的应对和处理时可以作为重要的力量，发挥自身独特作用。

（四）网络参与：老年人互联网普及率增速明显，但内部异质性较大

根据中国城乡老年人生活状况抽样调查结果，2015年我国老年人使用网络的比例只有5.0%，而2010年仅有0.3%的老年人使用网络。不过，随着老年人文化素质持续提升及移动互联网的普及，使用互联网的老年人数量有望在未来快速增加。

经常上网的老年人城乡、性别差异较大。2015年有5.0%的老年人经常上网，城市为9.2%，农村为0.5%。使用互联网的女性老年人为3.6%，男性为6.6%。其中，城市女性为6.6%，男性为12.2%；农村女性为0.2%，男性为0.8%。

城市低龄老年人是使用互联网的"主力军"。按年龄分析发现，60~64岁的老年人中有7.9%使用互联网，65~69岁有5.4%，70~74岁有3.9%，75~79岁有2.5%，80~84岁有2.0%，85岁及以上有0.8%。

文化程度越高的老年人，互联网普及率越高。未上过学的老年人中使用互联网的比例为0.2%，小学文化程度的老年人为1.1%，初中文化程度为8.6%，高中/中专/职高文化程度为21.1%，大学专科文化程度为44.9%，本科及以上文化程度为50.4%。

文化程度不同的老年人上网兴趣点不同。文化程度较低的老年人更倾向于在网上看影视剧、玩游戏；文化程度较高的老年人更倾向于上网查看新闻、聊天、购物、炒股票等。

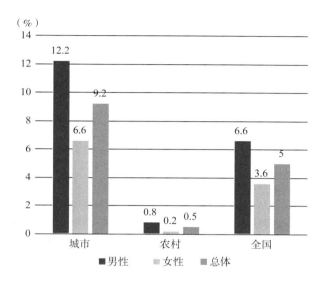

图 3-5 分性别、分城乡老年人互联网使用的状况

资料来源：2015年中国城乡老年人生活状况抽样调查。

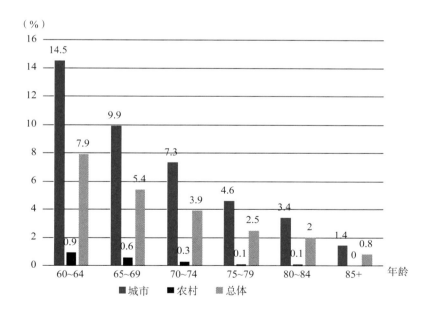

图 3-6 城乡分年龄段老年人使用互联网情况

资料来源：2015年中国城乡老年人生活状况抽样调查。

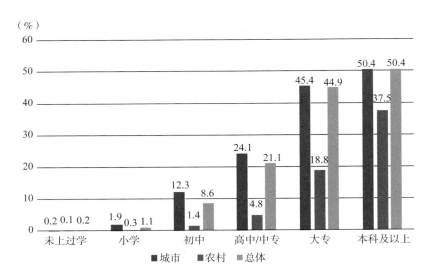

图3-7 分文化程度老年人互联网使用情况

资料来源：2015年中国城乡老年人生活状况抽样调查。

三、中国老年社会参与的政策演变和影响因素

（一）政策演变

中国老年人社会参与政策由宏观性、分散性逐渐向体系化、细致化发展，经过60余年的发展已构成一个有机整体，大致可以分为以下几个阶段。

20世纪50年代末到80年代初为起步阶段。此阶段主要表现为有限性，即有限主体的有限参与。参与主体以老干部为核心，并且参与机会有限，参与领域狭窄，对老年人的权益保障也不够。

20世纪80年代初到90年代中期为发展阶段。此阶段最大特点为专门负责老龄工作的全国性组织出现，老年人社会参与主体和参与领域逐渐扩大，老年人参与意识提高。

20世纪90年代中期至今为全面发展阶段。这个阶段老年人社会参与政策渐成体系，中央出台的纲领性文件为全面指导中国老龄工作起了重要的推动作用，具体政策也各有侧重地将老年人社会参与制度推向前进。从中央到地方都对老年人社会参与进行了相关立法，为老年人的社会参与权提供了法律保障。

经过60余年的发展，中国老年社会参与政策制度逐渐从零散的政策和法规发展形成纲领性的政策和统一立法，政策对象从特定精英主体扩展到所有老年公民，政策内容从单一到多元，日益

走向成熟化和规范化。

（二）微观层面影响因素

微观层面主要指老年人个体特征因素，比如身心健康状况、性别、受教育程度、离退休前的职业声望、社会地位和经济状况，都会影响老年人社会参与的内容、方式和强度。

健康状况对老年人的社会参与起着至关重要的作用。健康状况差的老年人往往社会参与程度低，尤其是生活自理有困难或者不能自理的老年人，存在社会隔离的风险非常高。2010年的调查数据还显示，文化程度也会影响到老年人的社会参与类型和水平，不识字的老年人中，参与继续就业和继续学习的比例仅为3.9%和3.0%。这是因为文化素质低的老年人获得的信息资源会受到一定限制，参与的机会相应会减少，而且在资源有限的情况下，机构或者企业在提供参与机会时更偏向于选择知识和技能水平高的老年人。

收入高的老年人更有可能成为志愿者，因为低收入老年人需要承担生存压力，更可能继续工作或者做一些兼职工作。但收入与志愿服务的关系可能受到项目设计的影响而改变。如果一些志愿服务会给志愿者提供一定的补贴，这类项目可能更吸引低收入老年人参与。

老年人过去的职业会影响到老年人的再就业或继续就业。在身体健康状况、经济条件相同的前提下，从事专业技术类、服务业和商业工作的老年人比一般体力劳动者再就业的机会更多。机关事业单位负责人、专业技术人员留在原单位继续工作的可能性比年轻时从事体力劳动的老年人更高。

国外的研究显示，有宗教信仰的老年人社会参与会更加积极，他们更可能投身于公益事业，参加教会组织的活动。在中国，宗教信仰对老年人社会参与的影响并不显著，政治面貌的作用反而更加突出。一方面，社区的党支部或者单位的离退休党支部会组织老党员开展一些帮扶活动，增加老年人参与的途径。另一方面，很多老党员都坚守着共产党人"为人民服务"的精神追求，退休之后仍然热心参与公益事业。

（三）中观层面影响因素

中观层面主要指家庭因素、社区因素和组织因素对老年人社会参与的影响。家庭因素主要包括代际支持、居住方式和家庭观念等因素。婚姻状况对老年人的经济参与和志愿服务参与都有影响。有配偶老年人的经济负担会比无配偶老年人高，参与经济活动的可能性高于无配偶老年人。随着家庭规模减小，年轻女性进入劳动力市场的机会增多，老年人与子女同住的比例逐渐下降，成为照顾者的情况会越来越多，而家庭照顾角色的增加可能会占据部分老年人参与社会活动的时间。代际支持会对老年人经济活动产生积极的影响。尤其是对提供家庭照护的老年人而言，如果缺乏必要的社会支持，身体和心理上的过度消耗会使得提供照顾的老年人产生社会隔离和患抑郁症的风险提高。

理想的环境能够为老年人社会参与提供安全、便捷、舒适的参与空间。相关研究发现，社区制度、组织、社区文化和社区地理位置对老年人的社会参与会产生重要影响。对社区的归属感越强，老年人参与志愿服务的可能性越高；对社区宜居程度的评价越高，参与社区志愿活动的程度也越高。相对于人力资本高的老年人，低收入、低学历、低健康水平的老年人对社区环境的评价可能更低，从而使得其社会参与程度受到消极影响。由此可见，社区环境的支持对于弱势老年人的社会参与尤为重要。例如，社区无障碍通行是老年人安全出行的基本需求，如果连家门都不敢出，更谈不上社会参与了。公共场所的无障碍设施，方便老人阅读的老花镜、放大镜等都能够为老年人提供便利。工作环境的适老性，如办公楼的电梯设计、办公室座椅的高低、光线的亮度和电脑屏幕字体的大小，都会对高龄工作者产生影响。

由于老年人参与的活动大多基于社会组织，社会组织是否有能力提供足够适合老年人参与的活动成为影响老年人社会参与的关键。社会组织的能力包括活动设计、招募、组织和人力资源管理等多个方面。例如，活动设计过于复杂并缺乏相关培训，可能会使很多受教育程度低的老年人望而却步；活动内容无法满足老年人需求或者缺乏激励机制，可能会导致很多老年人中途退出。弹性的参与制度可以满足老年人对孙子孙女照顾和兼职或参与其他社会活动的需求。尤其是对处于低社会经济地位的老年人而言，提高社会组织举办相关活动的能力能够为老年人成为志愿者提供更好的支持，从而鼓励他们加入志愿者行列中，降低产生社会隔离的风险。

（四）宏观层面影响因素

宏观层面的因素包括劳动力人口年龄结构、社会文化环境和科学技术进步等。劳动年龄人口结构老化引起社会重视老年人力资源开发。在一些老龄化程度已经很高的发达国家，劳动力不足使得社会不得不积极开发老年人力资源，这对促进老年人社会参与非常有利。中国目前仍然处在人口红利期，对老年人力资源的开发重视程度不高，随着人口红利逐渐消失，开发老年人力资源，提高老年人社会参与势在必行。

积极的社会文化环境对老年社会参与产生有益影响。社会积极的老龄观和对待老年人的态度，不仅有利于破解抑制老年人参与社会发展的法规政策束缚，拓展老年社会参与渠道，还可以帮助老年人树立信心，形成面对衰老积极的态度。但如果只将老年人视为被关怀、被照顾的对象，过度保护老年人，忽略其主观能动性，并不利于老年人积极参与社会活动。

科技进步对老年人的社会参与既是挑战也是机遇。随着科技发展日新月异，新的技术层出不穷，企业对员工的知识结构和信息技术等方面的要求越来越高，老年人因为生理和心理功能衰老、知识体系陈旧等原因，在就业方面常常处于劣势。相关法律法规的缺失也使得劳动力市场中的年龄歧视问题长期存在。因此，老年人在科学技术应用日渐普遍的今天，在劳动力市场上的参与率普遍较低。但是，科技进步对于老年社会参与也提供了机遇。首先，对于健康状况不佳的老年人，移动类、生活类辅助器具和健康管理类穿戴设备等产品可以对其进行功能性赋能，为其进行社会参与提供可能。其次，对于健康状况良好的老年人，计算机、互联网、人工智能等科学技术可以对其进行智慧赋能，为其进行社会参与提供可能，比如老年人利用科技继续参与教学工作和科研工作。此外，老龄群体所具有的丰富的社会经验以及专业技能在科技创新中可以起到很好的促进作用。

四、中国老年社会参与的设施状况和问题

实证分析发现，虽然满足老年人基本需求的设施覆盖率较高，但老年大学和老年公寓等可以满足老年人更高层次需求的设施覆盖率较低。

中国老年社会追踪调查2016年数据显示，在老年人设施中，城市社区老年活动室覆盖率为50.65%，农村为21.36%；城市社区健身室覆盖率为14.86%，农村为4.24%；城市社区棋牌（麻将）室覆盖率为38.8%，农村为12.38%；城市社区图书室覆盖率为24.05%，农村为12.38%；城市社区室外活动场地覆盖率为50.54%，农村为26.10%。如下表所示：

表3-6 　　　　　　　　　　　分城乡中国老年人设施分布（1）

老年人设施	城市		农村		总体	
	频率	比例（%）	频率	比例（%）	频率	比例（%）
老年活动室	2774	50.65	1285	21.36	4059	35.32
健身室	814	14.86	255	4.24	1069	9.3
棋牌（麻将）室	2125	38.8	745	12.38	2870	24.97
图书室	1317	24.05	745	12.38	2062	17.94
室外活动场地	2768	50.54	1570	26.1	4338	37.74
其他	5	0.09	1	0.02	6	0.05
以上都没有	1362	24.89	3476	57.78	4838	42.11

数据来源：2016年中国老年社会追踪调查。

在社区数据中，对其他与老年人生活相关的设施进行了统计，便利店（小商店/小卖部）和医院/医疗服务站/卫生室/诊所覆盖率最高，分别为97.45%与91.42%；银行/信用社、农贸市场、超级市场、公园和百货商场次之，覆盖率在30%~70%；托老所/老年日间照料中心、养/敬老院、老年大学、老年餐桌和老年公寓覆盖率最低，在10%~22%。各种老年人设施城市覆盖率均高于农村，差值前三位分别是银行/信用社、超级市场和农贸市场。

表3-7 分城乡中国老年人设施分布（2）

老年人设施	城市		农村		总体	
	频率	比例（%）	频率	比例（%）	频率	比例（%）
便利店（小商店/小卖部）	254	99.22	166	94.86	420	97.45
超级市场	172	67.19	34	19.43	206	47.80
百货商场	136	53.13	27	15.43	163	37.82
农贸市场	178	69.53	46	26.29	224	51.97
银行/信用社	233	91.02	48	27.43	281	65.20
医院/医疗服务站/卫生室/诊所	241	94.14	153	87.43	394	91.42
老年大学	62	24.22	3	1.71	65	15.08
公园	144	56.25	27	15.43	171	39.68
老年餐桌	38	14.84	16	9.14	54	12.53
托老所/老年日间照料中心	81	31.64	11	6.29	92	21.35
养/敬老院	66	25.78	25	14.29	91	21.11
老年公寓	39	15.23	8	4.57	47	10.90

专栏

老年人设施规范

2018年，在修订版《城镇老年人设施规划设计规范_GB50437-2007》（以下简称《规范》）中将老年人设施的标准写入，目的是确保老年人设施设计和建设的质量。《规范》明确规定老年人设施应按服务人口规模配置。

表3-8 老龄设施分级配建表

项目	5万~10万人	0.5万~1.2万人
养老院	应配建	宜配建
老年养护院	应配建	宜配建
老年服务中心（站）	应配建	应配建
老年人日间照料中心		应配建

表3-9 中国现行老年社区设计规范

规范名称	性质	内容
住宅设计规范_GB 50096-2011	强制性标准	规定了住宅套内空间、公共空间、最小使用面积等
无障碍设计规范_GB50763-2012	强制性标准	包括无障碍设施的设计要求，居住区等无障碍建设与改造
		适用于全国城市各类新建、扩建、改建的房屋建筑、居住小区
老年人居住建筑设计规范_GB50340-2016	推荐性标准	规定了老年人建筑的各项经济技术指标，细化了各类设施以及技术问题，适用于新建、扩建、改建的老年人居住建筑设计
老年人居住建筑_15J923	参考性文件	提供老年人居住建筑中可选用的家具尺寸，技术标准，包括以老年人人体工程学为依据的公共空间等细部构造

在老年社会参与的设施建设方面，还存在以下一些问题。

第一，"什么是年龄友好居住环境"，依然未形成清晰的内涵和界定标准，各部门难以形成建设的合力。例如，民政部门重点推行社区老年人日间照料中心建设，住建部门推行养老服务设施建设规划，发改部门推进"人均用地不少于0.1m2的标准"等。强制性和可操作化的适老环境建设规范和标准尚未出台，适老化改造规范性不足。不同部门出台的标准之间也缺乏系统的整合。

第二，适老化改造难度大，政策落地难。20世纪80年代，建设大量住宅主要是为了解决城市住房短缺的紧迫问题，面积普遍较小。受当时的经济、技术和材料的限制，房屋质量低下，室内配套设施简单，给当前的更新改造带来很大考验。城市的很多老旧住宅社区基本没有电梯，老年人上下楼难；房间面积狭小，通道通行宽度不足，室内外门槛多，造成出行不便等。以电梯存量为例，2016年CLASS数据显示，居住在2楼及以上的老年人中仅有11.81%拥有电梯。

第三，年龄友好环境建设机制尚未成熟。缺乏成熟的老年宜居环境建设机制，未能厘清政府和市场的职能，导致政府和市场都试图在此领域有所发展，仍然无法在既保证群众满意，又获得应有利益的情况下将年龄友好型环境建设可持续地实施。

第四，促进社区自我更新的激励机制缺失。年龄友好环境建设不能只靠政府一手承包，包括适老化改造在内的老年宜居环境建设，资金问题的解决一部分是依靠政府补贴和非营利组织支持，更多的应该依靠社区的自我更新，政府提供具有激励措施的土地使用政策和规划管理程序，促进社区自我更新机制的形成。

五、促进老年社会参与的政策建议

老年人全方位的参与社会已经成为国际社会解决人口老龄化的普遍共识。《马德里老龄问题国际行动计划》提出，应承认老年人在社会、经济、文化、政治等方面所做出的积极贡献。根据时期的不同和老年人群所处年龄段的不同，促进老年人参与的重点应有所不同。鉴于当前老年人群的政治素质很高，且组织性很强，可以推动其政治或公益活动类型的社会参与。在未来，随着老年人教育水平的逐步提高，参与的种类可更加丰富，劳动参与的比例也应逐渐提升。

第一，树立终身学习的社会共识。 伴随着老龄化社会的发展、技术变革和社会发展的加速，原有接受教育、就业、退休的生命周期模式将变为动态可调整模式，让处于活力期、有意愿且有能力的老年人能够获得更加广泛的机会来发挥自己的能量，为个人、家庭和社会继续贡献力量。

第二，增强老年人就业参与的法律保障和政策引导。 一方面，改革劳动法，消除阻碍老年人就业的制度障碍，对再就业或继续就业的老年人给予充分的权益保障，使老年人在应聘过程中不受歧视。另一方面，对雇主从税收等方面给予激励，促进吸纳老年人再就业的企业和部门的大力发展。与此同时，需要积极推进老年教育和培训的发展，促进老年人力资本的提升。老年人群中异质性明显，低龄和中龄（60~79岁）老年人健康状况良好，健康的比例达到一半以上。低龄老年人口占老年人口的比重超过半数，且结构相对稳定，低龄以及中龄老年人进行各类社会参与的可能性较大。因此，可以在相关政策制定和各类参与保障方面有所倾斜。

第三，建立更为合理的老年就业模式。 继续致力于消除老年人就业过程中的歧视和偏见，通过工作类型的调整，让老年人的能力和经验发挥更大的作用。老年人的就业不是对青年人就业机会的冲击，而是能够发展出新的产品和服务，甚至新的就业机会。一方面，引入老年人口弹性就业模式，调整养老金制度，促进老年人就业；另一方面，营建宜居工作环境，保障工作安全和健康，调整工作流程和技术管理模式，构建适宜老年人的就业模式和工种等。除正规就业外，还需要鼓励老年群体投入到家庭和社会发展中的非正规就业活动中。通过经济补贴、喘息服务[①]、员工支持等政策和项目，对照顾家人的老人提供切实的福利和帮助，提升老年人参与家庭活动的积极性。

---

① 喘息服务主要是指面对居家养老的失能、失智老年人，由政府购买专业机构的服务，为这些老年人提供短期的替代性照料，让长期照护老人的家庭成员得以"喘息"。近年来已在我国的部分地区开展了试点。

第四，加强社会和家庭的代际支持与和谐关系共建。加强人力资源管理中的代际工作交流模式，支持老年人发挥余热，利用知识和技能贡献社会；鼓励青年人与老年人之间展开多领域知识和技能的代际交流，扶持家庭和社区范围内的互动协作，建立代际合作项目示范；为全社会中青年人群提供转入老年生活前的经济收入和物质安全保障，提供应对进入老龄时期的知识和技能储备。

第五，促进年龄友好型环境建设。加强与公共交通出行、信息交流和社区服务获取等相关的公共设施的无障碍设计与改造；加强居民区公共设施无障碍改造，比如坡道、楼梯、电梯和扶手等；继续推进街道和社区"老年人生活圈"配套设施建设，为老年人提供一站式便捷服务；加强无障碍设施建设和适老化改造，为老年人社会参与提供便利条件。

第六，探索以社区为基础的互助养老新模式。以社区为基础的互助养老模式是解决养老服务问题的途径之一，也是发挥老年人社会参与的积极性和主动性，增加自我成就感的良好方式。尝试建立"时间银行"模式，尤其对于城市中低龄、健康老年人，采用互助养老方式，以社区为依托，为生活在社区的老年人提供多种形式的养老服务，将服务时间累积储存，以备后期兑换等额养老服务。

第七，重视科技对促进老年社会参与的辅助作用。首先，对于健康状况不佳的老年人，移动类、生活类辅助器具和健康管理类穿戴设备等产品可以对其进行功能性赋能，并使他们有可能过上健康、富有成效、独立和有尊严的生活并得以参与劳动、公益活动和家庭活动。其次，对于健康状况良好的老年人，计算机、互联网和人工智能等科学技术可以对其进行智慧赋能，为其进行社会参与提供可能，比如老年人利用科技继续参与教学工作和科研工作等。

第八，积极引导老年人参与基层社区治理。十九届四中全会提出"建设人人有责、人人尽责、人人享有的社会治理共同体"。中国自古以来具有乡贤文化，历代都借用乡贤来辅助国家治理，乡贤能人是基层社区治理的重要力量。多渠道、多方面积极引导离退休老党员、教师、医生和企业家等人员充分发挥自身优势，参与社区治理，是提高老年人社会参与率的重要渠道。

参考文献

[1] Glass T A，De Leon C F，Bassuk S S and Berkman LF. 2006. *Social Engagement and Depressive Symptoms in Late Life：Longitudinal Findings*. J Aging Health. 4：604–628.

[2] Bassuk SS，Glass TA，and Berkman LF. 1999. *Social Disengagement and Incident Cognitive Decline in Community-dwelling Elderly Persons*. Annals of Internal Medicine 3：165.

[3] Utz RL，Carr D，Nesse R，et al. 2002. *The Effect of Widowhood on Older Adults' Social Participation：An*

Evaluation of Activity，Disengagement，and Continuity Theories. Gerontologist 4：522.

[4] Mendes de，Leon C F，Glass T A，and Berkman L F. 2003. *Social Engagement and Disability in a Community Population of Older Adults*：*The New Haven EPESE*. American Journal of Epidemiology 7：633–642.

[5] Jason L A. 2006. *Benefits and Challenges of Generating Community Participation*. Professional Psychology Research & Practice 2：132–139.

[6] 邬沧萍等. 社会老年学. 中国人民大学出版社，1999

[7] 王莉莉. 中国老年人社会参与的理论、实证与政策研究综述. 人口与发展，2011（3）

[8] 陈岱云，陈希. 人口新常态下服务于老年人社会参与问题研究. 山东社会科学，2015（7）

[9] 刘颂. 积极老龄化框架下老年社会参与的难点及对策. 南京人口管理干部学院学报，2006（4）

[10] 杨华，项莹. 浙江农村老年人社会参与影响因素研究. 浙江社会科学，2014（11）

[11] 胡湛，彭希哲. 老龄社会与公共政策转变. 社会科学研究，2012（3）

[12] Piggott J，and Woodland A. *Handbook of the Economics of Population Aging*. USA：North Holland，2017

[13] 世界卫生组织，中国老龄协会译. 积极老龄化政策框架. 华龄出版社，2003

[14] 肖金明主编. 老年人社会参与政策与法律研究. 济南：山东大学出版社，2015

[15] 李宗华. 近30年来关于老年人社会参与研究的综述. 东岳论丛，2009（8）

[16] 陆杰华，李月，郑冰. 中国大陆老年人社会参与和自评健康相互影响关系的实证分析——基于CLHLS数据的检验. 人口研究，2017（1）

[17] 彭青云，朱晓. 影响城市老年人经济活动参与的家庭因素分析. 人口与发展，2017（3）

[18] 李芹. 城市社区老年志愿服务研究——以济南为例. 社会科学，2010（6）

[19] 柴慧琛. 城市退休老人的社会参与状况及影响因素研究. 2013

[20] Okun M A，Michel J. 2006. *Sense of Community and Being a Volunteer*. the Young–Old Journal of Applied Gerontology 2：173–188.

[21] 谢立黎. 中国城市老年人社区志愿服务参与现状与影响因素研究. 人口与发展，2017（1）

[22] 咸光军. 大连市既有住宅（区）更新改造的方法研究. 2009

[23] 周燕珉，秦岭. 老龄化背景下城市新旧住宅的适老化转型[J]. 时代建筑，2016（06）

第四章

建立健全养老服务体系

随着人口老龄化的深化和家庭规模的缩小，家庭对老年成员提供养老照料的功能在逐步弱化，传统的家庭养老模式难以为继，需要大力发展社会化和专业化的养老服务，建立适应中国国情的新型养老服务体系。同时，老年人因年龄不同，健康状况不同，个体的活动能力存在差异，有着不同的养老服务需求。养老服务体系的构建，需要综合考虑城乡之间、区域之间以及老年人内部不同群体之间的特征差异，分类应对，分别施策。

一、养老服务体系的主要模式

养老服务是以满足老年人物质生活及精神生活基本需求为目标，为其提供生活照料、医疗保健、家政服务、紧急救助、心理咨询和精神慰藉服务的总称。

较早经历人口老龄化的发达国家在养老服务体系建设方面有着较为丰富的经验，主要有国家主导、社会主导和个人主导三种模式。从世界各国经验看，养老服务体系责任主体可分为社会养老和家庭养老两类；服务的提供主体可分为机构养老、社区养老和居家养老三种形式。

机构养老服务是指老人入住养老院和福利院等专门的养老服务机构，由专职人员提供生活照料的服务模式。社区养老是老年人依托所在社区获取所需要的专业养老服务，居家养老则是老年人居住在家中，从社区或者社区之外的机构获得专业化的养老服务。在实践中，居家养老和社区养老联系密切，有时也被统一称为居家社区养老。

研究国际经验可以发现，若仅就养老服务责任主体而言，个人主导模式下的养老服务体系以家庭养老为主体，其中以新加坡和智利为代表；国家主导模式下的养老服务体系则以社会养老为主体，以北欧和英、加、澳、新等英语国家为代表；其他社会主导模式则介于二者之间，其中日本和韩国以更接近个人主导模式的家庭养老为主体，而欧洲大陆国家和美国则以更接近国家主导模式下的社会养老为主体。

个人主导模式重点强调家庭在养老中的责任主体地位，养老服务以家庭养老为主，个人出资，能够较好地控制养老服务体系运行成本，减轻公共预算负担。在保障配套服务的前提下，这一模式能够为老年人提供熟悉的生活环境，更好地结合老年人自身需要，适合自理能力较低的老年人。

国家主导模式强调国家福利保障，养老服务体系以社会养老为责任主体，国家出资，能将个人负担降到最低，政府对养老服务体系的规范和监督较强。这一模式保证养老服务水平的稳定性和持续性，为老年人提供更强的社会支持，适合自理能力较高的老年人。

社会主导模式吸取了两者的部分优点，兼顾了家庭和社会这两个养老责任主体，依靠社会出资，督促企业和机构承担相当一部分养老服务责任，国家施以一定程度的扶持和补充，同时考虑老年人自身经济实力，要求个人承担力所能及的养老义务。这一模式强调权利与义务的对等、公平与效率的统一，社会互助和共济性强，能够较科学地分配社会资源，在节约社会成本和缓解社会赡养压力之间取得平衡，使老年人和养老服务主体达成权利与义务的平衡。

二、中国构建养老服务体系的历程和成就

新中国成立至今，尤其是改革开放以来，中国的养老服务体系经历了不断发展的过程。从计划经济时期以政府主导，以保障"三无"[①]"五保"为主，福利色彩强烈的一元化福利体系，经过20世纪80年代中期提出"社会福利社会化"设想，到21世纪初期提出构建"以居家为基础、社区为依托、机构为支撑"养老服务体系的思路，再到十八届五中全会调整为"以居家为基础、社区为依托、机构为补充、医养相结合"养老服务体系的新模式，2019年国务院办公厅印发《关于

---

① 所谓"三无"是"三无人员"的简称，一般用于城镇地区，指民政部门收养的无生活来源、无劳动能力、无法定抚养义务人或法定抚养义务人丧失劳动能力而无力抚养的公民。"五保"则常见于农村地区，五保对象指农村中无劳动能力、无生活来源、无法定赡养扶养义务人或虽有法定赡养扶养义务人但无赡养扶养能力的老年人、残疾人和未成年人，五保指的是保吃、保穿、保医、保住、保葬（儿童则为保教）。

推进养老服务发展的意见》，进一步要求从深化放管服改革①、拓宽养老服务投融资渠道、扩大养老服务就业创业和消费、促进养老服务高质量发展和基础设施建设等方面完善养老服务机制。同年10月的十九届四中全会《决定》进一步提出"加快建设居家社区机构相协调，医养康养相结合的养老服务体系"的要求，中国养老服务体系的构建逐步走向完善②。

截至2019年6月底，全国各类养老机构达2.99万个，社区养老服务机构和设施14.34万个，养老服务床位合计735.3万张。其中，超过50%的养老机构和近40%的养老床位由社会力量举办和提供，实现了从政府为主向政府、社会共同发展养老服务的转变。

（一）政府主导养老服务体系构建的起步发展时期（1949~1977年）

从新中国成立到改革开放初期是中国养老服务体系建设的整顿、改造和初步规范期。这一时期，由于整个社会中老年人口数量不高，人口老龄化问题并未显现，且由于当时的家庭往往具有多个子女，比较容易承担养老功能，整个社会所需要的社会化养老服务相对有限。以这一背景为基础，在当时的经济社会管理模式下，养老服务体系建设采用了政府主导方式。新中国成立初期，政府在社会救济机构的基础上，为救济孤老残幼等人员设立生产教养院。社会主义三大改造基本完成后，生产教养院名称逐渐演变为养老院。1961年中共八届九中全会提出"调整、巩固、充实、提高"八字方针，政府对收养机构进行全面调整与整顿，强调其社会福利性质，收养机构的职能明确转变为福利服务。1965年，根据"缩短战线，改变多、小、散局面"精神，对收养机构进行进一步调整，将养老院与残老院合并为福利院。直到1977年，收养机构都由政府进行全面管控。

这一阶段的养老服务具有以下一些特点。

一是政府主导的单一性。政府对各种福利资源进行调控，对收养机构进行全面管控，在收养机构架构上建立了完备的党政组织，实行全面行政化管理，严格按照事业单位的要求对收养机构的人员进行编制管理，在福利资源分配上由政府通过财政拨款等方式下放到地方。

---

① 2015年5月，国务院召开全国推进简政放权放管结合职能转变工作电视电话会议，首次提出了"放管服"改革的概念。"放"即简政放权，降低准入门槛；"管"即创新监管，促进公平竞争；"服"即高效服务，营造便利环境。

② 需要说明的是，十八届五中全会对上述理念的提法是分开阐述的。2016年5月，十八届中央政治局第32次集体学习时，习近平总书记进一步强调，要"构建以居家为基础、社区为依托、机构为补充、医养相结合的养老服务体系"。2017年2月28日出台的《"十三五"国家老龄事业发展和养老体系建设规划》，就积极应对人口老龄化提出了系统谋划，明确了构建"居家为基础、社区为依托、机构为补充、医养相结合的养老服务体系"的新提法以及八个领域的具体工作。

二是服务对象为农村"五保"老年人与城市"三无"老年人。在农村中，老年人的养老起初是以家庭养老为主，1956年《高级农业合作社示范章程》提出初步建立"保吃、保穿、保住、保医、保葬"五保供养制度以及救济救灾项目，养老服务中政府职能加强。在城市中，大部分职工与其家属的养老由其所在单位包办，对于无劳动能力、无生活来源、无法定赡养人与抚养人的城市"三无"老年人则是采用集中供养制度。

三是机构集中供养为主要方式。收养机构基本职能逐渐定位为单一的供养救济，性质为事业单位。截至1958年，全国共有敬老院15万余所，共收养"五保"对象300余万人。城市收养机构的职能逐渐向福利服务转变，截至1964年，全国共有福利机构733个，共收养城市"三无"老年人约7.9万人。

（二）多元养老服务体系构建的初步转型时期（1978~1999 年）

改革开放后，计划经济时期建立的单位制度被打破，社会上出现很多失业人员和下岗人员，人们已经不能单纯依靠单位获得生存资源，随之而来的养老压力也由单位和家庭转移到了社会，社会养老的需求不断增加。既有的单纯依靠政府进行养老的做法越来越不适应形势发展的需要。

1984年，民政部明确提出"社会福利社会办"的指导思想，提出改变过去国家包办的做法，转向国家、集体、个人一起办，号召社会力量参与兴办社会福利事业。1989年，民政部召开全国社会福利事业单位深化改革工作座谈会，进一步提出"坚持社会福利社会办的方针"。1994年第十次全国民政工作会议提出"深化福利事业改革，加快社会福利社会化的进程"的要求，积极发动和依靠社会力量发展社会福利事业，加大社会福利事业各项体制改革的力度。同年，民政部等十部委发布了《中国老龄工作七年发展纲要（1994~2000）》，提出要多渠道筹措老龄事业发展资金，促进老龄事业发展。1996年，《中华人民共和国老年人权益保障法》颁布，进一步指出国家要鼓励、扶持社会组织或者个人兴办老年福利院、敬老院、老年公寓、老年医疗康复中心和老年文化体育活动场所等设施。到1998年，民政部选定13个城市进行社会福利社会化试点工作，将社会福利社会化当作第三产业予以推进。

这一时期，在政策扶植下，民办养老服务机构日益兴起，企业、个人与各种社会力量为主体创办的养老服务机构数量逐渐增加，养老服务主体走向多元化。与之相适应，养老服务机构实行院长负责制，并对员工的薪酬实行绩效考核。与此同时，养老服务机构开始接收自费老年人，养老服务对象范围逐渐扩大。

大力发展社区养老服务是这一时期的一个政策重点。1983年中国老龄问题全国委员会出台

《关于老龄工作情况和今后活动计划要点》，提倡发展社区养老，提出设立老年人日间公寓等政策。1989年社区服务上升到国家法律层面，《中华人民共和国城市居民委员会组织法》明确规定，居民委员会可兴办与社区服务活动相关的服务事业。1993年民政部等部委发布的《关于加快发展社区服务服务业的意见》提出，社区服务的主要内容之一为社区养老服务。1994年民政部等部委在《中国老龄工作七年发展纲要（1994~2000年）》中明确了发展社区养老的主体思路，提出以社区为中心，构建生活服务、疾病医护、文体活动和老有所为四大老年服务体系。1996年出台的《中华人民共和国老年人权益保障法》规定，发展社区养老服务为各级政府的职责。

（三）多元养老服务体系构建的进一步调整时期（2000~2012年）

进入21世纪后，随着养老服务需求的持续增加，政府加大力度继续积极支持社会力量兴办养老服务机构。2000年，国务院办公厅转发民政部等部门的《关于加快实现社会福利社会化的意见》，提出政府对社会力量投资和参与建设的养老机构提供优惠和扶持的具体政策。同年11月，中共中央、国务院出台《关于加强老龄工作的决定》，明确提出要建立起以家庭养老为基础、社区服务为依托、社会养老为补充的养老机制。2005年，民政部下发《关于支持社会力量兴办社会福利机构的意见》。2006年，第二次全国老龄工作会议强调要发展"以居家养老为基础，社区服务为依托，机构养老为支撑"的中国特色养老服务体系。随着养老服务社会化的发展，2008年全国老龄办等十部门联合颁布《关于全面推进居家养老服务工作的意见》，提出通过税收优惠政策鼓励社会力量参与兴办居家养老服务业，建立和完善社区居家养老服务网络。2011年，国务院办公厅发布的《关于印发社会养老服务体系建设规划（2011~2015年）的通知》指出，要建设以居家为基础、社区为依托、机构为支撑的社会养老服务体系。

这一时期，随着民办公助、公办民营和政府购买服务①等方式的提出，政府积极鼓励社会力量参与养老服务，并对社会力量参与养老服务给予相应的优惠政策，养老服务的经营模式日趋市场化。随着民政部发布的《老年人社会福利机构基本规范》和国务院发布的《关于加快发展养老服务业的意见》对养老服务行业标准进行明确，并开展服务质量评估和服务行为监督，国家对养老服务机构的监管逐渐制度化、规范化、具体化。

---

① 民办公助常见的方式为政府对民办养老机构提供建设和运营补贴；公办民营则一般是由政府投资建设养老机构，但实际运营则由民间机构负责；政府购买服务的范围包括多个方面，其中最常见的是政府出资开展对本辖区的老年人提供各种服务，如有些地区为本辖区的老人佩戴防止走失的手环，而一些地区则出资为本辖区老人定期举办各种文娱活动等。

这一时期养老服务内容也日趋多样，从最基础的食物等生活照料，逐渐扩充到包括文化教育、精神娱乐、护理康复等各类无形服务[①]。社区居家养老依然被视为这一时期政策发展的重点[②]。

（四）多元养老服务体系建设的完善时期（2013年至今）

2013年起，随着第六次人口普查详细数据的公布，中国政府和社会充分认识到人口老龄化问题的严重性，从多方面入手加强对人口老龄化的应对，养老服务体系建设被提到新的高度。在对养老模式和人口老龄化认识加深的基础上，养老服务体系建设的重心逐渐转变，在继续加大对社区养老及居家养老重视的同时，更加重视医疗和康复等养老服务的融入。随着系列激励措施出台，围绕老年人吃、穿、住、用、医等方面的服务产业日益兴起，多元养老服务体系也不断完善。2013年，政府集中出台《国务院关于加快发展养老服务业的若干意见》《关于开展养老服务业综合改革试点工作的通知》和《关于推进养老服务评估工作的指导意见》等政策，提出大力发展养老服务，评估养老服务需求，精准提供养老服务。

随着对国情和国外经验认识的不断深化，2015年11月，《中共中央关于制定国民经济和社会发展第十三个五年规划的建议》对既有的养老服务模式再次进行调整，提出"建设以居家为基础、社区为依托、机构为补充的多层次养老服务体系"，将原有的机构"支撑"改为"补充"，开启了居家养老服务建设的新阶段，居家养老发展进入全面推进的新时期。养老服务体系中加大了对医疗和康复服务的重视，除在养老服务体系顶层设计中增加了"医养相结合"的要素外，还

[①] 2000年，《关于加快实现社会福利社会化的意见》和《关于加强老龄工作的决定》中明确提出了以服务方式多样化为方针建立社会福利体系，养老服务的主要内容中纳入体育健身、文化教育、法律服务三个方面。2006年，《关于加快发展养老服务业的意见》中明确提出针对养老服务应发展老年护理与临终关怀等业务。2008年，《关于全面推进居家养老服务工作的意见》中明确提出养老服务范围扩大到康复护理、文体娱乐、信息咨询、老年教育等。2009年，《基本养老服务体系建设试点方案》中将紧急救援和社会服务也扩充进养老服务范畴中。

[②] 2006年，《关于加快发展养老服务业的意见》和《关于加强基层老龄工作的意见》中鼓励居家养老服务的发展，提倡居家养老的理念。2008年后，《关于全面推进居家养老服务工作的意见》《老龄事业发展"十二五"规划》和《关于加快发展养老服务业的意见》相继出台，明确大力发展社区养老服务，如日间照料中心、社区养老服务中心等社区养老服务设施。另外，提出重点发展居家养老服务，并建立养老服务网络。

相继在全国范围内启动医养结合①和长期护理保险②试点。

"十三五"期间，随着养老服务体系建设的不断探索和完善，社会经济发展主动积极应对老龄化，政策也逐渐开始进行具体化、精准化调整，并修正过去某些不合理的规定。2016年，国务院办公厅发布的《关于全面放开养老服务市场提升养老服务质量的若干意见》进一步强调，在养老服务体系建设中要深化改革，放开市场，进一步降低准入门槛，营造公平竞争环境，积极引导社会资本进入养老服务业，推动公办养老机构改革，充分激发各类市场主体活力；同时要改善结构，突出重点；注重养老资源的有效分配与合理倾斜。2017年，国务院发布《"十三五"国家老龄事业发展和养老体系建设规划的通知》，着重提出要增强涉老法规政策的系统性、协调性、针对性、可操作性；要平衡城乡、区域老龄事业发展和养老体系建设；同时提出要关注养老服务的有效供给和质量效益。2019年，国务院又出台《关于推进养老服务发展的意见》，比2013年出台的《关于加快发展养老服务业的若干意见》的政策更加精准，在6个方面做出了28条细化规定。例如，民政部本级和地方各级政府用于社会福利事业的彩票公益金，到2022年要将不低于55%的资金用于支持发展养老服务；另外，组织管理体系也更有效，不同于2013年发布的《关于加快发展养老服务业的若干意见》规定民政、财政等多个管理部门处于同等地位，2019年发布的《关于推进养老服务发展的意见》明确提出国务院同意建立民政部牵头的养老服务部际联席会议制度，将养老服务政策落实情况纳入政府年度绩效考核范围。2019年7月，国务院办公厅发布了《关于同意建立养老服务部际联席会议制度的函》，民政部牵头的养老服务部际联席会议制度正式确立。

三、养老服务体系发展现状和需求分析

经过近四十年的努力，中国养老服务体系得到显著发展，机构养老、居家养老、社区养老都有不同程度的进步，但养老服务中依然存在一些亟待解决的问题。

---

① 2016年5月，卫计委、民政部发布《关于遴选国家级医养结合试点单位的通知》，提出遴选国家级医养结合试点单位，为全国医养结合工作提供示范经验。同年6月22日，卫计委、民政部联合下发通知，确定了第一批国家级医养结合试点单位，北京市东城区等50个市（区）入选。

② 2016年6月，人社部印发了《人力资源社会保障部办公厅关于开展长期护理保险制度试点的指导意见》，决定在河北省承德市、吉林省长春市、上海市、重庆市等15地开展长期护理保险制度试点。

（一）养老服务发展现状

中国已经初步建立了以居家养老为基础，社区养老为依托，机构养老为补充，医养相结合的养老服务体系，各类养老服务设施和机构不断健全。截至2017年底，全国共设老龄事业单位1600个，老年法律援助中心2万个，老年学校4.9万个，老年活动室35万个；养老服务机构、社区养老服务机构和社区互助型养老设施等共15.5万个，提供床位744.8万张（其中社区日间照料和留宿床位338.5万张），每千名老人拥有30.9张养老床位；社区卫生服务中心（站）3.47万个[①]。

1. 分区域社会养老服务发展状况

整体上，东部地区社会养老服务发展程度高于中部地区，西部地区发展水平最低。东部地区养老服务机构比中部多1897个，比西部地区多4613个；东部地区每千名老人拥有32.05张养老床位，中部地区每千名老人仅27.35张养老床位，低于西部地区的31.9张；但各类养老服务机构和设施收留抚养的老年人数，中部地区比西部地区多25.2万人，表明中部地区养老机构床位利用率高于西部。需指出的是，虽然东部地区养老服务业发展程度较高，但与老龄事业发展目标相比仍有不小差距，仍需进一步健全和完善。

表4-1　　　　　　　　　　　　2017年中国养老服务发展状况

地区	社区卫生服务中心（个）	社区卫生服务站（个）	社区服务中心覆盖率（%）	养老服务机构数（个）	老年人口养老床位（张/千人）	养老服务机构和设施收留抚养老年人数（万人）
东部	4354	15944	49.86	11760	32.05	135.3
中部	2601	5126	13.21	9863	27.35	103.5
西部	2192	4435	22.77	7147	31.9	78.3
城市	6955	18257	78.6	13764	–	215.76
农村	2192	7248	15.3	15006	–	101.34
全国	9147	25505	24.4	28770	30.9	317.1

注：表中数据根据《中国卫生健康统计年鉴》（2018）、《中国农村统计年鉴》（2018）以及《中国民政统计年鉴——中国社会服务统计资料》（2017）整理所得。

2. 分城乡社会养老服务发展状况

农村地区社会养老服务建设还处于探索初建阶段，各类养老服务设施发展水平远低于城市。农村地区每个乡镇基本都建有一个敬老院/养老院，养老服务机构数农村地区比城市多1242个，但

---

① 资料来源：民政部《2017年社会服务发展统计公报》。

利用率城市地区总体高于农村，城市各类养老服务机构和设施收养的老年人是农村地区的2倍。民办养老机构发展，城市快于农村，74%的民办养老机构分布在城市，农村仅占26%[①]。

养老服务的城乡和区域间发展差距，同各地经济发展水平和发展基础有着密切联系。城镇和东部地区经济发展水平较高，地方财政能力较强，有能力为养老服务基础设施建设创造好的条件；农村地区经济发展比较落后，养老服务发展起步晚，普遍面临财政资金投入不足，养老服务设施建设落后，养老服务社会化程度低等问题。

（二）养老服务需求现状分析

养老服务体系建设的目标在于全方位、多层次地满足老年人差异化需求。基于CLASS2016年数据，本报告在对老年人养老需求情况做出整体分析基础上，对养老服务体系建设的重点做出前瞻性分析。

1. 老年人生活起居照料需求分析

生活起居是老年人日常生活中最重要的部分，生活起居照料需求是老年人最基础的需求。CLASS2016年数据显示，中国老年人平均所需生活起居照料率为7.7%。

将是否需要别人提供生活照料与性别、地区、城乡、婚姻状况、年龄和个人年收入分别交互可得出以下结论。男性需要照料的比例略低于女性，但整体差别不大，分别为7.3%和8.0%；中部老人需要照料的比例为6.9%，低于东部和西部的8.1%；城镇老人需要照料的比例为7.0%，低于农村老人的8.6%；丧偶和未婚的老人需要照料的比例明显偏高，为11.8%，有配偶和离婚的老人仅为5.9%和5.8%。年龄对需要照料的影响也很大，随着年龄增长，需要照料的比例提高，对应老年人群三个年龄组划分模式可以发现，需要照料的比例在60~69岁的低龄老人中为5%左右，70~79岁的中龄老人中为10%左右，80岁以上的高龄老人中为20%以上。收入对需要照料的比例也有影响，在过去12个月收入为12000元及以下、12000~36000元、36000元及以上的老年群体，需要照料的比例分别为8.1%、6.6%和4.9%。

如图4-1、4-2、4-3、4-4所示，虽然需要别人提供生活照料的比例总体偏低，但存在着较为明显的群体差异。居住农村、丧偶、未婚、75岁及以上的老人和过去12个月收入低于12000元的老年人的照料需求高于其他群体，应该对这些老年人给予更多关注。

---

① 资料来源：民政部《2017年社会服务发展统计公报》。

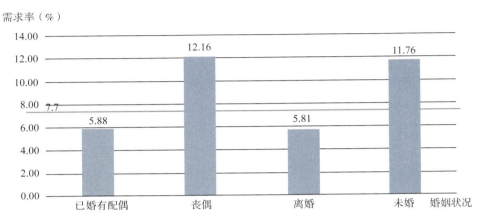

图 4-1 分婚姻状况的生活照料需求状况

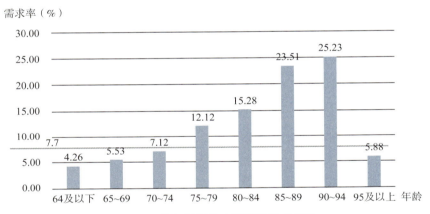

图 4-2 分年龄组的生活照料需求状况

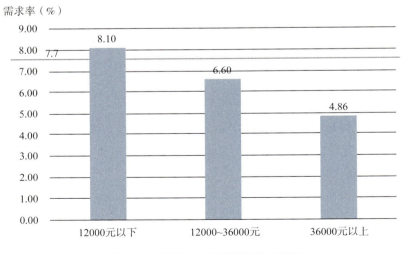

图 4-3 分收入的生活照料需求状况

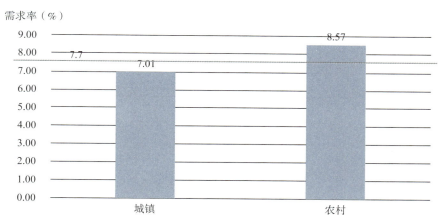

图 4-4　分城乡的生活照料需求状况

资料来源：CLASS2016年数据。

2. 老年人养老地点选择差异分析

养老地点的选择关系到养老服务开展的空间，也是一个重要变量。数据分析表明，倾向于在自己家养老的老年人最多，占总体的73.01%，在子女家养老占22.44%，二者合计达95.45%。这表明，家庭养老目前还是中国养老模式的主流。

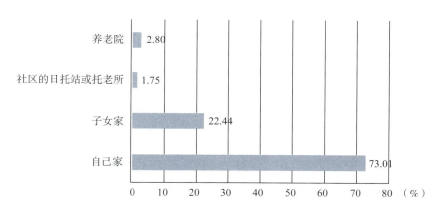

图 4-5　老年人养老地点需求分布情况

资料来源：CLASS2016年数据。

将今后打算的主要养老地与性别、地区、城乡、婚姻状况、年龄和个人年收入分别进行交互可得：总体而言，愿意在自己家中养老的老人是最多的。从性别角度看，男性和女性在养老地点的选择上差异不大，自己家养老的比例分别为74.9%和71.06%，在子女家养老的比例分别为20.54%和24.4%，选择社区的日托站或托老所的比例分别为1.57%和1.93%，选择养老院的比例分别为2.99%和2.61%。东部老人对社区日托站或托老所的认可度明显高于中部和西部的老人，分别为3.82%、2.98%和0.97%，而西部老人有依赖子女的倾向，从东部到中部、西部在子女家养老的比例分别为17.35%、22.38%和30.53%。

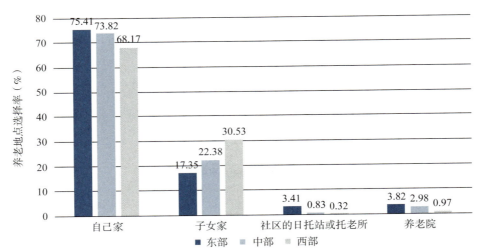

图4-6　分地区老年人养老地点选择需求分布情况

资料来源：CLASS2016年数据。

从城乡差别看，农村老人对子女的依赖性显著高于城镇老人，分别为28.6%和17.92%。城镇老人养老地点选择自己家、社区日托站或托老所和养老院的比例都高于农村老人，城镇老人的选择更为多元。

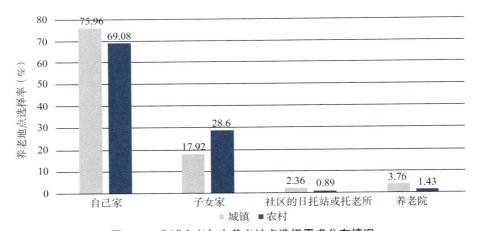

图4-7　分城乡老年人养老地点选择需求分布情况

资料来源：CLASS2016年数据。

从婚姻状况看，丧偶的老人更倾向于依赖子女，选择在子女家养老的比例高达30.67%。未婚的老人较其他群体会更多考虑去养老院养老，比例为26.39%，远高于其他群体的选择比例。

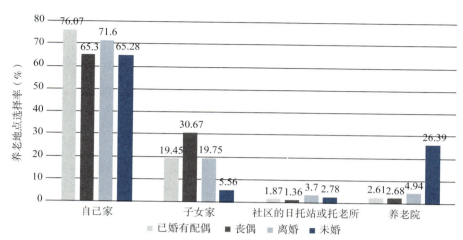

图4-8 分婚姻状况的老年人养老地点选择需求分布情况

资料来源: CLASS2016年数据。

随着年龄增长,老人对子女的依赖逐步增加,64岁及以下、65~69岁、70~74岁、75~79岁、80~84岁、85~89岁和90岁及以上年龄组分别为19.56%、21.05%、22.54%、24.15%、31.51%、32.43%、35.58%,在家养老的可能性波动降低,分别为74.91%、75.25%、72.62%、70.87%、65.69%、64.19%、63.46%,其他养老地点的选择则没有显著的区别。从个人收入角度看,收入越高的老人对子女的依赖性越低,而对自己家、社区日托站或托老所、养老院的选择会更多,养老地点的选择更为多元。

中国现行的养老服务体系并没有从根本上改变传统的养老模式,老人对于日托站和养老院的选择明显偏低,事实上更依靠自己养老或依赖儿女。

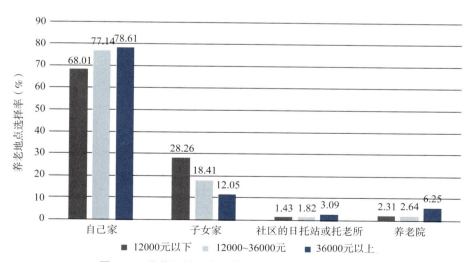

图4-9 分收入的老年人养老地点选择需求分布情况

资料来源: CLASS2016年数据。

（三）养老服务实际使用情况分析

对养老服务体系项目的使用状况，可以反映老年人养老需求和养老服务的实际覆盖情况。

表4-2反映了当前老年人使用养老服务的总体情况。不同性别、地区、城乡、婚姻状况、年龄和个人年收入群体之间的差异都不是很大，但不同婚姻状况的老人对上门探访服务使用的情况存在一定差别。有配偶的老人使用比例较低，丧偶、离婚、未婚等没有配偶的老人对于上门探访服务项目的使用高于平均水平，尤其是离婚的老人，使用率达到9.30%。不同地区存在差异，东部地区使用比例高于中西部老人。

表4-2　　　　　　　　　　　　　老年人使用养老服务总体情况分布

使用项目	使用率（%）
上门探访	4.26
老年人服务热线	1.38
陪同看病	1.50
帮助日常购物	1.12
法律援助	1.01
上门做家务	1.77
老年饭桌或送饭	1.84
日托站或托老所	1.17
心理咨询	1.04

资料来源：CLASS2016年数据。

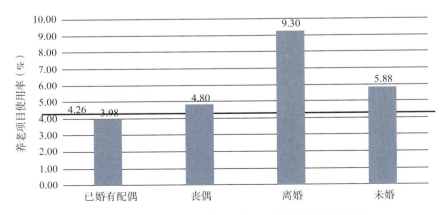

图 4-10　分婚姻状况的上门探访项目使用分布情况

资料来源：CLASS2016年数据。

现行养老服务项目的实际使用情况不容乐观。除上门探访使用率为4.26%，其余项目的使用率都低于2%。这与之前分析的老人养老地点选择相吻合——虽然家庭养老模式面临种种困难，但目前主要养老模式还是家庭养老。未来养老体系建设应循序渐进，着力解决家庭养老的困境，拓展家庭养老的边界，以达到更好的效果。还要注重区域的协调与平衡，让老年人不管生活在哪里，都能享受到优质的养老服务。

（四）社区服务的需求分析

现行社区服务以与身体健康，特别是疾病预防有关的种类为主，包括护理、看病、康复训练、辅具租用、免费体检、健康档案、健康讲座等各个方面。从健康管理角度看，现行服务体系比较全面地涵盖了老年人的需求。但调查发现，社区机构提供康复辅具租用和康复训练服务使用的意愿不足10%，但对社区机构提供免费体检服务的需求率高达43.8%。

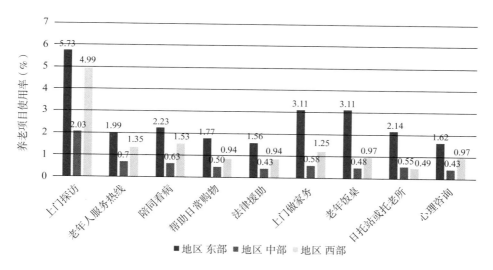

图 4-11　分地区的养老服务项目使用分布情况

资料来源：CLASS2016年数据。

将表4-3中使用各项服务的意愿与性别、地区、城乡、婚姻状况、年龄、个人年收入等变量分别进行交互可得：不管将老人群体怎么分类，他们对于同一社区服务的需求率都很接近，图4-12展示了各类群体对社区提供免费体检服务的差异，可以看出各类人群间存在着类似的需求意愿。

表4-3　　　　　　　　　　　　　　老年人社区服务需求分布情况

社区服务需求	需要的比重（%）
社区机构提供上门护理服务	11.55
社区机构提供上门看病服务	17.67
社区机构提供康复训练服务	9.16
社区机构提供康复辅具租用	8.02
社区机构提供免费体检服务	43.81
社区机构提供建立健康档案	23.56
社区机构提供健康讲座服务	17.00

资料来源：CLASS2016年数据。

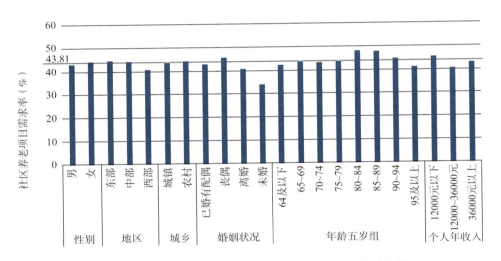

图 4-12　不同特征人群对社区提供免费体检服务需求分布情况

资料来源：CLASS2016年数据。

　　老人群体具有养老服务需求方面的共性。丧偶、80岁以上、低收入的老人有更强烈的社区养老服务需求，应该给予重点关注。同时，老年人对养老服务措施的需求比例远高于其实际使用比例。社区服务主要集中在健康管理方面，而老年人实际使用项目则包含了日常生活与服务各方面。对比是否使用过上门探访和陪同看病以及是否需要社区机构提供上门护理服务和提供上门看病服务等相似问题的使用比和需求比，可以发现其中存在巨大差距。产生差距的重要原因之一，是老人不知道现行养老服务的存在，因而无从使用。可见，建设养老服务体系不能忽视对服务内容的普及和宣传。

四、养老服务体系的问题和成因

当前养老服务体系建设面临的主要问题是市场作用不足，社会组织作用有待提升，各主体分工协作需要完善，农村整体发展滞后。

（一）政府主导的养老服务体系初步构建，但市场配置的养老服务体系发展不平衡

养老服务具有准公共品属性，在发展中需要建立政府和市场的责任共担体系。其中，政府需要承担兜底责任，但并非承担无限责任，市场需要在养老服务提供上发挥主体作用。近些年，中国已经初步构建起了政府主导的养老服务体系，但还有待进一步促进市场作用的发挥。

一方面，市场作用发挥不充分，服务供给内容过于单一，老年人需求没有得到充分释放，进一步导致市场欠缺公平性。主要原因有以下几点。

一是养老服务机构定位不明确。养老服务机构过于市场化，出现大量针对健康老年人提供的养老服务项目，而对失能老年人缺乏养老服务供给。对于机构养老的需求主要发生在80岁以上失能或半失能的高龄老人中，60~69岁的低龄老人和70~79岁的中龄老人大部分处于健康阶段，对进入机构养老的需求并不强烈，导致供需之间出现错位。同时，养老服务机构定位分化差异较大，收费较低的养老服务机构供不应求，收费较高机构为大多数老年人无法承受。因土地和房屋等因素限制，部分养老服务机构位置偏远，周边配套设施不完善，很多老年人难以利用。

二是自行承担的费用较高。养老服务的市场需求未能得到满足，缺少服务可及性。重度失能的老年人需要承担较高的养老服务费用，给低收入者带来很大负担。养老服务的使用对象以中高收入的老年人为主，政府所提供的养老补贴等福利政策往往更多使中高收入群体受惠，特别贫困的群体实际享受更为困难。

三是各地长期护理保险存在差异。各地试点的长期护理保险、职工医疗保险和居民医疗保险还不完善。老龄人口长期照料和专业护理需求增加，护理人员数量短缺，加之缺乏统一的服务供给评估体系和认定标准，长期护理保险制度产生了一系列问题，如床位供给数量与质量问题、床位总量和空置率的结构性矛盾等。

四是养老补贴标准划分不合理。养老补贴的划分标准主要依照养老服务机构的床位数量、营业面积、覆盖人口数等指标，无法起到有效的引导作用。养老服务机构等养老服务提供方需要一定的资金收入，因此大量提供较低成本的养老服务，忽视了老年人的真正需求，养老服务难以精

准定位和精准对接。

另一方面，市场配置的养老服务体系运营较为困难，非政府主体管理的社区居家养老服务机构发展尚未成熟，存在着"外部供血"和"自身造血"能力不足的困境。主要原因有以下几点。

一是机构运营初期缺乏资金收入，但开销较大，急需以政府购买服务方式保持运营。老年人对养老服务机构的认可和社会化养老服务观念的转变需要一定时间，很多机构在运营初期缺乏充足且稳定的顾客资源，很难获得充足的资金收入。建设养老服务机构需要大量资金投入，成本回收周期较长，养老服务机构自身运营也需一定开销。很多养老服务机构在初期难以保持正常运营，急需通过政府购买服务的资金收入得以生存。

二是部分养老服务机构自身"非营利"属性导致"自身造血"能力受限。多数社区居家养老服务机构在服务范围和内容等方面存在一定限制，陷入无法持续发展的困境。由于服务定位偏差，养老服务机构中很多服务项目和服务设施利用率较低，出现设备闲置和场地空置现象。另外，政府对养老服务机构营利性服务进行一定限制，以确保其"非营利"性，使这些机构无法通过扩展服务范围和服务对象开展营利性服务项目，也无法有效利用闲置资源。养老服务机构存在资源闲置与持续发展相矛盾的困境。

（二）社会组织发展缓慢，社会在多元养老服务体系中作用发挥不充分

一方面，中国社会组织发展缓慢，发育还未成熟，自主性和组织性较差，在养老服务中的参与不足。主要原因有以下几点。

一是社会组织主动性不足。社会组织自身的组织能力较弱。当前政府购买服务多为自上而下进行配置，社会组织作为供给方更多考虑满足政府要求而往往忽视服务对象的需求，这使得社会养老服务机构的资源无法得到充分有效的利用，也没有充分满足老年人的需求。

二是社会组织对社会资源挖掘不足。部分社会组织在支持老年人组织化方面起不到有效作用，加上政府购买服务项目有限，导致社会组织跑要项目的现象时有发生。社会组织不但未能为老年人提供有效服务，同时还增加了政府负担。

另一方面，社会资本缺乏参与机制，进入养老领域面临着一系列政策问题。主要原因分为以下几点。

一是养老服务机构的管理和市场定位不明确，社会资本进入养老服务产业存在顾虑。公共养老服务机构与市场化养老服务机构在市场定位上存在交叉，导致不公平竞争。政府在建设投入成本以及运营成本上存在比较大的弹性，导致政府新建的养老服务机构偏向于高档次、低价位。这在加大政府财政压力的同时，也扭曲了养老服务机构的市场价格，带来养老服务机构市场的不公

平竞争，对民办养老服务机构造成一定挤压。部分民办养老服务机构通过降低服务质量来挤压成本维持运营，在价格上低于公办养老服务机构，造成恶性循环。

二是一些政策地方落实不到位。当前，尽管政府对民办养老服务机构给予一系列优惠政策加以扶持，但很多优惠政策难以完全落实到地方，不能有效缓解民办养老服务机构设立以及运营方面的困难。

三是养老服务机构按经营性质划分难。养老服务机构的经营性质划分与政策扶持不清晰，尚未良好地平衡营利和公益性质的关系。社会化养老服务虽发展多年，但目前在管理以及市场定位上尚不能明确"营利性"与"非营利性"的管理规范和机构性质，民间资本进入这一领域存在较多顾虑。

四是民办养老服务机构融资困难。政府给予民办养老服务机构的启动资金较少，发达地区的城市也仅仅能够获得20%~30%的启动资金。养老服务机构经营利润较低，成本回收周期较长，需要长期低利率融资支持，投资者在融资方面存在困难，无力承担机构后续运营所需成本。

（三）养老服务体系主体功能定位模糊，统筹合作机制滞后

养老服务各主体间的合作形式虽然多样，但缺乏良好的互动基础。政府很大程度上决定着合作模式和工具，服务对象缺乏决策权。原因主要包括如下三个方面。

一是政府是主要供给者，社会组织与企业对政府依赖较强。政府目前仍为养老服务体系中的主要供给者，尽管对社会组织和市场主体已给予多方面优惠政策加以扶持，但社会组织和企业对政府的依赖依然很强。政府对于服务主体资质的严格管控造成各主体在合作中的不平等关系。政府在购买养老服务过程中，养老服务形式和内容程序基本上是由政府单方面决定，各主体间的合作较为形式化，社会组织和企业等服务提供主体以及享受养老服务的老年人未能行使选择权与决策权。这种合作形式不利于政府、社会和市场主体间形成良性互动。

二是各主体职能界定不清晰。政府、社会及市场间未能明确各自的职能。社会组织缺乏独立性，较为依赖政府，无法完全发挥其灵活性和更贴近服务对象的优势。尽管政策规定由企业承担填补养老服务体系空白的功能，但实际中政府和市场行为很难明确"营利性"与"非营利性"的界定。社会所提供的公益性养老服务与市场所提供的营利性的养老服务间的界定也较为模糊。政府、社会和市场三方面主体职能间都存在界定不清晰的问题。

三是养老服务体系的评价指标体系不成熟。目前处于多元养老服务体系建设的创建完善阶段，各主体合作的监管以及评估缺乏理论支撑与政策实践。缺乏较为成熟稳定的多元合作评价指标体系，更多是形式上的监管与评估，难以协调各主体间的互动及协作形式。

（四）农村养老服务体系建设明显滞后

农村养老服务起步晚、基础差、投入少，养老服务设施不健全，服务内容不完善，护理人员短缺，适宜的养老模式欠缺。农村家庭养老负担过重，养老质量低。原因主要是如下三个方面。

一是公共养老服务重心向城市倾斜，养老服务体系中各主体间不协调。 农村养老服务体系中存在农村老年人生活需要与不平衡、不充分的发展间的矛盾。各地方政府对农村养老服务体系建设的资金投入不均衡，农村养老保险制度未能全方位覆盖，新型农村社会养老保险仅仅起到辅助性作用，养老保障水平需要大幅度提升[①]。政府购买服务以城市为主，缺少向农村提供的养老服务。社区养老服务和志愿服务过于向城市倾斜，农村缺乏社会组织所提供的养老服务。社会工作者、志愿者和公益性服务组织对农村养老服务体系建设的参与度较低，难以为农村留守老人、空巢老人，特别是失能老人与半失能老人提供专业化、便捷化且具公益性的养老服务。市场提供养老服务的重心同样集中在城市。农村地区的收入和消费能力普遍比较低，养老服务机构不能得到有效发展。

二是农村养老服务机构数量不足，服务设施质量不高。 由于地方财力有限，公办养老服务机构稀缺，大部分农村养老服务机构满足不了老年人需求。留守老人、空巢老人，特别是失能老人与半失能老人很难享受到养老服务，缺乏基础的生活照料。农村老年人购买力低，养老服务机构成本回收周期长，投资收益率较低，影响社会资本进入，加之政府政策落实不到位，农村养老服务机构的投资缺乏。近些年，在河北等地相继出现了社区低龄老人实施互助等形式的新型养老探索，为解决农村养老问题提供了有价值的尝试，但整体而言，因农村养老服务机构的服务设施、生活设施、医疗设施，甚至安全设施与消防设施等较为简陋，尚无法为老年人提供高质量的服务。

互助式养老：农村养老的探索

2008年，河北省肥乡县前屯村利用闲置的校舍建立起一家农村互助幸福院，将村中的部分老人集中，开启了"互助式养老"尝试。幸福院由闲置小学建成，村级组织为建设和管理主体，具体模式为集中建院、集中居住、自我保障、互助服务。由于不仅硬件齐全，且自由度较高，可以同龄交友，互助生活，为老人带来一定价值，所以受到大家欢迎。这种模式得到了政府和村民的大力支持，之后迅速在肥乡县及河北省各地展开探索。2012年，此模式在肥乡县实现了全县300多个行政村全覆盖。

[①] 日本等国的经验显示，即使最保守的估计，农村地区基础养老金的水平为新就业人员工资的1/3。

三是农村养老服务机构缺乏管理，管理服务水平低。农村养老服务机构缺少专业化管理，管理人员多为工资待遇水平较低的临时聘用人员，缺乏专业人才。多数农村地区地理位置偏远，因社会经济地位、工资待遇水平和工作条件差，专业养老服务人员不愿意到农村工作。农村养老服务机构普遍缺少规范化的监管。

（五）整合性养老服务有所发展，但系统性不足

目前养老服务体系呈现出医养结合、多领域多主体整合服务的趋势，在政策支持下取得了初步的发展，但仍存在整合结构错位和整合程度不深的问题。

整合结构错位主要体现在医养结合中。许多地方医养结合的主要方式是将养老和医疗进行拆分和融合，但由于对医疗服务和养老服务的需求划分不够细，医疗机构办养老成为医养结合的重要方式，这种医疗机构与养老机构法人相同的状况，容易导致过度服务和过度使用医保基金的冲动。

整合程度不深主要体现在缺乏整合的精准机制。缺乏对老年人整体需求和需求结构评估的精确工具，使得服务预防性不足。整合发展机制中存在政策缺位，与老年人密切相关的临终关怀和殡葬服务尚未纳入整合发展思路。

五、完善养老服务体系的建议

养老服务体系构建要遵循分人群设置、分类施策的总体原则。

（一）城乡视角下的养老服务体系构建

面对城乡人口老龄化、老年人群特征以及现有的养老服务体系发展中存在的巨大差异，养老服务体系的构建需要城乡分置。

1.城镇地区重点在完善社区居家养老服务体系

城镇老年人口规模不断增长是必然趋势，城镇社区居家养老服务社会化是可行的政策选择。需要进一步加强生活照料、医疗康复护理、文化娱乐和精神慰藉等社区养老服务中的硬件设施建设，完善对社区养老服务的政策支持和公共投入，尽快健全社区居家老年照料体系。硬件设施建设，要根据地方经济发展水平、老年人支付能力与意愿以及老年人口规模等因素，因地制宜，逐步发展。

城镇地区的养老服务体系建设，可以从三个方面着手：一是建立老年社会福利机构。针对"三无老人"、"五保老人"、贫困以及失能失智老人，完善福利补贴制度，建设以政府为主导的社会养老福利机构，发展社区日间照料机构以及喘息服务等。二是鼓励社会力量参与社会养老服务。建立公建民营、民办公助和民办民营等非营利性养老机构，政府给予其土地和税费优惠政策。三是推动市场化养老服务机构的发展，满足老年人个性化的养老需求。部分地区的城市市场化社会养老服务机构已经起步，但是市场规范性不足，需要进一步加强和完善监督管理机制，促进养老服务市场的有序发展。

2. 农村地区重点在发展互助养老基础上引入专业化服务

农村地区的社会化养老服务还处于起步阶段，部分农村地区以互助养老的形式探索缓解当前农村社会养老服务不足的问题。2011年，国务院办公厅发布《社会养老服务体系建设规划（2011~2015年）》，提出"积极探索农村互助养老新模式"。在政策引导下，各地农村因地制宜，政府、老年协会以及老年群体多主体共同参与创新发展互助型养老服务。互助养老是当前农村社会养老服务不足、家庭养老弱化背景下的一种有效形式，但要从根本上解决问题，未来应着力建立以家庭养老为主，社区养老为依托，机构养老为补充的社会养老服务体系，不断扩大专业化养老服务的供给。

农村社会养老服务体系建设是一项长期工程，需要政府和全社会共同努力。应加强农村社会养老服务基础设施建设，提高农村医疗服务水平，缩小城乡在公共服务上的差距。要继续大力发展农村经济，为农村社会养老服务的发展奠定基础。农村社会经济发展也会吸引青年劳动力回乡创业，增强农村家庭的养老能力。

（二）养老服务体系建设的主要思路和改革路径

养老服务领域发展要坚持"居家为基础，社区为依托，机构为补充，医养相结合"的养老服务体系发展模式，以发展居家社区养老服务为重点，在既有基础上不断提质扩容，逐步构建起居家养老、机构养老和社区养老相结合，多类主体共同参与的高效、充分、可负担、可持续和覆盖城乡全体老年人的现代养老服务体系。

1. 要坚持政策引导、多元推动、突出重点、强化规范的原则

一是政策引导。建设完善的多元养老服务体系，必须搭建坚实可靠的政策平台。各级政府特别是地方政府要为多种形式的养老服务供给主体提供政策支持，出台有力的引导和保障政策，充分发挥科学引导、适度扶持和稳健推动的引路人作用。

二是多元推动。机构养老、社区养老和居家养老等多元形式具有各自的优势和不足，需要协

调发展、相互补充。要推动政府、企业、养老机构、个人等多元主体在养老服务供给中履行职能义务，因地制宜地发展多元养老服务体系，使多元责任主体和多种养老服务形式充分发挥各自优势，实现1+1大于2的效果。

三是突出重点。社会主导是中国多元养老服务体系建设的主要模式。这一模式下的养老服务体系建设以社会共济和权责统一为突出特征，养老服务供给的责任主体是社会，政府扮演着政策支持者和有限出资人的角色，企业和机构是养老服务的供给者和养老保障资金的主要缴纳者。因此，应当突出社会主导的重点，同时确保国家和个人充分发挥作用，推动养老服务体系建设水平不断提高。

四是强化规范。政府是养老服务体系建设中的规则制定者和监督管理者，各级政府和立法机关要对多种形式下的养老服务供给主体实施规范管理和严格监督，加强保障养老服务体系的制度建设，推动并完善相关立法，建立健全一整套行之有效的养老服务评估管理体系，使养老服务体系建设有章可循、有法可依。

2. 要坚持构建居家养老、机构养老和社区养老相结合的多元养老服务体系的模式

一是均衡发展。养老服务体系的建设和完善要注重公平，兼顾效率。要确保养老服务和养老设置的公共性和福利性，切实改善城乡之间、区域之间养老服务资源分配不均衡的现状，努力提升不发达地区、边远地区和农村地区的养老设施建设水平和养老服务水平，缩小城乡和区域之间的差距。

二是多元发展。确立多元主体，分散负担与风险，推动医养结合，家庭与社会协调发力，推动社区养老、机构养老和居家养老结合。在政府主导下确保多方参与，打破行业和区域界限，引导机构、企业、个人等多种力量共同参与养老服务体系建设。

三是市场化发展。发挥市场在养老资源配置中的基础性作用，为养老服务的多种主体营造平等参与和公平竞争的市场环境。充分调动市场力量，鼓励多种市场主体公平竞争、合理定价，扩大老年人的选择范围，使养老服务落脚于实际需求，实现社会养老服务体系的可持续发展。

四是规范化发展。加强政策引导和法律保障，强化科学管理和统一规范。政府出台相应的法规政策，对养老机构和社区养老服务设施进行统筹规划，落实优惠政策，完善养老机构的监督评估机制和市场准入机制，从制度层面确保养老服务体系科学健康发展。

未来投入重点应放在居家养老服务上。扭转当前投入重点放在兴建机构的做法，通过制定相应指标，确保各级政府投入重点为发展居家养老服务。内容重点包括：扩大居家养老服务内容，改善居家养老服务质量，提升居家养老服务水平，培育居家养老服务队伍。对于机构养老，不宜再大力鼓励大规模地新建养老机构，除既有养老机构太少的区域外，大部分地区的工作重点应放

在提升既有养老机构利用率上；同时改善既有养老机构的服务质量，制定引入医疗服务的相关方案和实施步骤。在养老压力大的老城区，可以通过改造、更新、重新利用既有设施等做法，提升养老机构服务能力。

3. 以需求为导向，提供差异化、全方位的养老服务

养老服务供给与老年人的需求契合是解决养老服务"需求高—利用低"现实矛盾的要求。对于70岁以下的活力老人，重点是保持健康状态和充分的社会参与，减少对养老服务的使用；对于70岁到80岁的中龄老人，目标是在大部分人保持独立生活的前提下，少数人依托居家和社区获取养老服务；80岁以上的高龄老人，大多数需要依靠居家和社区养老服务，少数失能、半失能老人进入机构养老。

年龄是影响养老服务需求的重要因素。老年期时间跨度大，从60岁到百岁以上，随着年龄的增长，需要照料的比例不断提高，对子女的依赖增加，完善的养老服务体系要能够完整地、差异化地覆盖所有年龄段的老年人群，根据需求结构进行供给数量的调整。尤其要做好准备应对高龄老年人口占比持续上升对养老服务供给的需求冲击。

养老服务供给还需要考虑个体健康水平导致的需求差异。一是做好老年人健康评估；二是根据护理程度的不同，建立生活自理型、生活协助型和专业护理型不同梯度的服务体系，满足多样化、多层次的养老服务需求；三是对健康老人建立健全健康危险因素干预、疾病早发现早诊断早治疗、失能预防三级预防体系，同时发挥养老机构集中照料失能老年人的支撑作用；四是从老年人生活照料、医疗服务、文化娱乐和精神慰藉等多方位提供不同类别服务项目。

4. 充分保障养老服务体系多元主体的发展

一是明确各主体职责作用。 首先，政府应当是多元养老服务体系的裁判员和定盘星，也是养老服务体系建设的主体。政府应为贫困、独居、残疾、鳏寡失独和其他有特殊困难的老年人提供基本养老服务，在养老服务体系中起到"兜底"作用。政府应支持多元主体共同参与养老服务体系建设，鼓励培育养老行业发展，孕育养老服务的新业态。

社会主体如企业和社会机构是养老服务的主要提供者，承担着提供养老服务、养老产品和参与养老设施建设的重要责任。要充分激发社会主体参与养老服务体系建设的活力和动力，鼓励他们提供多层次、多元化和高品质的养老服务产品，满足老年人不断发展的养老需求。

个人和家庭是老年人实际养老生活的根本依靠，家庭在养老服务体系中起着不可或缺的作用，特别是失能和半失能老人、临终关怀老人的需求主要依赖家庭来满足。要为老年人提供上门家政服务、医疗保健和法律援助，确保个人和家庭获得必要的专项经济补贴、医疗康复器械和无障碍设施，保障基本生活质量并提高生活自理能力。

二是全面加强制度建设。要建立健全相关法律法规，推动建立关于养老服务行业的准入准出、监督管理和执法执纪等规范制度。推动相关立法实施，尽快制定中长期规划，构建多部门统筹加快养老服务体系建设的新体制，为养老服务多元主体提供法律和制度保障。要建立居家养老、社区养老服务机构的认证和评估标准与体系，开展养老服务示范活动，推动养老服务标准化和规范化发展。建立科学的养老机构评级制度、老年人入院出院评估制度和老年人养老需求评估制度等。

三是增强社区养老服务供给能力。要加快规划审核，加强城乡养老场所建设，推动城乡养老服务均衡发展。加大对农村地区养老服务体系建设的政策优惠，缩小城乡养老服务硬件设施差距。建设高素质的社区养老社工队伍，完善社区居民、基层政府、村居委会、养老机构和医疗机构联动机制，扶持社会力量参与养老服务事业，增强社区养老服务供给能力。建立健全居家养老信息服务平台，鼓励和扶持社会力量建设嵌入社区式养老设施，面向社区开展助餐、助洁、助急、助浴、助行和助医等为老服务。完善涉老无障碍设施建设标准，加强面向社区老年人生活服务圈的无障碍规划、设计与适老化改造，推进老年宜居环境建设。

四是科技助力养老产业发展。新兴技术的发展为智慧养老提供了条件，也是突破传统养老产业中服务模式和服务质量瓶颈的重要支撑。互联网技术的普及以及物联网、大数据、人工智能和区块链等新技术应用场景的不断开拓，给智慧养老的发展提供了广阔天地。加快新兴技术与养老产业的融合，将智慧养老延伸到老人生活的各个方面，包括饮食起居、医疗医护、休闲娱乐等，提供更加及时、高效、普惠的养老服务。

五是推动医养结合。加快医养结合新理念下的医疗机构与养老机构联通机制建设，探索并建立健全医养结合的新机制新手段。建立医养结合工作协调机制，统筹布局医疗卫生和养老服务资源，因地制宜开展医疗卫生机构和养老服务机构间的合作共建。完善基层医疗卫生服务网络，建立健全老年人长期照护体系。优化医疗保险报销程序和结算方式，提高社会资源分配效率、优化医疗和养老资源配置。

六是为居家养老提供资金和政策保障。养老保险金和对老年人发放的一系列补贴是居家养老的重要经济来源和物质基础，必须确保准时足额发放。完善监督运营机制，引入专业运营团队，提高资金管理水平，保证资金足额发放、专款专用和使用过程合法和透明。要鼓励和引导上门到家式的养老服务产业和事业发展，培育一支敬业乐业、技能熟练、规模可观和待遇优良的养老服务工作者队伍，建设并完善覆盖广、效率高、反应快的养老服务网点，使老年人足不出户就能享受高质量的社区居家养老服务。

可借鉴日本、韩国和新加坡等亚洲国家促进居家养老的经验，巩固和提升家庭养老功能。建立健全家庭养老支持政策，开展老年人家庭照料者支持行动。以政府购买服务方式为老年人家庭照顾者提供情绪支持、喘息照护支持和照护管理支持，连接跟进所需照护资源。改善居家养老环境，健全居家养老服务的支持体系，支持居家养老服务机构发展和服务队伍人才建设，为居家养老提供必要的基本便利服务和深层次高品质服务。

七是引导市场机制充分发挥作用，优化养老服务资源配置。养老设施和养老服务具有公共物品和公共服务的性质，是保障人民福祉、促进社会公平的重要调节手段，既是一种产业，也是具备福利性质的公共事业。养老服务是稀缺的社会资源，其配置要尊重市场规律，解决好效率与公平的关系，构建多元养老服务和养老资源分配体系。

对营利性、非营利性和公立养老机构的养老服务市场进行区分规范，分类促进养老机构管理与建设，深化养老机构管理体制改革，确保民办非企业养老机构的非营利性，坚持公办养老机构面向低中收入老年人的优先性。完善机构照护促进政策，落实土地、资金和税收等优惠支持政策。指导养老机构健全完善收费标准、硬件设施、人员配备和运营管理，加强对养老机构服务质量的评估，科学规范引入社会资本参与养老服务体系建设。避免养老服务资源分散配置和重复建设现象，不断提高养老服务效率。

建立健全养老服务标准体系，规范不同主体的养老服务行为，建立跨部门联合监管机制，加强对养老服务设施规划、养老服务机构运营的监管，向标准要效率，用监管促发展。围绕抓重点、补短板、强弱项，不断促进养老服务均等化，以建设运行稳定、制度完善、监管到位、规则全面和管理科学的养老服务市场。

专栏

智慧型养老科技产品举例

一、智慧型适老设施

智慧拐杖：日本富士通公司最新设计一款智慧手杖，内置卫星定位、3G网络和无线网络，可作为老年人的导航仪，也能让家人快速找到老人所在位置。拐杖能根据老人正在行走的道路情况做出调整，老人一旦起身时忘记拿拐杖，它会发出声音提醒主人。另外，智慧拐杖还能向主人报告已经走过的距离，自动记录行走过的路径，并把信息即时同步到手机，家属可随时查看。

智慧轮椅：意大利威特奇公司新出品的智慧轮椅，能与老人进行一些基本对话，老人说出指令时，智慧轮椅就能照办。遇到下坡，轮椅自动实现慢行并确保安全。双腿残疾的老人从床上挪到轮椅中、从轮椅挪到汽车座位上或浴缸中，是十分费力的，轮椅会自动判断高度，升降座椅并轻轻推动老人挪到对应物体上。

二、智能穿戴

智能鞋垫：英国皇家艺术学院创新设计工程研究所新推出的智慧鞋垫，可以帮助老年人预防跌倒，并且提高运动灵活性，改善多发性硬化症、糖尿病和帕金森症等老年人的常见病。这款智慧鞋垫还配备了触觉反馈技术，可以更好地了解自己的行走情况，甚至还可以提供步态的追踪。

智能紧身衣：美国Pinterest公司开发的超柔性光环智能紧身衣，通过内置外骨骼，能够帮助老年人静坐、站立或者行走。这款智能紧身衣是世界第一款面向老年特殊群体的超级衣服。

三、智慧健康医辅系统

智慧病床：在日本东京公立医院，新出现一些针对卧床老人的智慧病床。智慧病床能自动测量室内温度和老人体温，向空调发出指令，防止老人感冒。它还有按摩功能，帮助中风老人以及术后需物理锻炼恢复肢体功能的病人。床头还设有紧急信号和来电，以监测居室外状况；床旁的遥控器可调节床头和床尾的高度；床旁设有智慧触觉扶手，可解决老年人的坐与卧困难等问题；床的外侧还可直接转换成轮椅，让行动不便的老人自己就能在室内轻松活动。

Care-Free智慧系统：英国塞巴斯蒂安协会和谢菲尔德大学联合新开发的Care-Free智慧系统，是一款用于老人家庭的新型智慧系统。它除了可以像平板电脑一样视频通话之外，还可以与家中的各种烟雾传感器、智慧手镯和摄像头等智慧家居设备连接，成为一个数据控制中心。

四、人工智能服务产品

喂饭机器人：美国Drsin公司推出一款最新型喂饭机器人Obi。使用者可以用嘴巴、手或脚控制按钮，机械手臂前端装有叉和勺子，能将食物自动送到操作者嘴边。Obi最大的特点是具有记忆功能，它能记住勺子第一次停放的位置，具有高度稳定性。使用这款机器人，颈部以下瘫痪的病人、肢体不便的老人都能自行进食。

心智纳米机器人：美国艾迪欧公司利用社交人工智慧概念，新研制了心智纳米机器人。当老年人出现焦躁、孤单等症状之后，它可以释放一种物质抑制这种情绪。这种超微型产品采用植入或者佩戴的方式，可以显示开启或关闭等不同的状态，并且处理个人及环境数据。机器人内置的心智系统可降低老年人的孤独感，增加社交的意愿，这非常有助于提升老年人的幸福感。

参考文献

[1] 郭林. 中国养老服务70年（1949~2019）：演变脉络、政策评估、未来思路. 社会保障评论，2019（07）

[2] 张再云. "从管控到规制：新中国成立以来中国养老机构监管政策的历史脉络"，老龄科学研究，2015（01）

[3] 韩艳. 中国养老服务政策的演进路径和发展方向——基于1949-2014年国家层面政策文本的研究. 东南学术，2015（04）

[4] 李树丛. 理顺政府主导、多元参与的基本养老服务体系[J]. 中国社会工作，2019（11）

[5] 喻彤彤. 积极老龄化背景下社区居家养老服务多元供给研究[J]. 中国集体经济，2019（04）

[6] 王庄林. 智慧型养老科技产品围观[J]. 城市开发，2019（14）

第五章

加强年龄友好型健康支持体系建设

人口老龄化必然带来健康需求的快速增加。满足处于不同健康状况老年人的健康需求，提高人口平均预期寿命同时缩短老年人残障生存期，提升人口老年期的健康水平，是成功应对人口老龄化的治本之道。

一、国际视野下的老年健康

从早期的身体健康、心理健康到后期的社会健康，人类对于健康的认识不断深化。按照世界卫生组织1946年给出的定义，健康不仅为疾病或羸弱之消除，而系体格、精神与社会之完全健康状态[①]，就是说，健康包含身体健康、心理健康和社会健康[②]三方面。

中国通常所说的健康老年人标准，一是重要脏器的增龄性改变未导致功能异常，无重大疾病，相关高危因素控制在与其年龄相适应的达标范围内，具有一定的抗病能力。二是认知功能基本正常，能适应环境，处世乐观积极，自我满意或自我评价良好。三是能恰当地处理家庭和社会人际关系，积极参与家庭和社会活动。四是日常生活活动正常，生活自理或基本自理。五是营养状况良好，体重适中，保持良好的生活方式。

---

① 见61个国家代表于1946年7月22日签署（《世界卫生组织正式记录》第2号第100页），并于1948年4月7日生效的世界卫生组织《组织法》的序言。

② 1980年代，加拿大学者与Mc Dowell 和Newell（1987）对个人社会健康做出解释，把个人社会健康看作是个人完好程度的体现，即个体的社会健康是指人们如何与外界相处，包括与个人相处以及他人做出的反应，也包括与社会制度等相处的反馈。

健康老龄化作为应对人口老龄化的战略由世界卫生组织于1990年提出，其核心包括生理健康、心理健康以及社会适应三个方面，是从生命历程和老化过程出发，强调老年人的社会适应能力，注重疾病预防，缩短带病生存期，实现大多数老年人有较高生活质量的健康晚年。

2015年世界卫生组织发布的《关于老龄化与健康的全球报告》赋予"健康老龄化"新的内涵，认为"健康老龄化"包括内在能力与功能发挥：内在能力是指个体在任何时候都能动用的全部身体机能和脑力的组合；功能发挥是指老年人内在能力与相关环境特征以及两者之间的相互作用构成，包括家庭环境、居住环境、社会网络和社会政策等。中国把健康老龄化作为应对人口老龄化的重要战略选择和政策调整方向。

二、中国老年人健康状况

（一）老年健康的整体变化趋势

1. 老年人的自评健康情况有所恶化

2015年全国1%人口抽样调查数据显示，超过82%的中国老年人自评身体健康或者基本健康，其中自评健康的为40.51%，自评基本健康的为41.85%。从变化趋势看，2010~2015年，中国自评处于健康和不能自理两种极端状态的老年人比例有所下降，自评介于基本健康和不健康但能自理的中间状态的人群呈现扩张态势。2010年自评健康的老年人口比例为43.82%，2015年下降为40.51%；但基本健康的老年人口占比上升2.52个百分点，达到41.85%。相比2010年，2015年不健康但生活能够自理的占比上升了1.15个百分点，为15.05%；生活不能自理的下降至2.60%。2015年完全健康的占比下降，基本健康和不健康但能自理的占比上升，不能自理者占比变化幅度小。这一趋势显示，近些年中国老年人的自评健康状况有所恶化。

2. 老年人自理能力有所提升

相关研究发现，1994年中国老年人口中不能自理的比例为7.5%，2015年下降到2.6%。其中，男性从1994年的6.1%降至2015年的2.3%，女性从1994年的8.8%下降到2015年的2.89%。2015年，城市老年人中不能自理者占比2.25%，比1994年下降3.05个百分点；农村老年人为2.8%，比1994年下降了5.9个百分点。

如图5-2所示，对比1994年、2004年、2010年和2015年分年龄组的老年人失能率发现，相比1994年，2015年各年龄组中老年人失能率均有不同程度下降。其中，中高龄老年人口失能率下降更为明显。随着年龄增加，老年人失能率逐步上升，与1994年和2004年相比，2010年和2015年各

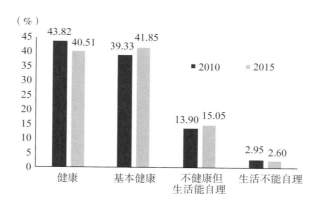

图 5-1 2010 年、2015 年中国老年人口自评健康状况

数据来源：国家统计局2010年人口普查、2015年全国1%人口抽查调查数据加权汇总。

个年龄组老年人口的失能率随年龄增长的趋势更不明显，各年龄组之间的差异相对较小，直到90岁以后才有明显上升。这说明，尽管自评健康状况有所恶化，但失能状况却在逐步改善。在高龄组中男性失能的风险明显低于女性。

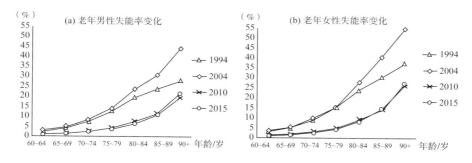

图 5-2 1994、2004、2010、2015 年两性老年人群失能率变化趋势

数据来源：国家统计局1994年、2004年、2010年、2015年人口变动调查数据加权汇总。

3. 城乡老年人健康变化趋势有所不同

如图5-3所示，与2010年相比，2015年城市和镇自评健康的老年人口所占比例都有不同程度下降，而乡村老年人自评健康的比重普遍有所上升。由此可以推断，尽管近年来老年人（尤其是城市老年人）在中低龄老年期，甚至高龄期依然能保持健康状态，但死亡率下降带来的淘汰作用减弱和生活环境恶化诱发的慢性疾病发病率的上升，都有可能导致城镇老年人口自评健康状况的恶化，这一群体对健康服务的需求增强。近些年农村医疗卫生事业的进步，对老年人健康状况的改善发挥了重要作用。

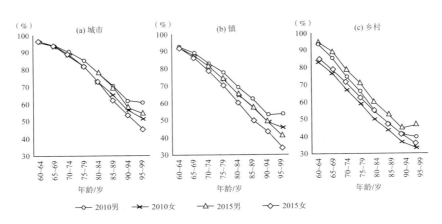

图5-3　2010年、2015年城市、镇、乡村分性别自评为健康的老年人口占比变化

数据来源：国家统计局2010年人口普查、2015年全国1%人口抽查调查数据加权汇总。

4. 流动老年人口健康状况相对良好

2015年，中国老年流动人口的总体自评健康状况良好。如表5-1所示，老年流动人口中自评健康的比例为47.80%，基本健康的为44.10%，二者合计达91.90%。自评不健康且不能自理的仅占0.52%。需要注意的是，与自评健康结果相比，中国老年流动人口患慢性病的比例偏高。其中，在两类自评不健康的老年流动人口中分别有47.54%和61.90%的患有慢性疾病。

表5-1　　　　　　　　　2015年老年流动人口健康自评状况和患慢性病状况（%）

自评健康状况	总体	患慢性病状况	
		患病	未患病
健康	47.80	9.93	90.07
基本健康	44.10	22.55	77.45
不健康但能自理	7.58	47.54	52.46
不健康且不能自理	0.52	61.90	38.10

资料来源：2015年全国流动人口动态监测调查数据。

（二）老年人是主要健康风险人群

当前中国人群的健康风险，主要集中在中老年群体身上。40岁之前，人群中保持健康状态的比例超过95%；40岁之后，有各类健康问题的超过10%；进入50岁接近1/4；60岁后超过4成；70岁后达到6成。这表明，中国人群健康风险的增加起于40岁，老年人是主要健康风险人群。

人类疾病史包含了四个阶段：第一阶段以饥荒和瘟疫为主，第二阶段以传染病为主，第三阶段以慢性病和退行性疾病为主，第四阶段以退行性疾病为主。随着社会经济发展，中国疾病流行

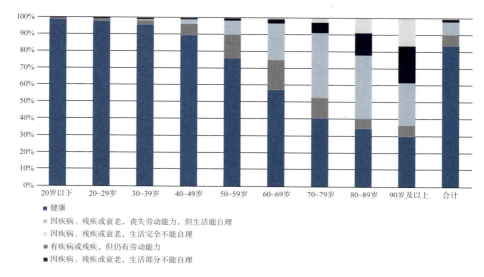

图5-4 2018年中国人群健康状况分布

资料来源: 冯文猛:《大力发展上门医疗和疾病监测服务, 积极应对老年健康服务需求》, 国务院发展研究中心调查报告, 2018年12月。

模式急剧变化, 心脑血管疾病、糖尿病、慢性阻塞性肺炎和肿瘤等慢性病成为影响居民健康的主要问题。同时, 随着城镇化的快速推进, 城乡老年人的健康状况存在较大差异。分城乡来看, 城市居民的高血压患病率高于农村居民, 但在过去的30年, 城市居民高血压的患病率增长了3.5倍, 而农村却增长了24.6倍。这表明, 尽管当前绝对水平低于城市, 但近些年农村高血压患病率增长更快, 需要引起重视。

第六次人口普查数据显示, 2000~2010年, 中国65岁及以上老龄人口比重从6.96%上升到8.87%, 其中城市从6.67%上升到7.68%, 农村从7.56%上升到10.06%, 农村老龄化程度更高, 速度也更快。随着工业化和城镇化的推进, 大量青壮年劳动人口从农村流入城市, 提高了农村实际老龄化程度; 同时, 规模庞大的流动人口在城市经历数年"健康损耗"后回乡, 这些健康风险与疾病负担极有可能向农村转移。在江西省的一项留守老人医疗服务的需求与利用现状的调查中, 留守老人两周内患病人数占总人数的57.52%, 高于非留守老人的48.76%; 留守老人千人年卧床天数为247.83天, 慢性病患病率为323.91‰, 远高于第三次国家卫生服务总调查中的190天和123.3‰, 更远高于农村地区的平均值169天和120.5‰。结合1993~2013年《国家卫生服务调查分析报告》发现, 相比于1993年, 尤其是2003年以来, 城乡居民慢性病患病率迅速提高, 农村地区增幅大于城镇。慢性病不仅对人们的身体健康造成严重威胁, 还严重影响了劳动生产力。慢性病的治疗需要长期用药和定期检查, 无疑增加了留守群体的医疗消费支出, 致使部分患者对于疾病抱着忍耐和拖着的态度, 降低了生命质量。虽然城镇化导致的人口老龄化城乡倒置现象不具有长期性, 但会在城镇化推进期间持续发展，从人口发展角度看，是以农村提前背负人口负债为代价，为城镇延长人口红利窗口期。由于长期的城乡二元社会经济结构，农村医疗等公共服务资源相对不足，农村地区面临人口老龄化加速与社会保障缺位的双重挑战。

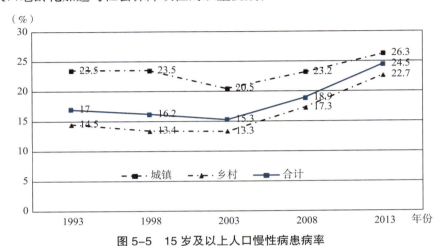

图5-5　15岁及以上人口慢性病患病率

数据来源：1993~2013年《国家卫生服务调查分析报告》。

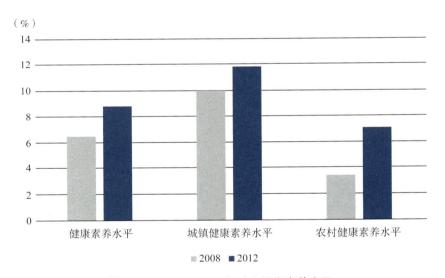

图5-6　2008、2012年城乡健康素养水平

数据来源：国家卫生健康委员会，http://www.nhfpc.gov.cn/zhuz/xwfb/201311/f56de13175be4bf6b6790ac8cae7cfc1.shtml。

健康素养是健康行为改善的基础，是健康水平的重要影响因素。我国居民健康素养基础较差，且农村与城市存在差距。根据2012年监测结果，我国居民基本健康素养水平为8.80%，即每100个15~69岁的人群中，仅有8.8人具备基本的健康素养，了解基本健康知识和理念、掌握健康生活方式和行为内容、具备基本的健康技能。据此估计，全国15~69岁的人群中，具备健康素养的人数大约有9100万人。从城乡分布看，2012年城市居民健康素养水平为11.79%，比2008年（9.94%）提高1.85个百分点；农村居民健康素养水平为7.13%，比2008年（3.43%）提高3.70个百分点，有所提升，但绝对水平依然较低，农村人群的健康素养尤其偏低。

三、中国老年健康政策的演进历程

中国的老年健康政策，主要涵盖两个方面：一方面是以医疗保险制度为主的保障政策，包括1998年出台的《关于建立城镇职工基本医疗保险制度的决定》、2003年出台的《关于建立新型农村合作医疗制度的意见》、2007年出台的《关于开展城镇居民基本医疗保险试点的指导意见》等，实现了包括老年人在内的医疗保险制度的全覆盖。另一方面，是以提高老年人健康素养与健康服务水平为主的政策措施，包括2015年的《关于推进医疗卫生与养老服务相结合的指导意见》、2017年的《"十三五"健康老龄化规划》等。本章主要关注老年健康政策的发展。

老年医疗卫生是老龄政策的重要内容之一。中国政府重视老年人医疗卫生事业，把健康老龄化作为应对人口老龄化的重要战略选择，积极推进医养结合和长期照护政策和相关健康服务体系建设。在2018年的政府机构调整中，国家卫生健康委员会新设立老龄健康司，意味着养老服务中对健康问题的重视提到更高水平[①]。在2019年十九届四中全会通过的《中共中央关于坚持和完善中国特色社会主义制度、推进国家治理体系和治理能力现代化若干重大问题的决定》中，进一步提出"加快建设居家社区机构相协调、医养康养相结合的养老服务体系"，把健康问题作为养老服务体系建设的两大关键要素之一。

（一）老年健康政策体系的整体推进

随着人口老龄化进程加快以及老年人健康管理需求的提高，中国老年医疗卫生政策出台的频率越来越高。"十二五"期间，相关政策文件达十七项，包括《关于促进健康服务业发展的若干意见》《卫生事业发展"十二五"规划》等。"十三五"时期，出台多个重要政策文件，包括《"健康中国2030"规划纲要》《"十三五"卫生与健康规划》和《"十三五"健康老龄化规划》等，老年医疗卫生政策逐渐趋于完善。

---

① 在三定方案中，老龄健康司负责组织拟订并协调落实应对老龄化的政策措施。组织拟订医养结合的政策、标准和规范，建立和完善老年健康服务体系。同时，还要承担全国老龄工作委员会的具体工作。

表5-2 　　　　　　　　　　　　　　　　老年医疗主要政策文件

年份	政策文件
1998	《关于建立城镇职工基本医疗保险制度的决定》
2000	《关于加强老龄工作的决定》
2001	《中国老龄事业发展"十五"计划纲要》
2003	《关于建立新型农村合作医疗制度的意见》
2006	《中国老龄事业发展"十一五"规划》
2007	《关于开展城镇居民基本医疗保险试点的指导意见》
2011	《中国老龄事业发展"十二五"规划》
2012	《社会保障"十二五"规划纲要》
2012	《卫生事业发展"十二五"规划》
2013	《关于加强中医护理工作的意见》
2013	《中医药健康管理服务规范—老年人中医药健康管理服务》
2013	《关于促进健康服务业发展的若干意见》
2013	《关于印发<区域中医预防保健服务工作指南（试用稿）>的通知》
2013	《关于印发<基层医疗机构"治未病"服务工作指南（试用稿）>的通知》
2014	《全民健康素养促进行动规划（2014~2020年）》
2014	《关于开展计划生育家庭养老照护试点工作的通知》
2014	《关于印发<养老机构医务室基本标准（试行）>和<养老机构护理站基本标准（试行）>的通知》
2014	《关于印发老年健康核心信息的通知》
2015	《中华人民共和国老年人权益保障法（2015年修正）》
2015	《老年人健康管理技术规范》
2015	《关于推进医疗卫生与养老服务相结合的指导意见》
2016	《关于整合城乡居民基本医疗保险制度的意见》
2016	《关于做好医养结合服务机构许可工作的通知》
2016	《关于开展长期护理保险制度试点的指导意见》
2016	《全民健身计划（2016~2020年）》
2016	《人力资源和社会保障事业发展"十三五"规划纲要》
2016	《"健康中国2030"规划纲要》
2016	《关于进一步扩大旅游文化体育健康养老教育培训等领域消费的意见》
2016	《"十三五"卫生与健康规划》
2017	《"十三五"国家老龄事业发展和养老体系建设规划》
2017	《"十三五"健康老龄化规划》
2018	《关于促进"互联网+医疗健康"发展的意见》
2019	《关于实施健康中国行动的意见》
2019	《健康中国行动（2019~2030年）》

老年医疗卫生政策重心逐步从重视病后治疗转向病前预防。中共中央、国务院《"健康中国2030"规划纲要》、国务院《全民健身计划（2016~2020年）》、国家卫健委《全民健康素养促进行动规划（2014~2020年）》和《"十三五"健康老龄化规划》等文件，都是从普及健康生活知识、加强健康教育、塑造健康行为、做好慢病预防和提高身体素质等方面作政策引导。2019年6月国务院印发《关于实施健康中国行动的意见》，并颁布《健康中国行动（2019~2030年）》，成立健康中国行动推进委员会，再次提出转变观念，从以治病为中心转到以健康为中心。

老年医疗卫生政策专项性、针对性与可操作性在逐步提高。首先是专项规范增多。"十二五"以来，老年医疗政策更多采用专项规划或单项规划的形式[①]，政策针对性与细化程度进一步提高[②]。政策要求及措施进一步具体，可操作性不断提高。任务目标更加量化，责任部门更加具体，时间进度要求更加明确等，都增强了政策"落地"的可行性。

（二）老年健康服务体系建设的新趋势

自2015年以来，针对老年人健康服务体系的最新尝试，是医养结合和长期护理保险试点的推出。

1. 迅速推进的医养结合

在2016年制定的《中华人民共和国国民经济和社会发展第十三个五年规划纲要》中，明确提出医养结合的原则。这是源于对于医疗和养老这两个领域认识的深化。

2013年以来，中国进入养老服务发展的快车道，涵盖居家、社区、机构的多层次养老服务体系初步构建，养老产业发展也有了初步基础。在当前各类养老服务中，医疗是老年人最需要、也是发展最不成熟的部分。2018年，一项针对全国万名居民的调查显示，上门医疗和疾病监测紧急救助是居民当前最希望发展的服务内容，选择的比例分别占50%和25%，远高于其他项目的选择。老年人也是当前医疗卫生服务体系关注的重点。相关调查显示，无论是疾病发生概率，还是医疗费用负担，老年人是中国目前主要疾病负担人群。2019年末开始的新型冠状病毒肺炎疫情

[①] 比如，国家卫健委的《老年人健康管理技术规范》《关于开展计划生育家庭养老照护试点工作的通知》等都是针对老年人的专门技术规范与照护要求。

[②] 比如，针对老年人中医药健康管理的有《关于加强中医护理工作的意见》《中医药健康管理服务规范—老年人中医药健康管理服务》等文件；针对老年人健康管理以及相关养老机构医疗卫生要求的技术规范的，有《老年人健康管理技术规范》《关于印发<养老机构医务室基本标准（试行）>和<养老机构护理站基本标准（试行）>的通知》等；针对完善医疗、护理保险制度的，有《关于整合城乡居民基本医疗保险制度的意见》《关于开展长期护理保险制度试点的指导意见》等文件。

中，老年人也成为最易出现重症和死亡的群体，成为各国抗疫中的重点关注对象。

2016年5月，国家卫生健康委员会和民政部联合发布《关于遴选国家级医养结合试点单位的通知》，遴选国家级医养结合试点单位，为全国医养结合工作提供示范经验。同年6月，国家卫健委和民政部联合下发通知，确定第一批国家级医养结合试点单位，北京市东城区等50个市（区）入选。通知要求，各省（区、市）要积极探索地方医养结合的不同模式，积极协调解决存在的困难和问题，2016年底前每省份至少启动1个省级试点，积累经验、逐步推开。截至目前，已在全国90个城市开展医养结合试点工作，涵盖了30个省、自治区、直辖市，医养结合机构4000家。在山东省还开展了医养结合示范省的建设工作。

2. 逐步尝试的长期护理保险

随着失能半失能老年人口增加，长期护理保障问题日渐重要，建立长期护理保险制度问题提上日程。2016年，人力资源和社会保障部发布《关于开展长期护理保险制度试点的指导意见》，在上海、南通、苏州、宁波、承德、长春、齐齐哈尔、安庆、上饶、青岛、荆门、广州、重庆、成都、石河子等15个城市开展长期护理保险制度试点。目前15个试点城市均已发布政策文件，除重庆市以外，其他试点城市均已实行长期护理保险制度。此外，北京市石景山区、河北省邢台市巨鹿县、山东省济南市、山东省烟台市、江苏省盐城市、浙江省嘉兴市等20多个城市（区）也先后发布政策并实行长期护理保险制度。

自长期护理保险制度实施以来，参保人群迅速扩大，失能老人待遇随即兑现。2019年《政府工作报告》中再次强调，要进一步扩大长期护理保险制度试点工作，形成适应中国国情的制度政策体系。总体上看，试点进行顺利，基本形成了初步制度框架，积累了有益经验。来自国家医疗保障局的数据显示，截至2019年6月底，15个试点城市和2个重点联系省的参保人数达8854万人，享受待遇人数42.6万，年人均基金支付9200余元[①]。

四、老年人的主要健康风险和变化趋势

中国老年人当前依然面临着突出的健康风险。随着人口老龄化和高龄化的快速发展，老年健康风险将出现一些新的变化。

---

① 数据来源：http://www.nhsa.gov.cn/art/2019/11/1/art_26_1900.html.

（一）老年人的主要健康风险

1. 慢性病流行，共病普遍

2015年，中国城乡老年人患有慢性病的比例为79.97%，患病率排名前五位的是骨关节病、高血压、心脑血管疾病、胃病和白内障/青光眼[①]。老年住院患者共病率高达91.36%，人均患病4.68种，恶性肿瘤、高血压、缺血性心脏病、糖尿病、脑血管疾病是位居前五位的住院患病。国家卫生健康委员会于2019年7月提供的最新数据显示，中国超过1.8亿老年人患有慢性病，患有一种及以上慢性病的比例高达75%[②]。老年人中存在较为普遍的多病共存现象。调查显示，48.81%的老年人同时存在两种及以上的慢性病[③]，一些医疗机构80岁以上的住院病人中，平均患有超过9种的慢性病[④]。

共病状态多使老年人面临更大的疾病负担。共病患者与单一病种患者相比，生活质量更低，病死率和致残率更高，带来医疗资源使用的增加。共病患者在就诊过程中常需要辗转于各个专科，费时、费力、费钱，行动能力差的老年人在自行就诊中有多种不便，也增加了家人的负担。

2. 重大公共卫生事件爆发时面临更高风险

慢病流行、共病多发直接降低了老年人对外部新发健康风险的抵抗能力。近些年出现的重大公共卫生事件，多以新发传染病形式发生。由于广泛存在基础病症导致免疫力更低，老年人更容易成为新发传染病的感染者。在治疗过程中，通常也会因基础病症引发众多的并发症，增加治疗难度和危重症出现的比例。2019年末暴发的新型冠状病毒肺炎疫情，充分暴露了老年人在重大公共卫生事件发生时的脆弱性。居住在机构中的老年人，由于群聚面临更大的被感染风险；居住在家中的老人，因疫情暴发无法及时获取所需的各类物资和服务，生活面临着巨大不便。美国、英国、加拿大、意大利、西班牙等多国养老院暴发疫情。截至2020年4月中旬，媒体报道称美国养老院系统已有至少6900人死于新冠肺炎，占全美死亡病例的约1/5；加拿大已知的死亡病例中近一半和长期护理机构有关；英国英格兰地区有超过2099家养老院出现过新冠疫情。此外，由于抗疫需要，大部分医疗机构暂停了正常医疗服务，这对于因慢性病需要定期到医院进行诊疗取药的老年人来说，所面临的健康风险进一步被放大。

[①] 第四次城乡老年人生活状况调查。

[②] 数据来源：http://www.gov.cn/xinwen/2019-07/31/content_5417631.htm

[③] 资料来源：第四次城乡老年人生活状况调查。

[④] 冯文猛：《大力发展上门医疗和疾病监测服务，积极应对老年健康服务需求》，国务院发展研究中心调查报告，2018年12月。

专栏

新冠疫情下的老年健康风险

2019年末新冠肺炎疫情暴发后，包括中国在内的老龄化程度较高的国家/地区以及老年人聚集的场所都受到了病毒的严重威胁。除病毒本身外，老年人的基础疾病和心理问题也给疫情的防控带来了挑战。

在美国，大约有220万人生活在养老院等长期护理机构中，如何在新冠肺炎疫情中保障这些机构人员的安全是一项异常艰难的考验。2020年3月初，在美国华盛顿州柯克兰市（Kirkland）的Life Care养老院，已至少有8名老人因新冠肺炎而死亡。华盛顿州官方消息显示，该养老院一共居住了108名老人，另有180名看护人员在此工作，截至3月中旬50余人出现了感染新冠病毒的症状。

意大利65岁以上的老人占总人口的22.8%，是欧洲老龄化程度最高的国家。在因新冠肺炎去世的患者中，有相当部分为65岁以上的老年人。更频繁地接触到死亡，让很多老年人产生了抑郁等心理疾病。

---

3. 健康期望寿命增幅不及期望寿命，带病生存期延长

新中国成立以来，随着生活水平提升和医疗技术进步，人均预期寿命迅速增长，但人均预期寿命同健康预期寿命[①]之间还存在着明显的差距。2018年末，中国人均预期寿命77岁，但健康预期寿命仅为68.7岁[②]，这意味着平均有8.3年在带病生存。1990年至2018年，中国人均期望寿命增加8.45岁，同期健康预期寿命增长7.8岁。这表明，随着期望寿命延长，更多人在功能损失状态下生活更长时间。

4. 失能、半失能老年人数量巨大且增长迅速

2015年中国失能、半失能老年人超过4000万人，约占老年人口总数的18.3%[③]。失能老人由于身体机能下降，深受各种慢性病的困扰，甚至长年卧床，在日常生活照料、医疗护理、心理慰藉等多个方面有着更多样化、更高的需求，甚至终身需要连续型照护，成为长期照护服务的主要对象。随着人口老龄化的进展，失能老年人数量将进一步增长，预计2050年将接近1亿人。

---

① 健康期望寿命反映的是某特定年龄的人群在完全健康状态下能够继续存活的平均年数。

② 数据来源：http://www.nhc.gov.cn/xwzb/webcontroller.do?titleSeq=11182&gecstype=1。

③ 资料来源：2015年第四次城乡老年人生活状况调查。

5. 慢性病导致的健康损失和疾病负担不断加重

2011年世界银行预测表明，如果不加以控制，2030年老龄化将使中国慢性病负担增长40%。有研究显示，癌症死亡率降低1%可以减少约5000亿美元的经济负担，如果癌症研究带来死亡率降低1个百分点的概率为1/5，那么在癌症研究和治疗方面额外花费1000亿美元也将是值得的。以脑卒中为例，70岁以上老年人中，脑卒中导致的死亡占死亡例数的22.7%，导致的伤残占所有健康寿命损失年（YLD）的10.6%，因此，对以脑卒中为代表的心脑血管疾病的预防不容忽视。此外，听力损失和视力障碍虽不致死但会造成老年人伤残，也应予以更多关注。

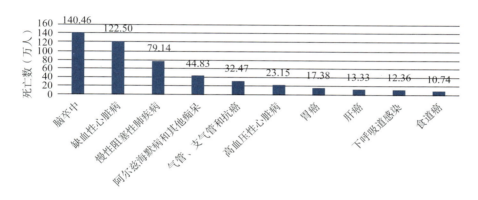

图 5-7　70 岁以上老人致死的前十名疾病的死亡人数

资料来源：全球疾病负担数据，IMHE。

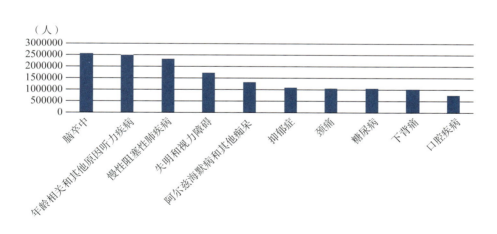

图 5-8　70 岁以上老人致伤残的前十名疾病的伤残损失人数

资料来源：全球疾病负担数据，IMHE。

6. 医疗成为老年人家庭负担最重的部分

虽然近些年医疗保障制度建设取得明显进展[1]，但由于筹资水平低，医疗支出中仍然需要较高的个人自付，很多老年人感到医疗支出压力大。相关调查显示，超过四成的老年人认为医疗支出是当前家庭消费支出中压力最大的项目。

疾病多发且经济压力大，使医疗成为老年人生活中最焦虑的领域。调查显示，在对生活最感焦虑领域的选择上，23.6%的居民选择医疗，老年人更高达1/3，高于对其他领域的关注。

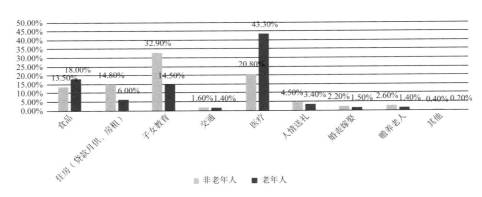

图5-9　不同人群家庭消费支出压力最大的项目

资料来源：2018年国务院发展研究中心中国民生调查结果。

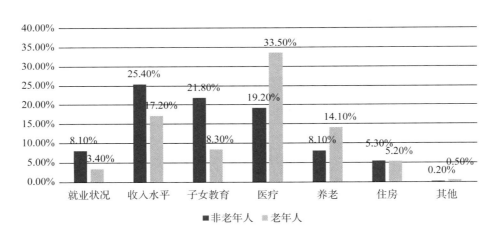

图5-10　不同人群生活中最感焦虑的领域

资料来源：2018年国务院发展研究中心中国民生调查结果。

---

[1] 2018年国务院发展研究中心中国民生调查显示，没有任何医疗保险的居民比例不到3%。

7. 烟草是影响老年人健康的重要因素

中国是世界上最大的烟草生产国和消费国。中国消费的烟草量占世界总量的44%。《2018中国成人烟草调查》显示，45~64岁男性吸烟率为57.1%，女性为2.7%；65岁以上男性吸烟率为44%，女性为4.1%[①]。每年有100万人死于烟草相关疾病。世界卫生组织报告显示，如果不采取措施加以控制，21世纪将有超过2亿中国人死于吸烟相关疾病，导致经济生产力下降和数千万人沦于贫困；同时还会增加对社会福利和卫生系统以及私营部门的需求，进一步加剧不断扩大的不平等。

烟草使用

中华人民共和国成立以来，特别是改革开放以来，我国健康领域改革发展取得显著成就。到2015年，我国人均预期寿命已达76.34岁，婴儿死亡率、5岁以下儿童死亡率、孕产妇死亡率分别下降到8.1‰、10.7‰和20.1/10万，总体上优于中高收入国家平均水平。同时，我国又成为世界最大"烟草消费之国""最大烟草受害之国"，与日益现代化、日益现代文明的"东方巨人"形成鲜明对照。

根据世界卫生组织、联合国开发计划署、中国疾病预防控制中心权威组织的多项研究表明：无论是吸烟总量还是人均、日均吸烟量，我国都高居世界榜首，吸烟成为危害人民健康的最大挑战。突出表现为：

1. 我国是世界最大烟草消费国

目前我国卷烟消费量达到了25681.4亿支，占世界总卷烟消费量的44%，是世界人口第二大国家印度（1001.82亿支）的25.63倍，大大超过我国GDP（购买力平价法，2011年国际美元）占世界的比重（2015年为17.21%）。

2. 我国是世界吸烟人口最多的国家

2015年吸烟人口达到3.15亿人，占世界烟民总量（11亿）的28.6%，超过中国人口占世界总人口比重（18.7%）约10个百分点。目前在全球15岁以上的人群中，约有8.2亿男性吸烟者以及1.76亿女性吸烟者。中国约有男性吸烟者2.64亿，约占全球男性吸烟者的1/3；有女性吸烟者1200万左右，仅次于美国，位居全球第二位。

---

① 《2018中国成人烟草调查》. http://www.chinacdc.cn/jkzt/sthd_3844/slhd_4156/201908/t20190814_204616.html

3. 我国是世界受二手烟伤害人口最多的国家

根据调查显示，我国约有7.4亿人暴露于二手烟的危害之下，其中有1.8亿左右为儿童。中国二手烟暴露水平全球第一，高于参与国际烟草控制政策评估（ITC）调查的其余19个国家。其中，中国室内工作场所的吸烟率最高为70%，餐厅和酒吧，吸烟率分别高达82%和89%，无时不在危害着数亿非吸烟人群健康。

4. 我国是世界男性吸烟率最高的国家之一

中国男性吸烟率已经从2000年的55.8%下降至2015年的47.60%，但是仍然高于世界成年男性吸烟率平均水平（2015年为34.83%），也高于上中等收入组的平均水平（41.55%），是美国（19.5%）的2.44倍，是印度（20.4%）的2.33倍。截至2015年底，全球一半以上的男性吸烟者集中在中国（2.54亿人）、印度（9100万人）和印度尼西亚（5000万人）。而截至2015年底，全球四分之一以上的女性吸烟者集中在美国（1700万人）、中国（1400万人）和印度（1350万人）。

5. 我国是世界人均年吸烟量最多的国家之一

1970年，我国人均年吸烟量仅为782支，1980年达到1187支，1990年就达到1972支，2000年下降到1795支。2014年中国成年人人均年吸卷烟支数为2249.79支，比1980年翻一番，属于人均吸卷烟量前十名国家，是美国人均吸卷烟量的2.08倍。

6. 我国是世界吸烟人口日均吸烟量最多的国家之一

根据国际烟草控制政策评估项目（ITC）最新调查结果显示，中国男性吸烟者每日吸烟数量为16.7支，在10个ITC中低收入国家中排名第二（仅次于巴西17.3支），显著高于其他中低收入国家。

中国在烟草危害方面造成了极为负面的国际形象，对此世界卫生组织等国际机构已发出多次最严厉的警告。最令人担忧的是，我国吸烟的总量和人均指标不降反增。"十二五"期间我国烟民净增长了1500万人，平均每年净增长300万人，吸烟者日均吸烟量增加1.0支。这是公共卫生政策失效的典型案例。

（二）健康风险的变化趋势

1. 慢性病的危险因素持续高发，带来更大的疾病负担，农村情况更为严重

心脑血管疾病是中国老年人负担最重的疾病，从2000年进入老龄化社会，心脏病死亡率就在迅速增加，速度相当惊人。如果不加以控制，到2025年，估计心脏病的死亡率会上升到160/10万~170/10万人。

与城镇相比，农村情况更为严重，若不加强农村慢病管理，将使农村本就巨大的养老压力雪上加霜。从既往情况看，城市心血管疾病上升趋势趋于平缓，但农村仍处于快速上升的阶段，从2009年起一直高于城市。农村的管理情况远比城市差，知晓率和治疗率均低于城市。农村不健康的生活方式，如吸烟，比城市更为严重，使未来农村老年人面临的慢病挑战更为严峻。

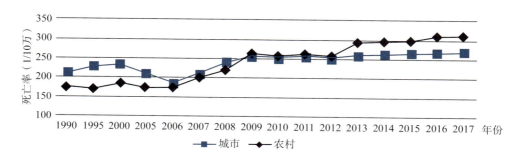

图 5-11　1990~2017 年城乡心血管疾病死亡率变化趋势

资料来源：2006~2018年中国卫生健康统计年鉴（含更名前的卫生统计年鉴、卫生和计划生育统计年鉴）。

2. 认知障碍等疾病患病负担日益沉重

中国阿尔兹海默症疾病负担快速增长，2016年疾病负担是2000年的2.5倍左右；患病率不断上升，目前患者人数约为800万人到1000万人，轻度认知障碍人数为2400万人。根据2016年的流行病学研究，中国65岁以上老年人的帕金森病发病率为1.7%，目前约有200万帕金森病患者，每年新增患者约10万，世界卫生组织预测，2030年这一人群将达到500万人。认知障碍的出现，同年龄的增长有着密切关系。随着高龄老年人的规模和比例进一步增加，认知障碍等疾病患者的负担预期会有进一步增长。

3. "将老未老"群体的健康状况不乐观，将增加未来老年人的健康风险

未来10~15年内将进入老年阶段的人群面临严峻的健康风险。这部分人群中不健康生活方式普遍存在，饮酒率在全人群中最高（13.1%）[①]，经常锻炼率仅21.5%，超重率和肥胖率分别为36.9%和13.9%，都是最高的年龄组。社会压力的增加，环境污染的加重，都可能导致这部分人的健康风险愈发严峻。由于缺少筛查，中年人群对疾病的知晓率比老年人更低，加重了"将老未老"群体进入老年期后的疾病风险。从现在疾病变化特征看，高血压、糖尿病等慢性病发病年龄提前，精神疾病增加，也会加快"将老未老"群体的心脑血管疾病进程。

---

① 资料来源：2015年中国居民营养与慢性病状况报告。

五、构建年龄友好型健康支持体系的选择

随着老年人口数量增加和高龄化程度加重，老年健康服务需求越来越大。老龄化进程与家庭小型化、空巢化相伴，进一步加大了老年健康服务的需求。加强老年健康服务体系建设，补齐老年健康服务的短板、加强弱项、提升质量，是应对现有挑战，实现健康中国的重要任务。

（一）老年人健康服务体系建设成就明显，但仍存在突出问题

近些年，随着医药卫生体制改革的深入推进和政府对老龄化问题的日渐重视，老年健康服务体系建设取得了发展。老年健康服务相关政策法规不断完善，医疗卫生服务体系不断健全，基层医疗卫生机构基础设施条件持续改善，针对老年人的健康服务水平逐步提升。截至2019年初，全国已经建设国家老年医学中心1个，国家老年疾病临床医学研究中心6个，设有老年医学科的医疗卫生机构1519个。老年医学科医师已纳入医师规范化培训范围，以全科医生为重点的基层医疗卫生人才队伍建设也在快速推进。全民医保体系不断健全，基本医保参保率持续保持在95%以上。城乡居民大病保险、重特大疾病医疗救助和疾病应急救助全面推开，商业医疗保险起步，对老年人健康初步形成了较为系统的保障。涵盖养老机构增设医疗机构、医疗机构开办养老服务和社区层面推进医养结合服务在内的综合性的医养结合体系也在迅速发展。推行长期护理保险试点地区的老年人护理和康复等保障水平明显提升。总的来说，一个覆盖城乡、涵盖多领域服务的老年健康服务体系框架已初步形成。

老年健康服务滞后于应对人口老龄化的要求，存在明显短板和弱项。

第一，政策体系不健全。从事老年健康服务的机构和人员数量不足，服务内容清单、管理标准和技术规范不完善。在老年人健康教育、老年预防保健、老年疾病诊治、康复护理服务、老年人长期照护和安宁疗护等领域，都需要做出进一步努力。

第二，老年健康服务碎片化。还没有建立起适应老年人健康需求的、包括保健—预防—治疗—康复—护理—安宁疗护的综合性、连续性的服务体系。各类机构之间，甚至同类不同机构之间的相互衔接协作工作不通畅，信息共享机制不健全，影响了老年人健康服务体系效用的发挥。

第三，老年医疗卫生服务机构、康复医院和护理院等机构数量少且地区分布不均。长期照护和安宁疗护等机构严重缺乏。上述机构数量不多且主要分布在一、二线城市，占人口大部分的三、四线城市及县域机构严重不足，农村地区基本处于空白状态。

第四，健康服务质量和技术水平不高。老年医学学科建设滞后、医疗机构中老年专科发展不

足，人才缺少。老年健康服务的科技研发和转化能力不强。

安宁疗护①

2017年10月，中国第一批国家安宁疗护试点在北京市海淀区、吉林省长春市、上海市普陀区、河南省洛阳市、四川省德阳市启动，一些省份参照启动了省级试点工作。2019年5月，国家卫生健康委办公厅印发《关于开展第二批安宁疗护试点工作的通知》，在上海市和北京市西城区等71个市（区）启动第二批全国安宁疗护试点工作。

经过一年半的建设，首批5个试点地区市、区、街道三级基本建立了安宁疗护服务体系，可提供安宁疗护服务的机构从35个增加到61个，安宁疗护床位从412张增加到957张，执业医生从96人增加到204人，执业护士从208人增加到449人，医护人员数量比试点之初增加115%。

同时，首批试点地区还积极探索，推动出台了促进安宁疗护发展的政策措施，建立完善工作机制，取得一些突破性进展。例如，德阳市率先出台安宁疗护按床日付费制度，长春市实施恶性肿瘤等三种生命终末期病人单病种付费制度。

下一步，中国将围绕开展试点调查、建设服务体系、明确服务内容等任务，推动全国安宁疗护试点工作扎实开展。

（二）科技对老年健康支持体系建设产生重要影响

以互联网、物联网、人工智能和大数据为核心的第四代技术革命对人类生活产生了深远的影响。在老年健康支持体系领域，科技的应用也日益广泛，技术创新正在成为老年健康体系构建的重要支撑。

第一，基因技术与精准医疗。基因组学技术快速发展。纳米孔测序技术实现单分子测序，基因组流行病学在重大传染病疫情调查和防控中的作用更加重要；实验室分析技术和产生的数据广泛应用于传染病监测预警；基于基因组序列的传染病暴发、预警、识别和溯源技术体系正在形成，以基因组学、代谢组学与蛋白组学等技术为基础的精准医学也在快速发展。这些都为精准医疗提供了技术支持。

---

① 中国政府网http://www.gov.cn/xinwen/2019-06-03/content_5397161.htm

重大疾病防控技术实现新突破。保护组学分析、结构疫苗学和合成生物学等技术的出现，为研发B群脑膜炎奈瑟球菌（MenB）、流感病毒、人类免疫缺陷病毒（HIV）和呼吸道合胞病毒（RSV）等病原体的疫苗提供了重要支撑。在疫苗方面，中国自主研发了全球首个EV71手足口病疫苗，成功研发出目前唯一针对2014年流行的埃博拉病毒的冻干制剂疫苗。结核病在诊断技术、治疗技术与疫苗研发等方面取得新成果，通过新药引入与保护项目（NDIP）将斯耐瑞（富马酸贝达喹啉片）引入中国，提供了耐多药结核病治疗方案。组合治疗、CCR5基因突变治疗以及细胞或病毒基因组的编辑治疗为艾滋病防治提供了新的方案。

未来精准医疗在公共卫生领域的应用，一是改变流行病学的学科理念，从"黑箱"流行病学演进成系统流行病学；二是促进对基因和环境交互作用的研究；三是提高疾病风险预测的精度，进行有针对性的疾病预防和干预；四是基因筛查和检测的应用；五是靶向治疗以及靶向和个体化预防。

精准用药①

精准用药，是从源头上找到个体间的差异性即基因变异，药师从药物代谢酶、受体和药物作用靶点多基因联合的角度为病人综合考虑，结合患者基因型、身体状况与疾病进展等多方面因素后，为患者制定合理有效的个体化用药方案和给药剂量，告别以往"千人一药"的现象。从经验用药到精准用药，成就了药物治疗理念的巨大转变，最大限度地发挥了每种药物的治疗效力，避免了潜在的药物治疗风险，使药物能直中疾病治疗靶心。

频繁"试药"是我国慢病药物治疗中存在的主要问题。"试药"包括试药物品种、试剂量、试给药频次、试服药时间。在试药过程中，患者面临着很大的身体和心理负担，不仅有病情得不到有效控制的可能，还有在试药过程中产生各种不良反应的可能；同时，患者由于找不到对症的药，就会反复就医，寄希望于不同大医院的知名医生，这给患者带来了一定的经济负担，在导致患者治疗信心丧失的同时，也导致治疗依从性大幅下降。另外，对于整个医疗体系来说，在试药的过程中，那些无效药物、重复使用的医疗服务资源等也是极大的浪费。据专业评估，我国药品消耗中，约50%属于无效支出。其中，部分无效支出属于处方中的非必须用药，另一部分则属于无效药。

北京朝阳医院2015年在国内率先开设精准用药门诊，以基因检测作为辅助手段，为患者用药提供定制化、精细化服务，在实践中不断积累经验，创新精准用药模式，逐步探索并初

---

① 北京朝阳医院提供相关数据。

步形成了高血压精准用药服务的一系列标准操作规程。据精准用药门诊2018年统计数据显示，通过治疗方案不断优化与全程的追踪随访，随机抽样调查504名门诊患者，血压达标率达到83.23%，平均为患者每月节省药费367.27元。北京朝阳医院的精准用药服务树立了全国医院药学服务典范。

第二，互联网医疗。互联网与信息技术得到广泛应用。以传染病直报系统为代表的信息化监测技术飞速发展，健康大数据与云计算技术为及时准确地捕捉和分析人们的健康状况提供了技术支持，物联网技术的发展为实时获得准确的身体指标成为可能。现场快速检测技术向实时、定量和检测设备小型化方向发展，并广泛应用于临床检验、慢病检测、应急反恐、灾害医学救援、传染病监测、检验检疫、食品安全和毒品检验等公共卫生领域。

移动医疗等新兴服务模式使居民在医疗卫生服务中的参与不断加强。随着互联网、智能手机的发展和普及，以"移动健康""医疗服务平台""搜索引擎平台"和"在线问诊"为代表的新兴医疗服务模式不断涌现，"互联网+医疗健康"实现快速发展。以连锁诊所、医生集团为代表的新型医疗服务组织也在不断涌现。慢性非传染性疾病作为生活方式疾病，诊断和开出治疗方案仅是治疗的开始，治疗成功的关键在于纠正病人的日常行为。网络平台是一种有效的模式，一些公司正致力于建立面向慢性病患者的互助网络，这样病人可以直接通过与其他病友的对比来了解自己的治疗进展。

移动医疗[①]

近年来，随着互联网技术的快速发展，移动医疗在中国蓬勃兴起，并推动了医疗服务模式的不断创新。以糖尿病慢病管理为例，中国糖尿病患者有一亿多人，但控制状况不容乐观，知晓率、治疗率、控制率仅为三成左右。但医疗卫生资源配置不合理与浪费同时存在，糖尿病教育成效低，院外服务平台的缺失，患者自我管理水平低，糖尿病依旧习惯于急性病的传统诊疗方式，这成为当前糖尿病诊疗的一个突出问题。中国天津市探索实施由医疗专家、患者教育师和营养师组成的"三一照护"糖尿病诊疗新模式，应用"互联网+"医疗、智能硬件、软件和医疗数据云平台，对糖尿病人进行院内院外、线上线下和三甲社区的一体化全程管理与服务，入组患者血糖达标率达到75%。

---

① 《移动医疗助力糖尿病全程管理天津探索"三一照护"新模式》，新华网，http://m.xinhuanet.com/2017-04/28/c_1120892590.htm。

医疗专家、患者教育师和营养师组成的"三一照护"团队,提供以患者为中心的医疗服务。患者来到门诊,除了看医生、化验、开药,还可以得到患教师和营养师的专业评估及指导。患者回到家里,使用"与糖"APP和智能血糖仪测量血糖,添加饮食及运动记录。血糖自测数据自动同步到云端,院外医助团队根据患者的血糖异常情况给予干预和实时问题解答。

根据慢病诊疗规律,医护团队还为患者制订规范的季度和年度照护计划,给予初诊、复诊及加诊患者有针对性的检查、化验、用药和患教,实现长期追踪,连续治疗。通过"三一照护"系统,二级以上医院和社区医院可以实现上下转诊和信息共享。

"三一照护"模式提升医生对患者的管理效率。通过互联网+医疗、智能硬件、软件和医疗数据云平台,可对患者血糖信息进行实时保存和追踪,实现了诊疗模式标准化、规范化、信息化。同时,实现了糖尿病诊疗由急性病医疗模式向慢性病管理模式的转变,通过在线服务管理平台,照护团队可随时解决糖尿病患者院外的血糖监测、生活干预、健康教育等系列问题,让患者诊疗服务和自我管理不断档,提升了患者血糖达标率,降低和延缓糖尿病并发症的发生,降低医疗费用支出成本。

第三,大数据技术。从国际经验来看,大数据在老年人健康支持体系构建中的尝试始于谷歌流感预测。谷歌在2008年成功预测了美国大西洋沿岸中部地区的流感疫情,之后其他社交媒体和网络公司如推特、维基百科也利用其平台发布和浏览的信息预测流感疾病的发生情况。

在中国,随着区域卫生信息平台、电子病历和健康档案的逐步建立,云计算、数据仓库、数据挖掘等信息技术在公共卫生各领域的引入应用,将逐步形成系统成熟的大数据分析方法和模型,对于疾病预防、健康促进和卫生决策都具有重要促进作用。

信息互联与大数据在公共卫生领域的应用主要集中在数据挖掘方法的应用、大规模流行病预测、典型疾病的防治和健康影响因素的识别。近年来,医疗资源的有效分配和地理公平性也成为老年健康问题的热点之一。比如,将地理信息系统(GIS)空间信息与电子健康档案(EHR)健康信息进行对接,挖掘EHR的数据价值,多维动态地展现疾病和健康危险因素的空间分布情况,更好地指导疾病预防和健康管理。

健康数据监测也是上述前沿技术应用的重点领域,发展方向包括以下三方面。一是体征大数据分析,建立移动智能终端、无线传输、大数据和物联网平台的融合机制,对生理数据进行抽取、融合、挖掘和预警分析处理,对人体健康状况长期跟踪,达到"以预防为主"、日常监护的目的。二是医学知识和物联网技术的交叉融合,实现医学知识、护理对象、智能分析及数据的交互和无缝连接，达到对健康监测领域各种行为和体征变化的实时控制、管理和科学治疗。三是人工智能技术、专家系统和社会群体智慧方法在公共卫生监测系统的应用，以提高医疗监测系统的智能性和准确性。

（三）构建年龄友好型健康服务体系的建议

老年人的慢性病多数起源于青壮年时期，疾病的发生也受到多因素影响。要有效应对当前和未来老年人所面临的健康问题，整体上需要做好两个"前移"一个"扩大"。两个前移：一是健康维护的端口前移，不能在发病时才着手对疾病的治疗和管理，而应该在疾病未发之时就做好筛查、干预和健康管理工作；二是将干预人群前移，不能只对处于疾病高发期的老年人进行行为干预和健康管理，而应将青壮年人群也放在干预范围之内，强化早期疾病筛查、行为干预和健康管理，降低这些人遭遇健康风险的概率，以减少其老年期的患病风险。一个"扩大"，是老年健康服务体系的构建，不能只着眼于医疗卫生服务体系本身，而应从影响人群健康的更广泛的领域入手，构建减少老年人健康风险的制度。

要实现两个"前移"一个"扩大"，需要构建起年龄友好型健康支持体系。这一体系的特点，一是建立针对所有人群的健康友好环境，对各年龄段人群分别开展适宜的健康教育；二是健康支持体系建设既包括健康服务和健康保障这两个核心内容，也包括影响健康的其他体系建设。年龄友好型健康支持体系建设包含以下内容。

1. 推进全生命周期的健康促进与健康教育

全生命周期是指贯穿个体的生命孕育期、婴幼儿及学龄前期（0~6岁）、儿童青少年期（7~20岁）、成年期（21~64岁）、老年期（65岁及以上）和临终关怀期六个阶段。全生命周期健康促进和健康教育，指的是在上述生命周期的各个阶段，针对各自特点推进健康促进和健康教育，核心是以健康为中心，以防控为重点，强调"生命出生前""风险未出现时""疾病未发生时"的全程健康管理。在实施时，将预防、治疗、康复保健、心理健康、长期照护和安宁疗护纳入其中，从而延长健康预期寿命。

具体措施包括三个方面。**一是进行政府治理改革，建立"健康影响评价"制度**[①]。健康影响评价应考虑决策对健康的所有潜在影响和已知的影响。在实施中，应从政府治理结构、政府组织及行政体系方面进行整合，建立健康影响评价制度，将健康作为政府公共政策的核心目标之一。

---

① 健康影响评价（Health Impact System）制度是使用定量、定性和参与性技术，评估不同部门的政策、计划和项目对健康的影响的一种方法，它帮助决策者做出选择和改进，以预防疾病、伤害和积极促进健康。

二是建立多学科、全方位、全生命周期的健康教育体系。在"大健康"理念下，健康管理依赖于多学科的理论与技术，是一个庞大的学科体系，需要整合碎片化的健康教育服务体系，以信息化和科技为支撑，完善各学科的相互支持和协作。**三是强化个人健康责任，提高全民健康素养**。只有每个人充分认识到接受健康教育、践行健康生活方式、贯彻健康管理的重要性，主动参与到健康促进和健康教育中，全民健康素养才能够有效提升。

2. 完善老年医疗卫生服务体系

在当前和今后一段时期内，完善老年健康服务体系是构建年龄友好型健康支持体系中需要尽快完成的事项。总的方向，是以满足老年人健康服务需求为导向，着力构建包括健康教育、预防保健、疾病诊治、康复护理、长期照护和安宁疗护的综合连续、覆盖城乡的老年健康服务体系，切实提高老年人健康水平。

需要重点做好如下几方面的事情：**一是推动建立综合连续的老年健康服务体系**。以建立有效的初级卫生保健服务体系为抓手，依托家庭医生签约和全科医生建设，建立不同层级、不同医疗卫生主体之间的信息互联互通机制，推动覆盖城乡、综合连续的老年健康服务体系。**二是加强医疗卫生资源下沉，筑牢基层医疗卫生服务网底**。逐步建立完善基层医务人员第一守门人的制度，夯实既有针对老年人的公共卫生服务项目，进一步完善分级诊疗制度，提升基层医务人员对老年人常见病、慢性病的诊治水平，强化基层药品和医疗技术设备配备，推动和促进工作重心和优质资源下沉。**三是推动"医养结合"向"健养结合"转变**。在总结既有试点经验教训基础上，实现健康服务与养老服务融合发展；加强慢性病全程防治管理服务与养老紧密结合；鼓励社会力量兴办医养结合机构；积极借鉴世界各国推进健养结合的有效做法，分类探索适宜各地情况的健养结合有效模式。**四是发挥中医在老年人健康干预和健康管理中的独特作用**。全面贯彻落实《中医药发展战略规划纲要（2016~2030年）》，提高中医药防病治病能力，充分发挥中医养生优势。**五是建立重大疫情发生时老年人群保护机制**。结合2019年末新冠病毒肺炎疫情中的做法，从措施部署、综合学科组建、依托数字技术开展远程诊疗、强化基层作用、落实居家和机构老年人保护措施等多个方面，进一步完善重大疫情发生时针对老年人的保护预案和疫情防控机制。

3. 构建覆盖城乡老年人的社会心理服务体系

针对日趋严重的老年心理问题和精神疾病，迫切需要构建起老年人心理健康服务体系。心理健康服务体系的构建，涉及医疗机构、老年教育机构、社区、社会心理咨询机构等不同服务主体，城乡和不同区域之间，发展基础存在显著差异。因此，需要结合各地不同特点，分类施策。重点发展内容包括以下四个方面。

一是构建社区—心理—健康预防体系。社区是老年人的主要生活场所，应立足社区，通过心理咨询、健康指导和心理辅导形式，促进心理健康；针对心理不健康的个体和群体及危机事件进行及时干预和处理；搭建为心理障碍者提供融治疗、训练、康复于一体的人性化服务体系。**二是建立健全心理援助电子服务平台**。依托其匿名性等优势，网络咨询方式可以给予个体更多的主动性、灵活性和舒适度；依托"互联网+医疗"平台，通过热线、网络、应用程序、公众号等建立提供公益服务的心理援助平台。**三是规范社会心理服务机构发展**。加大社会心理服务机构的服务技能和伦理道德培训，提升其对心理行为问题的服务能力和常见精神障碍的识别能力；研究制定管理、规范、监督、评估准则，促进机构向专业化、规范化发展；通过政府购买服务等形式，为弱势群体提供公益性服务。

4. 完善长期照护服务体系

基于长期照护服务发展现状和长期护理保险试点情况，长期照护服务体系建设需要从以下几个方面发力。**一是完善法律法规的制度性基础**。以法律法规明确服务的标准和服务内容、资金来源与费用分担机制，规范服务的市场秩序，完善对服务的监管。**二是明确服务功能定位**。要将对失能、失智老年人的照顾从纯粹的家庭服务变成家庭和社会相结合的服务，聚多方之力，为老年人提供适宜的、可持续的照护服务；长期照护体系和医疗服务体系既要无缝衔接也要有所区别，是长期照护能恰当发挥作用和在中长期可持续的基础。**三是整合社会资源**。实施家庭照护政策，完善家庭支持体系；充分利用包括社区卫生服务中心、社区驿站、社会组织和小规模多功能社区机构在内的各类社区资源，整合社区居家养老服务、志愿服务网络、照护服务人力规划及培训等资源；各类社会力量遵循市场规律，积极探索为长期照护需求者提供高质量的服务；政府作为制度供给者、行为监督者和最终责任者在长期照护体系顶层设计等方面发挥作用。**四是完善基础设施建设**。民政部门要与国土规划和住建等部门联合，将基本养老服务设施建设纳入城市总体规划统筹考虑，做出合理布局；地方政府要着眼用地用房保障，推进社区嵌入式中小型长期照护机构建设。

5. 构建完善安宁疗护支持体系

随着老龄化程度加深，中国居民的生命末期治疗阶段存在着大量非理性治疗和诱导性治疗，既浪费了大量的医疗资源，也给个人、家庭和社会带来沉重负担。要确保每个老年人有尊严、有质量地享受生命末期的宝贵时间，需要积极推进安宁疗护支持体系，这也是近些年国家卫健委等部门在积极推动的一项工作。但受传统文化和观念等因素影响，安宁疗护当前的整体推进并不乐观，整体上依然处于发展的初期，相关体系和制度建设都很不成熟。

要推动这一工作落实，需要从几个方面共同发力：**一是开展专题教育**。将安宁疗护纳入健康教育中，通过广播、电视等传统媒体和新媒体等多种方式，提升整个社会对安宁疗护的认知程度。**二是完善相关法律法规，加强行业准入监管**。通过法律法规明确其地位，确定其与医疗、养老保险等相关制度的关系，明确行业准入标准，加强监管。**三是依托多元主体协同供给**。整合各类医疗机构和养老机构的资源，依托政府、企业、非政府组织、公益组织、志愿者等多元主体，合力满足安宁疗护的服务需求。**四是加强专业人才培养**。从人才培养长期规划看，需要结合安宁疗护行业特点，整合当前教育体系，从专科类院校开始，探索安宁疗护专业的培养、实习、就业模式，为安宁疗护的可持续发展打下基础。

近期，加强健康支持体系建设应重点做好以下六方面的工作。一是针对当前老年人群中的重点风险因素进行防控，针对控烟、控盐、控糖展开专项行动。二是进一步落实农村老年人免费体检工作，制定基本医疗服务包，形成和体检密切联动的工作机制，提升体检实际效果。三是针对中国多发的严重的慢性疾病，采用多部门攻关模式强化研究，同时强化国际合作，推动诊疗技术的突破。四是强化健康数据信息系统建设，通过统一平台建设，强化数据使用效率，充分发挥大数据对老年健康的支持。五是加大对农村健康服务体系建设支持，进一步提升农村医疗卫生服务体系服务能力。六是对认知障碍等精神类疾病展开专项行动，从社会环境治理角度入手减少发病诱因，同时加大科技对精神类疾病的支持。

无论是上述各体系的构建，还是近期需要重点开展的工作，都需要充分重视科技的作用。只有将医疗技术、信息技术、人工智能技术等充分融入老年健康服务体系的构建中去，才能通过提升效率改善效果，以更低的投入实现对更广泛人群的支持，达到满足全体老年人的健康需求的目的。

参考文献

[1] 世界卫生组织. 关于老龄化与健康的全球报告[R]. 2015

[2] 张文娟，王东京. 中国老年人口的健康状况及变化趋势[J]. 人口与经济，2018（4）

[3] 余成普. 中国农村疾病谱的变迁及其解释框架[J]. 中国社会科学，2019（09）

[4] 中国发展研究基金会. 中国城镇化进程中的医疗服务研究[M]. 中国发展出版社，2018

[5] 解放军总医院国家老年疾病临床医学研究中心. 中国老年疾病临床多中心报告

[6] 国务院发展研究中心社会发展研究部课题组. 健康老龄化：政策与产业双轮驱动. 中国发展出版社，2019

[7] 中国发展研究基金会. 公共卫生领域的创新研究[M]. 中国发展出版社，2018

[8] 世界卫生组织. 中国无法承受的代价——烟草流行给中国造成的健康、经济和社会损失

[9] 中国人民大学公共管理学院课题组. 北京市公共卫生领域创新调研报告

[10] 臧少敏. 树立"大健康"理念，丰富健康管理内涵[J]. 老龄科学研究，2016（10）

第六章

应对人口老龄化的经济保障体系建设

人口老龄化的一个直接后果，是作为被抚养人群的老年人的数量增长、比例增加。如何在确保经济社会可持续发展的前提下，为老年人生活提供基本的经济保障，不仅是财政税收领域的一个基础性问题，也是衡量政府治理能力的重要维度。

无论各国政府还是学术界，对于如何定义老龄化相关的经济保障体系并没有形成共识。一些国家将老年人经济保障直接聚焦于养老金收支，另外一些国家则将老年人医疗保险也纳入老年人经济保障范畴。本报告对老年人经济保障，采用最广泛的定义，认为凡涉及老龄化或者老年人经济收支相关的项目和制度，都归为老龄化经济保障的范畴。

老龄化经济保障主体，包含老年人个体、家庭、政府和社会四类。在支出来源上，经济保障既包括个体和家庭的私人支出，也包括政府的公共支出，还包括源于社会筹集的社会支出。从各国制度安排看，养老经济保障政府公共支出所涉及的项目可分为四类：一是养老金支出，这是各国讨论财政负担时主要聚焦的领域；二是医疗保障，很多国家在老年人的医疗保障中投入大量政府补贴甚至单独设立针对老年人的医疗保险制度[1]；三是养老照料服务中政府的相关支出，这主要涉及各国对养老服务体系建设中的大量投入[2]；四是长期护理保险投入。本报告第五章对长期护理保险已经做了专门讨论，因此本章只着重讨论养老金制度安排、医疗费用与医保基金状况以及政府对其他老年相关支出的支持三个方面。

---

[1] 比如，即使在医疗保险高度市场化的美国，政府也设立了Medicare制度，专门针对老年人提供医疗保障。

[2] 这些投入，有些是采用补供方的模式，直接投入到养老服务提供主体；有些是采用补需方的方式，直接拨付给符合条件的老年人。

一、老龄人口经济保障的现状和差异化特征

当前，老年人收入可以分为劳动收入、财产收入和转移性收入等。其中，劳动收入既包括个体从事劳务等活动获得的收入，也包括做生意等经营活动获得的收入；财产性收入既包括拥有金融资产获得的股利分红、利息收入等，也包括非金融资产所获的房屋租赁收入等；转移性收入则包括养老金、社会救助以及来自子女的收入支持等。

（一）老年人的养老经济来源呈现多元结构，未来老年人的养老经济负担程度更高

当前老年人的经济来源已经形成较为稳定的多元结构。老年人在主要养老经济来源的选择上，依靠自己退休金的占39.90%，依靠儿女或其他亲属赡养的占28.26%，依靠承包田地的占11.01%。还有7.08%的老年人选择主要依靠工作获得养老收入（如图6-1所示）。

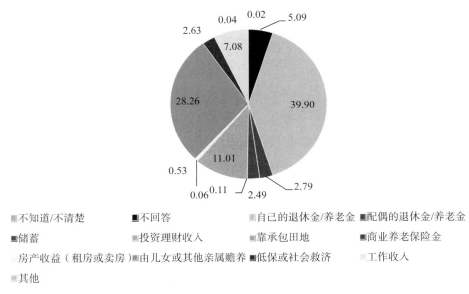

图6-1 当前老年人的养老经济来源（%）

资料来源：冯文猛，《国务院发展研究中心2018中国民生调查养老专题报告》。

在养老经济来源选择上，非老年人和老年人具有较高的相似性。在非老年人对未来自己主要养老经济来源的判断上，33.67%的受访者选择依靠自己的退休金或养老金，依靠儿女或其他亲属赡养的为31.19%，依靠自己个人储蓄的占10.68%，依靠承包田地的占6.95%。有9.17%的受访者表示"没有想过"（如图6-2所示）。

当前，中国居民中对未来养老经济来源存在担忧的比例达到七成。分析显示，对养老经济来源的担忧程度随年龄增长呈倒U形分布。担忧程度比较高的年龄段集中在30岁至59岁之间，60岁及以上人群担忧程度逐步下降[①]。这表明，尚未进入老年阶段的青壮年人口对自己的养老经济来源更为担忧（如图6-3所示）。

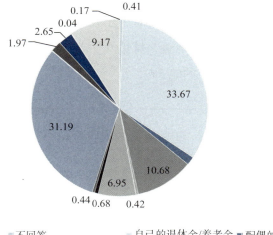

不知道/不清楚 　不回答 　自己的退休金/养老金 　配偶的退休金/养老金
储蓄 　投资理财收入 　靠承包田地 　商业养老保险金
房产收益（租房或卖房） 　由儿女或其他亲属赡养 　低保或社会救济 　工作收入
其他 　没想过

图 6-2　非老年人对未来自己养老经济来源的判断（%）

资料来源：冯文猛，《国务院发展研究中心2018中国民生调查养老专题报告》。

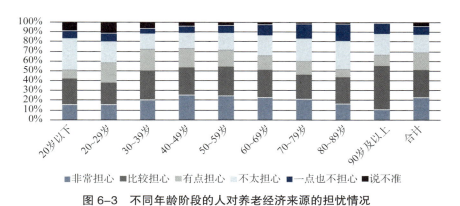

■非常担心 ■比较担心 ■有点担心 ■不太担心 ■一点也不担心 ■说不准

图 6-3　不同年龄阶段的人对养老经济来源的担忧情况

资料来源：冯文猛，《国务院发展研究中心2018中国民生调查养老专题报告》。

---

① 这一结果的出现同经济社会环境变化有着密切关系。一方面，同中青年相比，当前的老年人因更多供职于国有企事业单位，养老保障更为完善；另一方面，近些年生活成本的快速上涨和家庭养老功能的弱化，也推升了中青年群体对于未来养老经济保障的担忧。

（二）老年人收入、消费和财富状况不断改善，但人群内部差距明显

近些年中国老年人口的经济状况总体有所改善，无论是收入、消费还是财富都有较大幅度增长，其中城镇老年人的储蓄水平还在总体上实现了从负转正的变化（如表6-1所示）。分性别情况不同，城镇女性老年人口的收入和消费水平明显低于男性老年人口。在储蓄方面，城镇男性老年人口的储蓄水平为正，女性老年人口则消费大于收入，储蓄为负。这说明，城镇女性老年人口的经济状况更差。但这种性别差异在改善，城镇女性老年人口收入水平与男性老年人口收入水平之比从2000年的49.5%提高到2010年的64.5%。

赡养老人的税收抵扣①

家庭养老是养老的重要组成部分，通过税收抵扣激励家庭养老功能的发挥是各国普遍采取的经济保障举措。

我国对赡养老人的税收抵扣也做出了专门的规定，在《个人所得税专项附加扣除暂行办法》第七章中特别明确，"纳税人赡养一位及以上被赡养人的赡养支出，统一按照以下标准定额扣除：（一）纳税人为独生子女的，按照每月2000元的标准定额扣除；（二）纳税人为非独生子女的，由其与兄弟姐妹分摊每月2000元的扣除额度，每人分摊的额度不能超过每月1000元。可以由赡养人均摊或者约定分摊，也可以由被赡养人指定分摊。约定或者指定分摊的须签订书面分摊协议，指定分摊优先于约定分摊。具体分摊方式和额度在一个纳税年度内不能变更。"其中，被赡养老人指年满60岁的父母，以及子女均已去世的年满60岁的祖父母、外祖父母。

表6-1 　　　　　　　　　　　城镇老年人口经济状况　　　　　　　　　　　单位：元

	2000年	2006年	2010年
总体			
收入	8342.6	13472.2	18741.0
消费	8907.0	14217.4	17264.0
储蓄	−564.4	−745.2	1477.1
财富	44434.2	80760.6	143009.7

---

① 资料来源：《个人所得税专项附加扣除暂行办法》

续表

	2000年	2006年	2010年
样本量	9664	9760	9889
男性			
收入	11098.59	17197.48	22907.3
消费	10160.03	15583	18544.6
储蓄	938.56	1614.48	4362.8
财富	45884.57	80742.2	139000.7
样本量	4912	4840	4820
女性			
收入	5493.78	9807.44	14779.5
消费	7611.78	12874.03	16046.4
储蓄	−2118.00	−3066.59	−1266.9
财富	42834.92	80778.71	148000.7
样本量	4752	4920	5069

数据来源：2000~2010年中国老龄科学研究中心中国城乡老年人生活状况抽样调查。

老年人收入、消费和财富总体状况不断改善，但老年人内部经济状况差距依然十分明显。2000年、2006年以及2010年，收入最高的10%的老年人口的收入，分别是收入最低的10%的老年人口的55.7倍、27.3倍和14.3倍；消费最高的10%的老年人口的消费水平，分别是消费最低的10%的老年人口的6.6倍、8.1倍和7.3倍。在财富方面，2000年、2006年以及2010年的调查数据都显示，10%的老年人口没有任何储蓄和住房财富，而财富最多的10%的老年人口则分别平均积累有10.5万元、21.0万元和45.4万元的储蓄以及住房财富（如表6-2所示）。这表明，以收入和财富衡量老年人口经济的不平等状况要远高于以消费衡量的不平等状况。

表6-2　　　　　　　　　　城镇老年人口收入、消费以及财富分布　　　　　　　　　单位：元

分位数	2000年			2006年			2010年		
	收入	消费	财富	收入	消费	财富	收入	消费	财富
10%	300	2459.5	0	1025.9	3403.0	0	2166.6	3805.2	0
25%	2940	4190.5	1500	5148.3	5998.5	4663.3	9008.7	7032.0	12380.3
50%	6720	6729.9	25000	10072.8	10093.6	37306.5	14278.6	11555.0	94915.8
75%	11296	10649.3	55000	17743.0	16779.1	93266.2	20468.8	17738.9	206338.7
90%	16712	16327.9	105000	27979.9	27415.2	209848.9	31005.3	27731.9	453945.2

数据来源：中国老龄科学研究中心中国城乡老年人生活状况抽样调查。

（三）老年人在非金融资产、金融资产和各类社保收入方面存在显著差异

老年人的家庭财富构成，可分为三部分：非金融资产、金融资产和各类社会保障账户。

非金融资产可分为住房、汽车、耕地、林地、草地、园地、其他非金融资产七类。从当前情况看，老年人中各类非金融资产拥有情况差距明显（如表6-3所示）。以住房市值为例，一部分老年人目前无住房所有权（即最小值为0），而部分老年人持有住房市值达到800万元，因此相对于60万元的住房均值，其标准差达93万元。另外，当前农村老年人拥有农用土地的承包经营权和使用权，根据地理位置有着不同经济价值，也可充当老年人的一部分非金融资产。

表6-3　　　　　　　　　　　　　2015年老年人非金融资产持有情况　　　　　　　　　单位：元

指标	统计量	平均值	标准差
住房目前市值	13642	600970.1	933894.9
汽车目前市值	7609	85346.67	109368.2
耕地市值	14174	84290.35	397486.7
林地市值	2670	87285.33	473846.3
草地市值	243	81746.59	611101.8
园地市值	935	106302.4	605780.1
其他非金融资产总价值	8805	30108.29	266026.1

数据来源：中国家庭金融调查与研究中心，2016年。

老年人金融资产的拥有情况也存在较大差异。在当前的各类金融资产中，存款特别是活期存款是多数人的选择，其他类型的金融资产的普及率不高。[1]

表6-4　　　　　　　　　　　　　2015年老年人金融资产持有情况　　　　　　　　　单位：元

指标	统计量	平均值	标准差
活期账户的存款余额	22983	39335.72	181804.5
定期存款的总额	6257	101962	238543.2
股票账户余额	3287	84288.25	332200.7
所持国库券总市值	164	112123.3	195899.3
所持基金总市值	1150	105604.8	253401.5
互联网理财产品总市值	1514	175282.2	281814.6
贵金属总价值	19	170163.2	309859.6

数据来源：中国家庭金融调查与研究中心，2016年。

---

[1] 金融资产可分为活期账户存款余额、定期存款总额、股票账户余额、所持国库券总市值、所持基金总市值、互联网理财产品总市值、贵金属总价值七类。

老年人享有的社会保障也是构成收入来源的重要组成部分。当前老年人享有的社会保障可分为养老保险、年金（职业年金、企业年金、企业补充养老保险）、医疗保险和住房公积金四方面。相关数据显示，2015年城乡老年人平均每月领取养老金1499.48元，其中养老保险个人账户平均余额为1284.17元。年金领取人数较少，样本量小，但其平均领取金额与账户余额均高于养老保险。老年人享有医疗保险的人数逐渐增多，医疗保险平均余额为1074.16元。住房公积金的平均值高于其他社会保障账户平均余额，但其标准差高达54490.87元，表明老年人中享有的公积金差异显著。

表6-5	2015年老年人各类社会保障账户余额情况		单位：元
指标	统计量	平均值	标准差
平均每月领取养老金金额	23123	1499.48	1451.80
养老保险个人账户余额	19835	1284.17	5491.36
平均每月领取年金金额	171	1858.07	5811.49
年金个人账户余额	81	7120.80	18685.8
医疗保险个人账户余额	8610	1074.16	3071.69
住房公积金账户余额	129	48928.32	54490.87

数据来源：中国家庭金融调查与研究中心，2016年。

从老年人家庭资产配置状况看，城镇老年人养老总体上较为乐观，80%左右的老年人拥有至少一套房产，基本实现了住有所居。城镇老年人中，超过10%的家庭拥有一辆汽车，生活水平较高（如图6-4所示）。

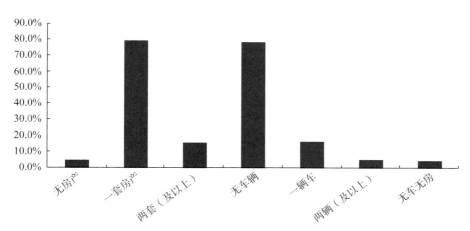

图 6-4 老年人家庭住房与车辆保有量

资料来源：国家社会发展研究所（NISD）2016全国城镇家庭调查数据。

老年人理财方式较为单一，绝大多数以储蓄为主要理财手段，超过40%的老年人没有理财产品。随着近几年资本市场的发展和理财观念逐步深入人心，老年人开始重视理财。但年龄状况和比较低的工资收入，决定了他们是抗风险能力较弱、相对保守稳健的投资群体。当前资本市场面向老年人的理财产品有限，也限制了老年人理财的实际选择。

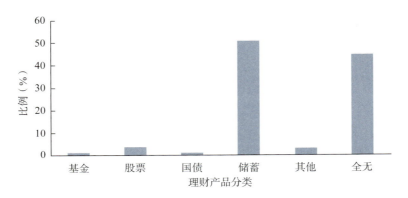

图 6-5　老年人理财产品分类

资料来源：国家社会发展研究所（NISD）2016全国城镇家庭调查数据。

以老年人为对象的金融诈骗

近年来，老年人遭受金融诈骗的问题日益严重。由公安部刑侦局、人民网等机构发布的《中老年人上网状况及风险网络调查报告》显示，16.4%的中老年网民遭遇过理财欺诈、非法集资诈骗。《中老年反欺诈白皮书》数据显示，金融投资类诈骗中老年群体产生经济损失，万元以上占77%，其中1万~5万元占比最高38%，其次是10万元以上占26%，危害非常严重。

调查发现，针对中老年人金融知识欠缺又希望轻松赚钱的心理，主要金融诈骗手段包括"以房养老""荐股诈骗""外汇投资诈骗"等。

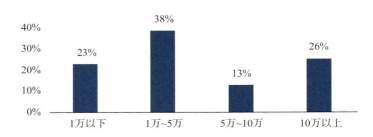

图 6-6　被骗金额区间分布

针对频繁发生的面向老年人的金融诈骗，有关部门近些年有针对性地加大了工作力度，通过强化老年人权益保护、启动国务院大督查严厉打击金融诈骗、基于主流媒体对典型案例及防诈骗知识进行宣传等活动，力争不断提升老年人的防诈骗意识。

资料来源：[1] 腾讯110：《2019中老年人反欺诈白皮书》。
　　　　　[2]《中国青年报》《老年人防金融诈骗 先熟悉骗局套路》，2018年11月15日。
　　　　　　　http：//k. sina. com. cn/article_1726918143_66eeadff02000iecv. html。
　　　　　[3] 北京早知道. 北京"以房养老"骗局案宣判，以房养老靠谱吗？2018年9月15日。https：//house. focus. cn/zixun/4351fb97940c3f72. html。

二、养老金保障

在各国老龄事业相关的财政支出中，养老保险支出是政府养老财政直接支出中最主要的内容。

新中国成立后，中国的养老金制度经过一系列改革，迄今已经建成了世界上覆盖人口最多的养老金保障网。截至2018年末，全国参加基本养老保险人数为94293万人，占16岁及以上人口114678万人的82.22%，除去在校的学生，中国应保居民中90%以上有着不同形式和不同水平的养老保险，养老保险基本实现了人群全覆盖。

（一）中国养老金制度的基本框架和保障水平

中国的养老金制度按照人群可以分为三类：企业职工养老保险、城乡居民养老保险和机关事业单位工作人员养老保险，其中企业职工养老保险和机关事业单位养老保险合称为城镇职工养老保险。2018年末，全国参加基本养老保险人数为94293万人，其中参加城镇职工基本养老保险人数为41902万人[①]，占44.44%；城乡居民基本养老保险参保人数52392万人，占55.56%。从制度设计上，企业职工养老保险和机关事业单位工作人员养老保险类似，采用个人和单位共同缴费模式，城乡居民养老保险则采用个人缴费加政府补贴方式。

第一支柱是国家主导的基本养老保险，由政府发起，法律规定强制建立，企业（缴16%）和职工（缴8%）共同缴费，政府承担兜底责任。第二支柱是雇主和员工共同主办的企业（职业）年金，是由企事业单位发起的补充养老计划，企业年金和职业年金的运作方式相同，主要差异在于

---

① 其中，企业职工养老保险参保人数36483万人，机关事业单位养老保险参保人数5419万人。

对象不同。第三支柱是市场化的由个人投资或购买的商业养老保险产品，由个人通过购买商业养老保险等金融产品来自我规划养老，其中税延型养老保险正处于试点阶段。

养老金三个支柱发展很不平衡，严重依赖第一支柱。占参保人数55.56%的城乡居民还没有建立职业年金，养老金发放完全依赖第一支柱。在企业职工中，有企业年金的为2388万人，占这一群体的不到6%。2018年居民中有商业养老保险的不到1%。

在不断扩展养老金保障覆盖面同时，中国近些年持续提升养老金保障水平。自2005年以来，已连续15年上调城镇职工的养老金水平。2004年，全国企业退休人员基本养老金月人均收入为647元，到2018年包括企业退休人员在内的全国城镇职工养老金平均水平已经达到了3153元。与此同时，城乡居民的国家基础养老金水平，也从制度建立之初的55元调整为88元。2018年末，全国城乡居民基本养老保险金月均152元。

党的十九大对加强社会保障体系建设提出如下目标："按照兜底线、织密网、建机制的要求，全面建成覆盖全民、城乡统筹、权责清晰、保障适度、可持续的多层次社会保障体系。全面实施全民参保计划。完善城镇职工基本养老保险和城乡居民基本养老保险制度，尽快实现养老保险全国统筹。" 2018年7月，中国开始实施养老保险基金中央调剂制度，迈开了养老保险全国统筹的第一步。

（二）养老保险基金收支现状与存在的问题

1. 第一支柱的基本情况与问题

第一支柱基本养老保险制度建立于20世纪90年代初，由两大部分构成。第一部分包括城镇职工基本养老保险制度和城镇居民基本养老保险制度。在城镇，凡是有单位的职工和部分自愿的个体工商户均被纳入城镇职工基本养老保险计划，但两个群体缴费水平有差别：有雇主的职工是雇主缴纳相当于职工工资的16%，划入社会统筹，雇员交个人工资的8%，划入个人账户进行积累，而个体工商户仅缴纳16%。第二部分是城乡居民基本养老保险制度，由以前的城镇居民和新型农村养老保险制度合并而成，凡是没有固定收入的城镇居民和农村居民都被纳入这个制度。在这个制度里，社会统筹部分不用缴费，养老金给付完全由中央政府和地方政府财政补贴，个人只需缴纳个人账户部分。

据测算，2017年提供的养老金替代率水平约为45%。维持这个水平，已给国家财政和企业经营造成了较大压力，难以再提高。2018年末，全国基本养老保险基金累计结存58152亿元，其中城镇职工基本养老保险基金累计结存50901亿元，城乡居民基本养老保险基金累计结存7250亿元。

从养老保险收支情况来看，近些年基本养老保险基金收入与支出均呈上升趋势，但基金支出曲线斜率逐渐增大，且与基金收入之间的差距缩小，这表明支出增长快于收入增长，未来基金缺口的出现有很大的可能性（如图6-7所示）。

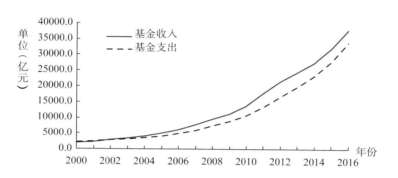

图6-7　历年全国基本养老保险基金情况

数据来源：《中国劳动统计年鉴》。

随着老年人口增加，政府对于养老保险的补贴逐年扩大，所占养老基金收入[1]的比重也逐步增加（如表6-6所示），但养老基金可支付月数在逐步减少（如图6-8所示）。

表6-6　　　　　　　　2011~2017年城镇职工基本养老保险征缴收入、财政补贴情况

年份	征缴收入（亿元）	征缴收入所占比重（%）	变动	财政补贴（亿元）	财政补贴所占比重（%）	变动
2011	13956	82.60	-0.19	2272	13.45	-1.11
2012	16467	82.33	-0.27	2648	13.24	-0.21
2013	18634	82.16	-0.17	3019	13.31	0.07
2014	20434	80.73	-1.43	3548	14.02	0.71
2015	23016	78.44	-2.29	4716	16.07	2.05
2016	26768	76.35	-2.09	6511	18.57	2.5
2017	33403	77.13	0.78	8004	18.48	-0.09

资料来源：2011~2017年度《人力资源和社会保障事业发展统计公报》，人力资源和社会保障部官网。

在城乡居民基本养老保险基金收入构成中，尽管个人缴费占比不断增长，但占基金收入的比重整体上呈下降趋势。这说明，城乡居民基本养老保险制度越来越依靠财政支持，具有越来越强的福利色彩。

---

[1] 养老基金收入包括征缴（缴费）收入、财政补贴、利息收入。

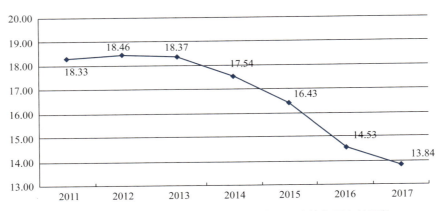

图 6-8　2011~2017 年城镇职工基本养老保险基金可支付月数

资料来源：2011~2017年度《人力资源和社会保障事业发展统计公报》，人力资源和社会保障部官网。

图 6-9　2011~2017 年城乡居民基本养老保险基金个人缴费情况

资料来源：2011~2017年度《人力资源和社会保障事业发展统计公报》，人力资源和社会保障部官网。

第一支柱存在的问题是基本养老金制度发展不平衡、不充分。不平衡就是全国各地养老保险收支两极分化的矛盾日益突出；不充分就是虽然全国基本养老保险已实现制度全覆盖，参保人数不断增加，但参保扩面的空间却在缩小，缴费基数不实，参保年限较短，退休年龄较低以及养老金替代率水平下降，反映出制度存在着诸多不合理之处，造成制度运行的低效和不充分。

在基金财务可持续性上，假定目前其他所有条件不变，可给出三个不同的企业缴费率水平情景假定：16%的基准方案，18%的高方案，14%的低方案。

从当期缴费收入看，高方案中2019年基金收入为3.91万亿元，到2050年高达24.37万亿元，占GDP比例从2019年的4.1%提至2050年的6.2%。在低方案中，2019年基金收入为3.50万亿元，到2050年为

22.89万亿元，占GDP比例从2019年的3.7%增至2050年的5.8%。

从收不抵支时点看，高方案中，当期结余首次出现负数是2032年，当年出现收支缺口1815.8亿元；2050年当期收支缺口为10.54万亿元。在低方案中，2025年首次出现收支缺口，当年缺口为1537.3亿元；此后缺口越来越大，2050年当期缺口高达12.01万亿元。

从支付月数或基金枯竭时点来看，在高方案中，2019年基金可支付月数为14.9，到2040年将完全枯竭，支付月数成为零；在低方案中，2019年基金可支付月数为13.5，2031年就枯竭归零。

表6-7　　　　　　　　　　　　2019年至2050年养老保险制度的财务收支预测发展趋势

		相当于19%	相当于16%
缴费比例		18%	14%
基金收入	基金收入2019年	3.91万亿元	3.50万亿元
	基金收入2050年	24.37万亿元	22.89万亿元
	基金收入占GDP比例2019年	4.10%	3.70%
	基金收入占GDP比例2050年	6.20%	5.80%
	征缴收入（含利息收入）2019年	3.35万亿元	2.93万亿元
	占基金收入比例2019年	85.50%	83.80%
	征缴收入（含利息收入）2050年	18.92万亿元	17.44万亿元
基金收入	占基金收入比例2050年	77.60%	76.20%
	财政补助占基金收入比例2019年	14.50%	16.20%
	财政补助占基金收入比例2050年	22.40%	23.80%
当期结余	收不抵支时点	2032年	2025年
	收不抵支时点收支缺口	−0.18158万亿元	−0.15373万亿元
	当期结余2050年（大口径）	−10.54万亿元	−12.01万亿元
累计结余	累计结余2019年	4.46万亿元	4.05万亿元
	累计结余峰值	11.43万亿元（2031年）	4.62万亿元（2024年）
	累计结余耗尽	2040年	2031年
可支付月数	可支付月数	14.9	13.5
	可支付月数峰值	16.8（2024年）	无
	耗尽时点	2040年	2031年

资料来源：郑秉文：《中国养老金精算报告2019-2050》，北京，中国劳动社会保障出版社，2019年12月。

除老龄化程度加深的影响外，还有多个因素导致基本养老基金收支面临压力。

首先，制度结构不合理，导致参保激励不充分。自20世纪90年代以来，城镇企业职工基本养老保险制度"统账结合"的模式已有20多年发展历史，但深层次的制度激励问题一直未得到很好解决。在现收现付的社会统筹养老金（基础养老金）方面，待遇结构设计过于复杂，与缴费之间的关联性较差。在个人账户养老金方面，在2013年之前，并没有出台明确的记账利率机制，通常情况下参保者的账户缴费与1年期存款利率挂钩，存在着贬值风险，激励不足。此外，在跨区域衔接等方面，社会统筹与个人账户的结合也存在着明显的激励不相容矛盾。参保激励不足的一个直接后果是制度收入不充分，表现为实际缴费收入与应缴收入存在较大差距。2011~2015年，应缴未缴部分占应缴部分的比例自36.8%上升到44.3%。这意味着，在100%的充分效能情况下，2015年全国城镇企业职工基本养老保险收入有44%的提升空间。

国有资本充实社保基金改革及进展

为有效应对未来人口老龄化所面临的养老金不可持续的问题，我国开始探索实施划转部分国有资本充实社保基金的制度改革，主要是为解决国有企业职工基本养老保险制度初期遗留的、已经参加工作的企业员工没有缴费而视同缴费形成的缺口问题，为应对进入人口老龄化高峰时期养老保险基金支出压力不断增大而做好战略储备。

一、划转国有资本充实社保基金相关政策

2000年8月，全国社会保障基金设立，这是国家社会保障储备基金，由中央财政预算拨款、国有资本划转、基金投资收益和国务院批准的其他方式筹集的资金构成，专门用于人口老龄化高峰时期的养老保险等社会保障支出的补充、调剂，由全国社会保障基金理事会（简称社保基金会）负责管理运营。2018年末，社保基金资产总额22353.78亿元。

自社保基金成立以后，社会各方对划转国有资本充实社保基金的呼声一直很高，相关的政策法规也在不断完善。

2003年10月，十六届三中全会《中共中央关于完善社会主义市场经济体制若干问题的决定》首次提出"划转部分国有资产充实社会保障基金"。2013年11月，十八届三中全会通过的《中共中央关于全面深化改革若干重大问题的决定》再次明确，划转部分国有资本充实社会保障基金。2015年11月《国务院关于改革和完善国有资产管理体制的若干意见》（国发（2015）63号）提出，在改组组建国有资本投资、运营公司以及实施国有企业重组过程中，国家根据需要将部分国有股权转化社会保障基金管理机构持有，分红和转让收益用于弥补养老等社会保障资金缺口。2016年3月，国务院发布《全国社会保障基金条例》规定，全国社会保障基金由中央财政预算拨款、国有资本划转，基金投资收益和以国务院批准的其他方式筹集的资金构成。2017年11月28日，国务院印发《划转部分国有资本充实社保基金实施方案》（国发〔2017〕49号）（简称《方案》）明确了国资划转社保基金的时间表和路线图。《方案》明确将中央和地方国有及国有控股大中型企业、金融机构纳入划转范围，统一划转比例为企业国有股权的10%。随后，相关部门在研究酝酿后启动了首批划转试点。

二、国有资本充实社保基金改革的具体方案及实践试点

为进一步推动《方案》的落地实施，2018年3月，国资委选择了中国联通、中国有色、中农发三家企业开展了首批股权划转试点，在此基础上，2018年11月，国资委增加了中国华能等15家企业开展第二批划转工作。根据划转时点的财务数据，这两批18家企业一共划转了国有资本750亿元。截至2019年3月底，已划转23户央企国有股权1132亿元充实社保基金。

根据财政部、人力资源社会保障部、国资委、税务总局、证监会联合印发的《关于全面推开划转部分国有资本充实社保基金工作的通知》，划转工作于2019年全面推开。中央层面，具备条件的企业于2019年底前基本完成，确有难度的企业可于2020年底前完成，中央行政事业单位所办企业待集中统一监管改革完成后予以划转；地方层面，于2020年底前基本完成划转。改革的具体实施方案以及实践试点如表6-8所示。

表6-8 **国有资本充实社保基金改革的具体方案及实践试点**

具体方案	实践试点
2017年选择部分中央企业和部分省份开展试点（国发〔2017〕49号）	
2018年及以后，分批开展（国发〔2017〕49号）	· 2018年3月，国资委选择了中国联通、中国有色、中农发三家企业开展了首批股权划转试点。 · 2018年10月，三户试点企业已经划转了国有资本200多亿元，三户试点的产权变更登记已经完成。 · 2018年11月，选择了中国华能等15家企业开展第二批划转工作，两批试点共18家。
2019年全面推开中央和地方划转部分国有资本充实社保基金工作，中央层面，具备条件的企业于2019年底前基本完成（财资〔2019〕49号）	· 2019年4月，前两批18家企业一共划转了国有资本750亿，目前已经增值到817亿，增幅是8.9%。 · 2019年7月，提出第三批35家划转企业的名单，按照划转集团母公司10%的股权测算，第三批将划转国有资本5217.13亿元。（尚未划转）
确有难度的企业可于2020年底前完成；地方层面，于2020年底前基本完成划转工作（财资〔2019〕49号）	

资料来源：[1]国务院印发《划转部分国有资本充实社保基金实施方案》-新华网 http：//www. xinhuanet. com//politics/2017–11/18/c_1121975316. htm。

[2]国资委：200多亿元国有资本已划转社保基金-中国法院网 https：//www. chinacourt. org/index. php/article/detail/2018/10/id/3528314. shtml。

[3]经济日报：放心！养老金足额发放再添保障—国务院国有资产监督管理委员会http：//www. sasac. gov. cn/n2588025/n2588139/c11711828/content. html。

[4]五部门印发《关于全面推开划转部分国有资本充实社保基金工作的通知》_部门政务_中国政府网 http：//www. gov. cn/xinwen/2019–09/20/content_5431701. htm。

其次，制度运行参数不匹配，导致财务可持续性下降。一是遵缴率低下，中断缴费情况削减制度收入。相关测算显示，当前全国有近半数地区遵缴率在80%以下，海南、广东、北京等地，遵缴率仅60%~70%。随着人口流动进一步活跃，遵缴率将面临进一步下降风险。二是缴费基数不实，"少缴"倾向明显。按政策规定，全国城镇企业职工基本养老保险缴费基数依据标准为上年度单位在岗职工平均工资，但全国各地养老保险实际缴费基数与在岗职工平均工资有较大差距。相关测算显示，2015年全国平均养老保险缴费工资水平和在岗职工实际平均工资水平有30%的差距。三是"个体身份参保人员"占比过高。由于个体身份参保人员的总费率更低，部分参保者出于少缴费的考虑选择以个体身份参保，这在经济落后地区更为明显。四是参保缴费与待遇周期不匹配，制度纵向收支难以平衡。当前并未将预期寿命等因素纳入制度参数设计之中，领取待遇的最低缴费年限为15年，退休年龄按法律规定男性为60岁，女性干部为55岁，而女性工人为50岁。2018年中国人均预期寿命为77岁，这意味着，即使按照男性退休年龄计算，退休后的时间还要大于制度规定的最低缴费时间。

当前基本养老保险仍是地方统筹。虽然《社会保险法》和部门的一些管理条例对基本养老的参数和运行规则做出了规定，但各地在执行过程中仍呈现出很强的差异性，导致政策碎片化和地区间不平衡。

2. 第二支柱的基本情况与问题

第二支柱是企事业单位发起的补充养老计划，主要是企业年金和职业年金。两者的运作方式相同，主要差异在于对象不同：企业年金是企业为职工自愿建立的补充养老计划，职业年金是机关事业单位养老保险制度改革后为工作人员强制建立的补充养老计划。

截至2018年底，企业年金基金累计结存14770亿元，近些年持续增长，但增速有所下降（如图6-10所示）。2018年企业年金基金累计结余增长，首先归因于参加企业年金的职工工资的增长，其次是投资收益率的增长。相反，参加企业年金的职工人数几乎与2017年一样，基本停滞，说明企业年金的发展依然任重道远。

职业年金是机关事业单位养老保险改革的派生制度，实质是"无雇主缴费的DC计划"，政府作为雇主，当期不缴费、只记账，单位缴费部分没有实际资金用于投资，只按统一记账利率计息，待遇由累计记账额决定。职业年金制度是将"名义缴费（个人实际缴费）、记账管理、空账运行、缴费确定"结合在一起的混合制，无法进行基金结余和增长的分析。

第二支柱存在的问题是参与率低，发展失衡。企业年金发展面临多重问题。参与率太低，规模太小。地区发展严重失衡，2018年的数据显示，职工账户数超过600万的仅有北京、上海、广东、深圳四地，一些经济落后省份，如广西仅有18.23万人。覆盖行业和企业严重失衡，建立年金计划的企业大多为能源、电力、铁路、交通、烟草等垄断型和资源型企业，以及银行、证券和保险等营利性很好的金融领域，还包括相关行业的龙头企业；从缴费额占年金积累总额比例来看，大约四分之三为国有企业，民企占比很小。中国小微企业从业人员约有1.47亿人，吸纳城镇就业人口的50%以上，但这些小微企业基本与年金制度无缘。

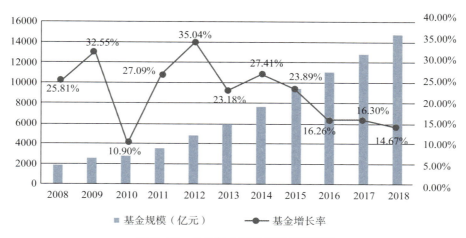

图6-10 企业年金基金规模与增长率

3. 第三支柱（商业养老保险）的基本情况与问题

第三支柱是指国家税收优惠支持下，由个人发起建立的个人养老账户，它主要包括保险业和基金业两个行业提供的养老金产品。其中，个人税收递延型商业养老保险于2018年5月1日正式启动试点并赋予税优政策。

个人税收递延型商业养老保险是由保险公司承保的一种商业养老年金保险，公众投保时缴纳的保险费可以在税前列支，养老金积累阶段免税，等到领取时再缴纳税费。2018年4月财政部发布《关于开展个人税收递延型商业养老保险试点的通知》，决定自2018年5月1日起，在上海市、福建省（含厦门市）和苏州工业园区（以下简称"三地"）实施税延养老保险试点，试点期限暂定一年。这个政策规定，税前缴费比例是薪资的6%，但每月不得高于1000元。经过半年努力，上海市税延养老保险保费收入3403.5万元，占三地总保费收入的74.1%，保单22852件，占三地保单总数的68.9%；福建省（含厦门）保费收入906.3万元，占比19.8%，保单8868件，占26.7%；苏州工业园区保费收入280.4万元，占比6.1%，保单1434件，占比4.2%。

第三支柱存在的问题是规模较小，发展不充分。相关测算显示，2017年全国的商业保险养老金大约只有1000亿元（2017年全国人身险保费收入2.67万亿元），仅占GDP的0.1%。税延养老保险规模更小，多个制约因素的存在，导致发展不及预期：个税制度安排整体上不匹配，纳税人投保的可及性很差；税延限额计算复杂，抬高了投保门槛；税延额度低，激励程度十分有限；领取期税率较高，降低了投保人预期；个税起征点调整，纳税人数量不稳定。税延养老保险无论规模还是发挥的作用都很小。

门槛太高是限制年金参与率的主要因素。当前普遍采用的企业代替个人进行年金投资，也拉低了年轻人的投资收益率，导致年轻职工加入年金的积极性不高。此外，在国外被认为在发展企业年金中有重要作用的EET模式[①]在中国的实际执行中还面临较多问题，也影响着企业年金制度的落地。

在职业年金方面，考虑到机关事业单位的性质与资金来源等具体情况，社会保险经办机构作为"代理人"介入进来，"代理人"承担了账户管理人的功能，且全权负责委托人的年金业务。这种委托代理关系也面临一些问题和挑战："委托代理"导致的信息不对称和额外财政成本，财政全额供款单位采取"记账方式"为"代理人"带来诸多操作困难，这种"先受益后受累"的模式带来巨大财政风险，导致代际不公平和地区不公平。

4. 主权养老基金的基本情况与问题

为应对人口老龄化高峰时期的养老保险支出压力，2000年中国成立全国社会保障基金作为国家社会保障储备基金，其资金构成是中央财政预算拨款、国有资本划转、基金投资收益和国务院批准的其他方式筹集的资金。该基金从200亿元资本金起步，目前资产总额已超过2.2万亿元，累计投资收益近1万亿元，年均名义投资收益率为8.44%（如表6-9所示）。

表6-9　　　　　　　　　　　2001~2017年全国社保基金资产规模、投资收益率变化

年份	基金资产总额（亿元）	境内投资资产（亿元）	基金权益总额（亿元）	年度投资收益率（%）	累计年化投资收益率（%）
2001	805.09	—	805.09	1.73	—
2002	1241.86	—	1241.86	2.59	—
2003	1325.01	—	1325.01	3.56	—
2004	1711.44	—	1659.86	2.61	—
2005	2117.87	—	1954.27	4.16	—
2006	2827.69	—	2769.83	29.01	—
2007	4396.94	—	4337.83	43.19	—
2008	5623.7	—	5130.89	−6.79	8.98
2009	7766.22	—	7367.32	16.12	9.75
2010	8566.9	—	8375.58	4.23	9.17
2011	8688.2	—	8385.58	0.84	8.4
2012	11060.37	—	10753.57	7.01	8.29

[①] EET模式是在补充养老保险业务购买阶段、资金运用阶段免税，在养老金领取阶段征税的一种企业年金税收模式。

续表

年份	基金资产总额（亿元）	境内投资资产（亿元）	基金权益总额（亿元）	年度投资收益率（%）	累计年化投资收益率（%）
2013	12415.64	—	11927.45	6.2	8.13
2014	15356.39	14050.61	14573.29	11.69	8.38
2015	19138.21	18003.31	17966.51	15.19	8.82
2016	20423.28	19062.59	19488.07	1.73	8.37
2017	22231.24	20557.5	20716.9	9.68	8.44

资料来源：2001~2017年度《全国社会保障基金理事会社保基金年度报告》，全国社保基金理事会官网。

主权养老基金存在的问题是基金规模小，来源不稳定，投资限定严格，管理体制不成熟。首先是保障基金规模较小，未来养老金缺口较大。2017年，社保基金规模是2980亿美元，比其他国家水平相差甚远（如表6-10所示）。其次，基金资金来源缺乏稳定性。目前社保基金资金来源主要依靠财政拨付，而财政拨付并没有定期规划，2001年至2014年期间，年度拨付金额最高为825.9亿元，最低为49亿元，波动较大。国有资产充实社保基金具有很大不确定性，成效并不显著。资金来源不稳定，难以确定基金的封闭期和支付期。再次，基金的投资限定过严。《全国社会保障基金投资管理暂行办法》规定，社保基金资产组合中银行存款和国债比例不能低于50%，证券投资基金和股票的比例不能超过50%，投资产业基金和市场化股权投资基金不能超过10%。过于严格的投资规定虽然能为社保基金规避风险，同时也限制了投资收益率的提高。

表6-10   **2017年主要国家的主权养老基金**
单位：亿美元

类型	国家	基金名称	规模	成立时间	资金来源
非缴费型	挪威	全球政府养老基金（GPFG）	10060	1990	石油
	中国	全国社保基金（SSF）	2980	2000	一般税收
	澳大利亚	未来基金（AGFF）	1050	2006	非商品
	俄罗斯	国家福利基金（NWF）	628	2008	石油天然气
	新西兰	超级年金（NZS）	276	2001	非商品
	智利	养老储备基金（PRF）	101	2006	铜
	爱尔兰	爱尔兰战略投资基金（ISIF）原国家养老储备基金（NPRF）	100	2001	非商品
缴费型	美国	美国联邦养老、遗嘱保险与联邦残障保险信托基金（OASDI）	28477	1940	缴费
	法国	国家退休储备基金（FRR）	321	2001	缴费
	日本	年金积立金（GPIF）	14253	2000	缴费
	韩国	国民年金基金（NPF）	5802	1999	缴费
	加拿大	加拿大养老金投资公司（CPPIB）	2706	1997	缴费

资料来源：根据各主权养老基金的官网。

社保基金理事会管理体制方面存在行政化与企业化的冲突。虽然2018年3月《国务院机构改革方案》对全国社会保障基金理事会管理体制做出重要改革，但从长远看，这只是社保基金理事会企业化改革的初步阶段。全国社保基金行政化的机制与市场化的运营目标依然存在严重冲突。

（三）养老保障中的劳动收入

随着人口老龄化程度加深，世界主要发达国家老年人继续工作的比例不断提高，老年人收入中源自工作的份额保持在较高水平上。2014年，65岁以上老年人继续工作的比例，韩国31.9%、新加坡24.3%、日本20.1%、美国17.7%、加拿大12.5%、英国9.5%、德国5.4%。65岁以上老年人收入中源自继续工作的份额，欧洲之外的发达经济体约为30%，日本、韩国、新加坡则占40%以上[①]。

中国老年人养老经济保障主要依靠养老金，尤其是第一支柱的基础养老金，劳动收入所占比重极低。相关调查显示，当前中国老年人中依靠工作进行养老的比例为7.08%，依靠承包田地进行养老的比例为11.01%，无论城乡都处于较低的水平。这与相邻日本、韩国和新加坡等国家40%的老人劳动参与率相比，存在着巨大差距。收入来源单一使老年人生活受到不利影响，带来巨大的人力资本浪费，还形成巨大的财政负担。

三、医疗费用和医保基金的可持续性

随着经济社会发展水平的提高，城乡居民消费观念转变和消费结构升级加快，人口老龄化和城镇化加速，疾病谱发生变化，当前和未来一段时期医疗卫生总需求面临较强的增长驱动力。随着医疗卫生服务数量的增加与质量的提升，必将带来老年人医疗费用的快速增长。

本节采用国际上常用的组分模型对医疗费用进行预测，对2030年健康中国战略完成前的医保基金可持续性做预判。

[①] 资料来源：贡森、冯文猛：《养老保险顶层设计要抓住主要矛盾》，国务院发展研究中心调查研究报告，2016年9月。

（一）老龄化和慢性病交织对医疗费用形成深远影响

老龄化程度加深加快对医疗费用带来增长压力。预计到2020年，全国65岁以上老年人口将增加到1.82亿左右，占总人口比重13%左右。届时用于老年人的社会保障支出将持续增长；农村实际居住人口老龄化程度可能进一步加深。《第五次国家卫生服务调查分析报告》显示，65岁及以上老年人两周就诊率和住院率分别为26.4%和19.9%，分别高于全人群13.4个百分点和10.9个百分点。2016年65岁及以上老年人的次均门诊费用和次均住院费用分别为176元和9267元，均为全人群平均水平的1.2倍。老年人医疗费用负担随年龄增加而迅速加重，未来老龄化将给医疗费用带来很大的增长压力。

慢性病患者增加推动医疗费用的快速增加。随着社会的发展，中国疾病流行模式急剧变化，心脑血管疾病、糖尿病、慢性阻塞性肺炎和肿瘤等慢性病成为影响居民的主要健康问题。1973~2009年，慢性非传染性疾病占中国人群死因由约53%上升到约85%，2017年继续上升到89.5%；2017年，中国慢性病在疾病负担中所占比重为82.6%。当前过半的老年人口患有慢性病，未来20年老年人群中主要慢性病的患者数量将会翻倍或增加三倍。人口结构和流行病变化相互交织，将推动医疗需要和医疗费用的快速增加。社会经济结构的变化、消费结构升级和医疗保障水平的提高也加剧了医疗费用负担。

（二）当前老年人医疗费用及其筹资状况

1. 医疗费用情况

2017年，我国65岁以上老年人医疗费用总量为9291.23亿元，人均医疗费用为5869.01元。老年人医疗费用占全人群医疗费用的比重达到30.02%，已经成为居民和家庭主要的医疗经济负担（如表6-11所示）。

表6-11 　　　　　　　　　　　　　2017年老年人医疗费用基本情况

项目	数值
老年人医疗费用总量	9291.23 亿元
占全部医疗费用的比重	30.02 %
人均医疗费用	5869.01 元

资料来源：根据卫生发展研究中心相关测算整理。

不同年龄组老年人医疗费用占比存在差异。受到不同年龄组人口数的影响，随着老年人年龄的增加，医疗费用占比在下降。其中65~69岁年龄组人群费用最高，为2947.09亿元，比重为

31.72%，而95岁及以上年龄老年人费用比重最低，不足0.5%（如表6-12所示）。

表6-12　　　　　　　　　　　　2017年老年人医疗费用的年龄分布

年龄组	金额（亿元）	构成（%）
65~69岁	2947.09	31.72
70~74岁	2257.65	24.30
75~79岁	1799.52	19.37
80~84岁	1288.68	13.87
85~89岁	731.88	7.88
90~94岁	223.35	2.40
95岁及以上	43.06	0.46
合计	9291.23	100.00

资料来源：根据卫生发展研究中心相关测算整理。

老年人医疗费用也存在年龄组差异。老年人医疗费用主要分布在循环系统疾病、呼吸系统疾病、消化系统疾病和肿瘤，但各年龄组老年人的费用构成存在差异。85~89岁、90~94岁、95岁及以上年龄人群医疗费用疾病构成中，循环系统费用占34%左右；95岁及以上年龄组医疗费用疾病构成中，呼吸系统疾病高达26.01%，高于其他年龄组老年人。值得注意的是，65~69岁年龄组人群用于治疗肿瘤的费用比重远高于其他年龄组老年人，高达15.31%。肿瘤带来的疾病经济负担较重，对于家庭经济和医保基金都造成显著的压力（如表6-13所示）。

表6-13　　　　　　　　　2017年不同年龄老年人医疗费用的疾病构成　　　　　　　单位：%

疾病类型	65~69	70~74	75~79	80~84	85~89	90~94	95以上	合计
传染病和寄生虫病	1.68	1.59	1.58	1.49	1.53	1.45	1.77	1.59
肿瘤	15.31	13.16	10.62	7.95	5.45	4.48	2.62	11.76
血液及造血器官和某些涉及免疫系统疾患	0.57	0.59	0.56	0.58	0.72	0.49	0.51	0.58
内分泌，营养和代谢疾病	6.29	5.83	5.14	4.59	4.09	3.49	2.43	5.46
精神和行为疾患	1.48	1.25	1.11	1.19	1.34	1.60	1.64	1.31
神经系统疾病	2.65	2.76	2.88	2.99	3.05	3.15	2.66	2.81
眼和附器疾病	2.08	2.40	2.56	2.33	1.59	1.04	0.71	2.22
耳和乳突疾病	0.52	0.51	0.42	0.36	0.26	0.18	0.17	0.45
循环系统疾病	27.07	29.64	31.76	33.19	34.87	34.98	34.02	30.29
呼吸系统疾病	9.48	11.20	13.30	16.11	20.24	23.17	26.01	12.81
消化系统疾病	8.84	8.28	8.08	7.78	7.05	6.53	7.18	8.21

疾病类型	65~69	70~74	75~79	80~84	85~89	90~94	95以上	合计
皮肤和皮下组织疾病	0.81	0.79	0.79	0.84	0.84	0.94	0.98	0.81
肌肉骨骼肌和结缔组织疾病	7.33	6.63	5.75	4.58	3.67	3.04	2.34	6.06
泌尿生殖系统疾病	5.01	4.94	4.73	4.39	3.74	3.29	2.97	4.70
先天畸形、变形和染色体异常	0.20	0.12	0.09	0.06	0.05	0.03	0.01	0.12
症状、体征和临床与实验室异常	3.78	3.73	3.83	4.15	3.89	3.97	4.74	3.85
损伤、中毒和外因某些其他后果	4.79	4.70	5.17	6.12	6.35	7.07	7.98	5.22
疾病和死亡的外因	0.09	0.08	0.06	0.08	0.10	0.08	0.11	0.08
影响健康状态和保健机构接触的因素	2.03	1.80	1.56	1.21	1.18	1.02	1.16	1.67
合计	100	100	100	100	100	100	100	100

资料来源：根据卫生发展研究中心相关测算整理。

2. 医疗费用筹资情况

老年人医疗费用主要通过公共筹资（主要是政府方案和强制性医疗保险）进行补偿，金额为5843.25亿元，占比62.89%，其中强制性医疗保险（含社会基本医疗保险、医疗救助等）占比53.05%，政府占比9.84%；自愿筹资6.25%；家庭卫生支出为2867.17亿元，占比30.86%，而当个人卫生支出占到卫生总费用30%以上时，低收入家庭常常面临大病高额费用，很容易发生家庭灾难性卫生支出或者因病致贫、因病返贫的现象。

3. 医疗保险支出的人群分布

医疗保险已经成为居民医疗服务的最主要支付方式，并将起到更大的作用。2017年，老年人医疗保险支出达4895.97亿元，占全部医疗保险支出的比重为36.10%（同期，老年人治疗费用占比为30.02%）。

表6-14　　　　　　　　　　　　　　2017年老年人医疗保险支出基本情况

指标	数值
老年人医疗保险支出	4895.97亿元
医疗保险支出	13561.58亿元
老年人医疗保险支出占医疗保险支出比重	36.10%

资料来源：根据卫生发展研究中心相关测算整理。

医保支出在不同年龄组人群的分布，60~64岁人群所占比重最大，为11.90%；其次是65~69岁和50~54岁，占比分别为10.94%和10.14%；55~59岁、70~74岁、45~49岁占比均在8%左右；95岁以上人群的占比最低，为0.15%。医保支出占比主要受到该人群治疗费用规模的影响。

表6-15 2017年不同年龄人群医疗保险支出的分布

年龄组	医疗保险支出（亿元）	构成（%）
0~4岁	385.25	2.84
5~9岁	154.64	1.14
10~14岁	87.88	0.65
15~19岁	102.76	0.76
20~24岁	196.57	1.45
25~29岁	500.79	3.69
30~34岁	586.44	4.32
35~39岁	608.43	4.49
40~44岁	746.08	5.50
45~49岁	1094.88	8.07
50~54岁	1374.94	10.14
55~59岁	1213.21	8.95
60~64岁	1613.75	11.90
65~69岁	1483.21	10.94
70~74岁	1193.05	8.80
75~79岁	989.47	7.30
80~84岁	720.09	5.31
85~89岁	380.48	2.81
90~94岁	109.10	0.80
95岁以上	20.58	0.15
合计	13561.58	100.00

资料来源：根据卫生发展研究中心相关测算整理。

（三）2030年老年人医疗费用水平及构成预测

1. 老年人医疗费用总量预测

通过组分模型进行预测，结果显示，按照2017年价格水平，2020年中国老年人医疗费用为17176.3亿元，2025年为29085.0亿元，2030年为44165.1亿元。10年间增加26988.8亿元，增幅约为157%。老年人医疗费用在全人群医疗费用中占比稳步上升，从2020年的40.9%增加到2030年的49.9%，快于同期全人群医疗费用增速。2020~2030年，老年人医疗费用年均增速近10%，同期全人群医疗费用增速为7.7%。

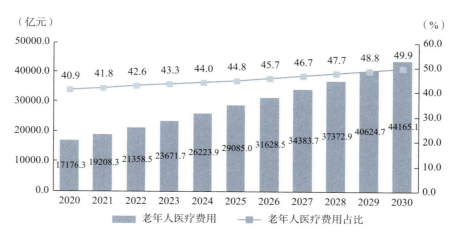

图 6-11　2020~2030 年中国 65 岁及以上老年人医疗费用

资料来源：根据卫生发展研究中心相关测算整理。

2. 老年人医疗费用构成

2020~2030年老年人医疗费用中住院费用处于主导位置，门诊费用规模相对较小。2020年老年人医疗费用中住院费用占74.6%，2025年为77.2%，2030年达到76.3%，总体看，住院费用占比维持较高水平，2025年以后略有下降。

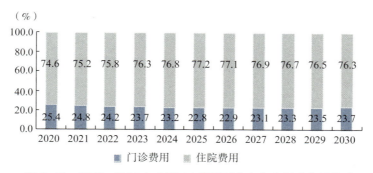

图 6-12　2020~2030 年中国 65 岁及以上老年人医疗费用构成

资料来源：根据卫生发展研究中心相关测算整理。

从人群分布看，2020~2030年老年人医疗费用的年龄构成有所不同，低龄老年人和中龄老年人的份额此消彼长。2020年65~69岁的老年人、70~79岁的老年人和80岁及以上高龄老年人医疗费用占比分别为33.6%、39.3%、27.1%；2025年三类人群的医疗费用占比有所变化，70~79岁老年人占比增加到45.6%，65~69岁老年人占比下降到27.3%，80岁及以上的高龄老年人占比为27.0%。2025年以后70~79岁的老年人占比有所回落，2030年降低至43.6%，65~69岁的老年人占比增加至28.1%。

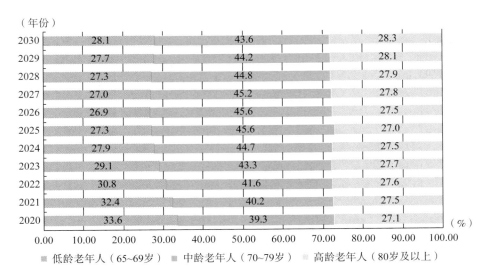

（年份）

图6-13　2020~2030年中国65岁及以上老年人医疗费用人群构成

资料来源：根据卫生发展研究中心相关测算整理。

　　为了反映疾病谱变化对老年人医疗费用的影响，本研究分别测算了老年人不同疾病的医疗费用。总体看，以慢性病为主的循环系统疾病、呼吸系统疾病、恶性肿瘤、消化系统疾病以及内分泌、营养和代谢疾病等治疗费用越来越高，占老年人医疗费用的80%左右，各类疾病的占比较为稳定。2020~2030年，老年人医疗费用疾病构成中，循环系统疾病占43%左右，呼吸系统疾病占10%，恶性肿瘤占9%左右，内分泌、营养和代谢疾病，消化系统疾病，肌肉骨骼系统和结缔组织疾病占5%~6%。

表6-16　　　　　　　　　　2020~2030年中国65岁及以上老年人医疗费用疾病构成　　　　　　　　　单位：%

疾病类型	2020	2022	2024	2026	2028	2030
传染病和寄生虫病	0.40	0.37	0.34	0.33	0.31	0.30
恶性肿瘤	8.78	8.75	8.71	8.75	8.87	9.02
良性肿瘤、血液、免疫机制疾患	1.59	1.58	1.57	1.58	1.60	1.63
内分泌、营养和代谢疾病	6.39	6.29	6.21	6.13	6.06	6.00
精神和行为障碍	0.21	0.20	0.19	0.18	0.18	0.18
神经系统疾患	2.28	2.39	2.51	2.61	2.69	2.77
眼和附器疾患	1.91	1.92	1.92	1.90	1.86	1.81
循环系统疾病	43.35	43.20	43.05	42.87	42.65	42.55
呼吸系统疾病	10.25	10.34	10.38	10.51	10.76	10.91
消化系统疾病	6.04	5.98	5.92	5.98	6.15	6.31

续表

皮肤和皮下组织疾病	1.10	1.19	1.28	1.32	1.34	1.34
肌肉骨骼系统和结缔组织疾病	5.18	5.55	5.99	6.17	6.08	6.02
泌尿生殖系统疾病	4.00	3.95	3.90	3.85	3.79	3.71
先天性畸形、变形和染色体异常	1.60	1.48	1.37	1.31	1.29	1.26
症状、体征和临床与实验室异常所见	2.30	2.25	2.18	2.10	2.00	1.91
损伤、中毒和外因的某些其他后果	3.92	3.88	3.82	3.77	3.75	3.68
影响健康状态和与保健机构接触因素	0.70	0.68	0.67	0.65	0.62	0.60
合计	100.00	100.00	100.00	100.00	100.00	100.00

资料来源：根据卫生发展研究中心相关测算整理。

（四）2030年医保费用预测与比较分析

1. 医保收入支出预测

根据2006~2016年城镇职工医保人均筹资、参保人数和比例变化的历史数据，采用指数平滑法进行预测，2020年、2025年、2030年的人均筹资水平分别为4695元、6284元和7872元。计算2020年、2025年、2030年中国职工医保基金总筹资额分别为15258亿元、22548亿元和30932亿元。

根据既有历史数据进一步推算2020年、2025年和2030年的城乡居民基本医保参保人数分别为10.8亿、10.6亿、10.28亿；人均筹资分别为870元、1270元、1670元，筹资总额分别为9395亿元、13464亿元和17174亿元。综合城镇职工和城乡居民医保筹资，2020年、2025年、2030年基本医保筹资规模分别为2.47万亿元、3.60万亿元和4.81万亿元。

表6-17　　　　　　　　　2020~2030年中国基本医疗保险筹资总额预测

年份	城镇职工人数（万人）	人均筹资水平（元）	总筹资额度（亿元）	城乡居民医保参保人数（万人）	人均筹资额（元）	总筹资额度（亿元）	基本医疗保险筹资总额（亿元）
2020	32500	4695	15258	107990	870	9395	24653
2025	35885	6284	22548	106014	1270	13464	36012
2030	39293	7872	30932	102837	1670	17174	48106

资料来源：根据卫生发展研究中心相关测算整理。

2017年，城镇职工基本医疗保险支出占筹资收入的比重为80.1%，城乡居民基本医疗保险支出占筹资收入的比重为90.4%，假设两大基本医疗保险支出与筹资收入比重保持不变，2020年、2025年、2030年基本医疗保险支出规模为2.1万亿元、3.0万亿元、4.0万亿元。

表6-18   2020~2030年中国基本医疗保险筹资总额及支出预测   单位：亿元

年份	城镇职工基本医疗保险		城乡居民基本医疗保险		基本医疗保险	
	基金筹资	基金支出	基金筹资	基金支出	基金筹资	基金支出
2020	15258	12221.658	9395	8493.08	24653	20714.738
2025	22548	18060.948	13464	12171.456	36012	30232.404
2030	30932	24776.532	17174	15525.296	48106	40301.828

资料来源：根据卫生发展研究中心相关测算整理。

2. 老年人医保筹资可持续性分析

假设基本医疗保险基金不同年龄人群补偿水平相同，利用医疗费用中老年人占比可推算未来基本医疗保险基金的老年人补偿总量，并计算未来老年人医疗费用补偿水平。扣除老年人总医疗费用中财政供方补助部分，2020年老年人门诊费用补偿比为41.86%，住院费用补偿比为51.48%，医疗费用总体补偿比为48.96%；2025年、2030年老年人门诊补偿水平略有上升，住院补偿水平呈下降趋势，总体医疗费用补偿呈下降趋势。假设城镇职工基本医疗保险个人账户取消，基金支出只用于门诊服务和住院服务补偿，2020年老年人医疗费用补偿水平为54.68%，2025年为50.84%，2030年为49.74%。

未来在老龄化、疾病谱变化和医疗技术进步等多因素推动下，老年人医疗费用增长势头强劲；但与人口老龄化相关的退休职工不缴费政策对职工医保基金收入有相对减缓的反作用，城乡居民医保现有的定额筹资、等额增长机制也难以赶上医疗费用增长步伐。因此，医疗费用增速必将高于医保筹资增速。

表6-19   2020~2030年老年人医疗费用补偿情况

指标	单位	保留个人账户			取消个人账户		
		2020	2025	2030	2020	2025	2030
门诊补偿	亿元	1713.58	2779.81	4331.26	2013.62	3270.01	5107.51
门诊费用	亿元	4093.33	6233.40	9839.68	4093.33	6233.40	9839.68
门诊补偿比	%	41.86	44.60	44.02	49.19	52.46	51.91
住院补偿	亿元	5938.72	9231.30	13444.97	6532.64	10170.46	14868.26
住院费用	亿元	11535.34	20201.96	30317.58	11535.34	20201.96	30317.58
住院补偿比	%	51.48	45.70	44.35	56.63	50.34	49.04
总补偿	亿元	7652.30	12011.10	17776.24	8546.26	13440.48	19975.77
医疗费用	亿元	15628.67	26435.36	40157.26	15628.67	26435.36	40157.26
医疗补偿比	%	48.96	45.44	44.27	54.68	50.84	49.74

资料来源：根据卫生发展研究中心相关测算整理。

医疗保险作为保障城乡居民享有健康权和规避医疗经济风险的重要手段，医疗保障水平必须充足有效。本研究通过三种不同实际补偿水平，分析医疗保险资金的筹资规模和压力。目前尚未提出实际补偿比的目标要求，假设未来老年人医保补偿水平提高到60%，则2020年需要花费9377.20亿元医保基金，超出老年人最大可用医保基金355.98亿元；2030年需要花费24094.36亿元医保基金，超出老年人最大可用医保基金3061.66亿元。如果医保补偿水平提高到70%，2020年、2025年和2030年医保基金缺口依次为1918.84亿元、4328.67亿元、7077.39亿元。如果医保补偿水平提高到80%，2020年、2025年和2030年医保基金缺口依次为3481.71亿元、6972.21亿元、11093.12亿元。

表6-20　　　　　2020~2030年不同补偿水平下老年人医疗费用基金缺口　　　　单位：亿元

指标	2020	2025	2030
老年人医疗费用	15628.67	26435.36	40157.26
老年人最大可用医保基金	9021.22	14176.08	21032.70
补偿水平-60%	9377.20	15861.22	24094.36
基金缺口	355.98	1685.14	3061.66
补偿水平-70%	10940.07	18504.75	28110.08
基金缺口	1918.84	4328.67	7077.39
补偿水平-80%	12502.93	21148.29	32125.81
基金缺口	3481.71	6972.21	11093.12

资料来源：根据卫生发展研究中心相关测算整理。

四、其他老年相关支出

除养老保险财政补贴支出外，养老服务体系建设支出、政府对老年人补助支出和发展养老产业支出，构成政府应对人口老龄化经济保障支出另外三个大类。

（一）养老服务体系建设支出

政府对养老服务体系建设的支出主要是两大类：一是以养老院、敬老院和福利院为核心的养老机构建设支出；二是以养老驿站和养老照料中心为核心的居家社区养老服务体系建设。近年中国加大了养老服务体系建设，在"十一五"和"十二五"期间，机构建设发展取得长足进步；"十三五"期间，社区居家建设成为重点，社区养老驿站和日间照料中心建设进入高峰期。

表6-21 2017年中国养老服务发展状况

地区	养老服务机构数（个）	老年人口养老床位（张/千人）	养老服务机构和设施收留抚养老年人数（万人）
东部	11760	32.05	135.3
中部	9863	27.35	103.5
西部	7147	31.9	78.3
城镇	13764	–	215.76
农村	15006	–	101.34
全国	28770	30.9	317.1

数据来源：根据《中国卫生健康统计年鉴》（2018）、《中国农村统计年鉴》（2018）以及《中国民政统计年鉴——中国社会服务统计资料》（2017）整理。

中国的养老服务体系建设分为公建公办、公建民营和民办公助。在机构建设和使用上，城乡之间差异明显。机构数农村高于城镇，但城镇收住老年人数量是农村的两倍。

在实际建设中，每个区、县及以上地区分布的一所或多所福利院一般采用的是公建公办方式，从设施建设到运营管理多为政府直接负责，近些年一些地区也出现了政府建设机构后委托民间部门进行运营的做法。这些机构建设从几百万元到几亿元不等，都是地方政府直接财政支出。农村地区每个乡镇都设有敬老院，也多采用公建公办模式，建设成本一般在30万元到50万元。全国乡镇有4万多个，约3000个县域，按照每个乡镇一所敬老院、每个县域一所福利院计算，地方投入至少达到1600亿元。这些敬老院普遍面临改造升级，又将形成一批大的投入需求。日常的经营投入也是养老服务体系建设的一大项财政资金支出。

由于统计数据缺乏，对于实际用于养老服务体系建设的投入很难做出准确的计算，但一些零散的数据可以反映出政府的持续投入。比如，2012年国家发改委投入31亿元用于社会养老服务体系的试点设施建设，民政部利用部本级彩票公益金，投入5000万元用于农村养老服务设施建设。2015年，国家发改委、民政部、全国老龄办联合印发《关于进一步做好养老服务业发展有关工作的通知》，明确将政府用于社会福利事业的彩票公益金50%以上用于养老服务业。各地也纷纷出台社会养老服务体系的建设规划，并通过建立财政专项资金、加大建设补贴和运营补贴等方式，增加对社会养老服务体系的财政投入。

（二）老年人补助支出

对老年人的补助支出包括名义支出补贴和潜在支出补贴。名义支出补贴是能够直接识别的补贴，往往规定了受补贴的范围和具体数额，能够直接辨识和计算。潜在支出补贴则比较隐晦，很难计算。比如，一些地方规定的60岁以上老年人乘公交和进入公园免费，实际上这是对老年人的补贴产生的经营赤字，最终还是需要财政给予支持，但这种补贴很难计算。

2014年，财政部、民政部、全国老龄办下发《关于建立健全经济困难的高龄失能等老年人补贴制度的通知》，各地纷纷开始建立和完善高龄老年人的服务津（补）贴制度，为80岁及以上的高龄老人每人每月发放100~500元不等的生活补贴，这也形成地方财政的刚性支出。

各地还先后推出养老服务补贴制度。这是针对低收入的高龄、独居和失能等困难老年人采取政府补贴的形式，为他们入住养老机构或者接受社区和居家养老服务，提供支持的一种制度。目前北京、上海和浙江等省市已经初步建立困难老人养老服务补贴制度。如浙江省根据身体状况将老年人分为两类补贴对象：入住养老机构的，每人每年补贴12000元；居家接受养老服务的，每人每年补贴4800元。养老服务补贴通过向补贴对象提供服务的方式，即政府购买服务的方式实现。截至2018年底，全国有31个省区市制定了高龄津贴制度；30个省区市制定了老年服务补贴制度，29个省区市制定了老年护理补贴制度，29个省区市建立了农村老年人关爱服务制度，共惠及3000多万老年人[①]。

（三）老年人社会救助支出

我国社会救助制度是以最低生活保障制度为核心和基础，以灾害、教育、医疗、住房和计划生育特别扶助等专项救助制度为补充和保证的社会救助体系。在现行制度框架下，对老年人的社会救助支出[②]主要包括最低生活保障、特困人员救助供养和临时救助三种类型。我国人口老龄化已经进入快速发展阶段，老年贫困问题凸显，与之相适应的社会救助体系亟待健全和完善。

据统计[③]，截至2018年底，全国60岁以上享受城乡居民养老保险待遇的贫困老人有2195万人。伴随城乡养老保障体系的建立，以及家庭自主承担的养老功能的发挥，大多数老年人的生活能够得到保障。但是仍有部分老年人没有离退休的保障，由于经济收入水平低、年龄大、身体差、受教育水平低而处于贫困之中。研究表明，在各种贫困线划分标准下，老年人贫困发生率均高于全国水平，农村地区老年人的贫困比城镇更严重。在贫困老年人年龄分布上，无论是农村地区还是城镇地区，80岁以上达到13.8%。贫困老人转移性收入占41%，非贫困老人只占22%。对低龄和中龄老人，可以促进其经济参与，并辅以社会保障；高龄老人则应以社会保障为

---

① 数据来源：全国老龄工作委员会办公室官网：http：//www.cncaprc.gov.cn/contents/2/188646.html。

② 中华人民共和国《2018年民政事业发展统计公报》，参见http：//www.mca.gov.cn/article/sj/tjgb/。

③ 人社部：《坚决贯彻中央脱贫攻坚部署 全力推进社会保险扶贫工作》，2019-04-18，参见http：//www.mohrss.gov.cn/SYrlzyhshbzb/dongtaixinwen/buneiyaowen/201904/t20190418_315597.html。

主，健全针对不同年龄段、不同类型老年人的可持续的社会救助体系，提供社会救助支持。

相较于严峻的老年贫困现状，老年社会救助体系存在救助不充分、不完善的问题。在现有贫困治理体系中，尚未形成对贫困老人的有效的救助支持制度安排。

首先，社会救助的水平低，难以有效"兜底"。 截至2018年底，全国城市最低生活平均保障标准为579.7元每人每月，全国农村低保平均保障标准为4833.4元每人每年。全国共有农村特困人员455.0万人，全年支出救助供养资金306.9亿元，人均每月562元；全国共有城市特困人员27.7万人，全年支出救助供养资金29.5亿元，人均每月88元。2018年全国共实施临时救助1108.0万人次，支出临时救助资金130.6亿元，平均1178.8元每人次。2018年，全国城镇职工养老保险中人均基本养老金为3153元每月[1]，基本生活能得到较好保障；全国城乡居民基本养老保险基础养老金最低标准仅为每人每月88元[2]，虽然实现了从无到有，但金额过低，远不足以维持基本生活。

其次，社会救助体系存在城乡分割和碎片化问题。 但是目前最低生活保障制度城乡分立，其他专项救助也存在城乡之间和区域之间的巨大差异。例如，针对无依无靠的孤寡老人的社会救助，城市主要通过公办老年福利院来满足其生活保障需求，农村则是通过五保户制度来实现。这种体制分割限制了社会救助功能的全面发挥，不利于社会救助正向效应的实现。

最后，社会救助的精准性有待完善。 不同老年群体的保障水平存在很大差异。各项社会救助制度多是作为最低生活保障制度的配套制度设计的，独立性较差，因而社会救助的缺失与叠加现象较普遍。例如，一旦纳入低保，往往意味着享受教育、医疗、住房等专项救助计划，虽然低保救助标准不高，但在低保基础上可以叠加专项救助，因而低保的含金量相对较高。如果没有被纳入低保，其他专项救助制度就很难被覆盖到。需要完善社会救助的对象甄别和资格审查制度，避免处于贫困"边缘"的老人被排除于社会救助体系之外。

（四）发展养老产业支出

2012年，中国的养老产业进入一个新的发展阶段。2013年，国务院连续出台《关于加快发展养老服务业的若干意见》《关于促进健康服务业的若干意见》等一系列政策文件，2019年又下发《国务院办公厅关于推进养老服务发展的意见》等重要文件，大力推进养老产业发展。

在推动产业发展过程中，政府对私营部门进入养老服务领域给予多种形式支持，在税收等方面给予多种优惠。国家卫健委、民政部、国土资源部等部门相继出台措施，并拟将养老用地纳入

---

[1] 人社部：《2018年人力资源和社会保障发展公报》。

[2] 人社部：《两部门关于2018年提高全国城乡居民基本养老保险基础养老金最低标准的通知》，http://www.gov.cn/xinwen/2018-05/12/content_5290515.htm。

国有建设用地供应计划。地方政府还采用直接提供建设补贴和运营补贴等方式，运用财政手段对养老产业发展进行直接支持。2014年中央财政下拨服务业发展专项资金24亿元，支持在吉林、山东等8个省开展以市场化方式发展养老服务产业试点。2019年，国家发改委、民政部等部门联合印发《城企联动普惠养老专项行动实施方案》，对于签约企业按照中央预算内投资每张床位2万元的建设补贴加以支持，力争保证城镇每千名老人养老床位40张，护理型床位占比超过60%。该专项行动中央预算内投资计划14亿元，各地政府在推进中给予规模更大的财政支持。

金融机构通过直接设立老龄产业基金等方式推动养老产业发展。如天士力控股集团等联合三家金融机构成立"天士力大健康产业基金"，出资50亿元，投资大健康产业。2016年国家发改委批复湖南省衡阳市交通建设投资有限公司发行养老产业专项债券。国家开发银行与民政部于2015年联合下发《国家开发银行关于开发性金融支持社会养老服务体系建设的实施意见》。截至2016年3月底，国开行累计投放融资总额140亿元，共支持407个养老项目。

当前在地方政府财政支出中，教育占大部分，多数地方占1/4到1/3，涉老财政支出和卫生支出相当，各占总支出的1/10。在地方涉老财政支出中，给予各类养老保险支出的补贴占50%，其他支出占50%。所谓"其他"支出包括政府给老年人提供的补贴、养老服务体系补贴、政府购买养老服务、养老服务设施建设等，这些占"其他"类别中的90%。由于缺乏完整的数据，加之各地在支持养老产业发展中的支出项目不尽相同，其他老年支出不能给出一个完整准确的数目。但分析当前支出现状可以发现，涵盖养老服务体系建设、老年人补贴支出、养老产业发展支持在内的其他老年支出今后会继续迅速增长，亟待深入研究和持续关注。

五、完善应对人口老龄化经济保障体系的思路和建议

完善老年人经济保障的总体思路：一方面，通过促进老年人劳动参与率提升，增加劳动收入在老年人生活保障中所占份额，扩展低龄老年人收入来源；另一方面，逐步形成多元支出格局，建立多渠道筹资来源，尽快做实多层次养老保障体系和医保基金支持体系。目标是缩小老年人收入差距与财富差距，确保不同年龄层次的老年人病有所医、老有所养。

在整体提升涉老财政支出水平的同时，需要对涉老支出结构进行调整，将财政支出的重点从注重硬件设施建设为主逐步过渡到以注重日常运营为主。提升涉老财政支出水平时需要注意中长期财政支出的可持续性，合理确定涉老财政支出的增长水平。

（一）优化老年人收入结构

一是提高社会参与，增加低龄老年人劳动收入。 低龄老年人如果身体健康状况良好，具有较好的职业基础并且再就业意愿比较强烈，就可以转化为人力资本。鼓励健康的低龄老年人提高社会参与度，既能提高劳动生产率，也能提高老年人的劳动收入，改善收入结构。

二是探索增加老年人财产性收入的渠道，同时提高财产安全性。 在农村，可结合宅基地、承包地制度改革，摸索增加获取财产性收入的渠道；对于城镇居民，相关部门应加大对居民理财知识和投资风险意识等方面的教育培训，提升老年人防范金融诈骗意识，降低老年人的金融风险，提高财产安全性。

（二）继续推动养老金改革

基本养老保险改革的主要措施包括六个方面：第一，建议尽快在全国范围内做实基本养老保险的省级统筹；在此基础上最迟到2030年实现基本养老保险的全国统筹。第二，建立针对城乡居民基本养老保险待遇水平的年度调整机制，尽快提升城乡居民基本养老保险水平，缩小同城镇职工养老保险间的差距；第三，落实精算平衡原则，在养老金征缴和待遇水平调整中建立常态化的参数调整机制；第四，加快税务征缴体制过渡的步伐，利用税务征管效率优势，努力实现养老保险的人群全覆盖，同时提高征缴收入，将养老金征缴纳入个人所得税征缴的整体改革中，建立完善的征缴机制和调整机制；第五，实施延迟退休政策计划，建议从2020年开始，先将女性职工退休年龄逐步提升至55岁，之后通过统一调整幅度，逐渐提升全人群的退休年龄；最后，应尽快实施扩大个人账户制度，在中长期健全多缴多得的激励机制。

企业年金改革的主要目的是逐步实现企业年金的普及。主要改革措施包括五个方面：第一，引入"自动加入"机制，采用半强制的模式，让加入企业养老保险的个人自动加入企业年金，逐步扩大加入人群规模；第二，放开个人投资选择权，增加企业年金基金的投资收益水平，提升企业年金的吸引力；第三，建立"合格默认投资工具"，为个人选择投资工具提供支持；第四，完善EET型[①]税优政策，提升个体加入企业年金的获得感；第五，建立中国版的TEE型[②]"免税账户"，提升个人加入企业年金积极性。针对当前职业年金的"代理人"导致的委托代理问题，应尽快在三个方面加以完善：一要制定代理人条例，规范代理人行为；二要建立统一的IT平台，避

---

① 指在补充养老保险业务购买阶段、资金运用阶段免税，在养老金领取阶段征税的一种企业年金税收模式。

② 美国免税型养老金。

免额外的财政开支；三要实施"实账"积累模式，防止制度碎片化引来财政风险。

对于第三支柱的商业养老保险和个人储蓄，应该在既有试点基础上，加快开发新的产品类型，通过进一步完善相关税费支持，推进其作用的稳步提升。高度重视税延养老保险的制度设计和推广，将改革目标设定为近期、中期和长期等三个阶段。近期改革目标，是在试点结束后尽快推向全国，提高税延额度和简化优惠方式，降低退休领取时的个税负担，简化抵扣凭证手续，扩大优惠政策适用对象。中期改革目标，是逐步建立统一的信息平台。长期改革目标，是加快个税改革步伐，尽快实施个人综合所得税制，但起征点不宜太高。

主权养老基金的改革取向，是树立"长期主义"投资理念，确立"主动主义"的投资战略，运用大类资产比例实施监管，全面放开投资品种，扩大投资范围，逐渐扩大境外投资比例。

（三）持续推进医疗保障经费改革

从健康中国建设和经济社会可持续发展的战略高度，充分重视老年人医疗费用问题。 未来一段时期，中国老龄化进程将进一步加速，老年人医疗费用增长的压力进一步增加，老龄化和慢性病因素交织，给医疗费用的增长带来深远的影响。要遵循中国卫生健康工作方针中"将健康融入所有政策"的要求，将老年人健康和慢性病防控工作与健康中国建设、深化医改推进紧密结合，将慢性病费用控制与加强预防体系、推进分级诊疗、控制卫生费用过快增长等重点工作紧密结合，在深化医药卫生体制改革进程中统筹考虑。2030年之前医疗保障需要做的重点工作，包括四方面内容：一是完善统一的城乡居民基本医疗保险制度和大病保险制度，健全筹资和待遇调整机制，缩小人群保障水平差异；二是推动完善全国统一的医疗保障信息平台建设，尽快实现异地就医住院费用直接结算，在此基础上实现异地就医直接结算；三是针对当前医疗保障中部分人群保障过高的问题进行调整，考虑取消少数人就医完全不付费的模式，引入个人负担部分，以控制浪费；四是在老年人疾病诊疗中，提高运动处方和健康处方的利用水平，通过改善营养、锻炼等行为因素，提高健康水平，降低医疗支出。

完善医保筹资政策，提高老年人医保筹资和补偿水平。 目前中国基本医疗保险的缴费和报销政策尚未全面考虑不同年龄组人群的现实差异。在财政支出增长受限、老龄化和家庭结构变化等趋势背景下，老年人的治疗费用仍然面临着较高的家庭卫生支出负担。为更好地保证财政资金可持续，保障老年人就医需求，需要采取以下几方面措施：在城镇职工基本医疗保险方面，适应职工收入水平变化，适当调整职工医疗保险的单位和个人缴费比例（中国是2:6，较多国家为2:3或1:1）。对于城乡居民基本医疗保险，应改变目前固定费率的方式，探索基于居民家庭经济状况的差异化筹资政策，提高筹资水平，增强风险共担的能力。在保障基本需求的基础上，针对老年人特殊人群，设计基本医保继续缴费办法，加强对老年人医疗费用的保障力度。同时，探索其他筹资渠道筹集资金用于支持老年人基本医疗保障，鼓励公益性捐赠和提高烟酒税，将增加部分主要用于医疗卫生。

鼓励商业健康保险和社会力量参与，发挥其在老年人保障中的重要补充作用。中国医疗保险制度需要通过积极发展商业健康保险、鼓励慈善机构等社会力量参与进一步优化筹资结构，发挥商业健康保险和社会力量对降低老年人重大医疗费用负担的保障作用。鼓励商业健康保险公司探索与地方政府机构有效合作模式，提升老年人医疗保障水平，降低医疗费用负担。动员非政府组织和公益性组织参与，通过慈善救助等社会力量投入方式，对部分困难老年患者给予经济保障。

（四）不断完善老年社会救助体系

在人口老龄化快速发展的背景下，我国老年贫困特别是农村老年贫困问题将更为突出，健全完善社会救助体系日益紧迫。

首先，着力构建"普惠发展型"老年社会救助体系。社会救助作为一种补偿机制具有"兜底"作用。政府承担主要责任，特别是对于农村贫困老人，政府应逐步加大投入，解决养老保险、医疗保险、最低生活保障制度和老年福利政策中的城乡分割问题，逐步缩小社会保障待遇的城乡差距，构建"普惠发展型"老年社会救助体系。

其次，完善精准识别机制，实现应保尽保。改善当前最低生活保障制度与其他社会救助制度相挂钩的制度安排，避免社会救助各项措施的过度"叠加"。同时，着力解决部分农村地区贫困老年人社会救助获得与其子女参加新农保或社会保险挂钩的问题，避免因为子女没有缴纳新农保或社会保险而导致贫困老年人无法获得社会救助。

政府也应着力引导社会和家庭在老年贫困治理中积极发挥作用，提升全社会对老年贫困问题的关注，传承发扬敬老爱老的传统美德，共同积极应对老龄化社会中的老年贫困。

参考文献

[1] 冯文猛.养老专题报告.国务院发展研究中心2018中国民生调查报告，2019

[2] 郑秉文.社会保险费"流失"估算与深层原因分析——从税务部门征费谈起.国家行政学院学报，2018（6）

[3] 李实.中国农村老年贫困：机遇与挑战.中国新时期的扶贫战略研究

第七章

老龄社会治理体系建设

党的十九届四中全会提出，坚持和完善中国特色社会主义制度、推进国家治理体系和治理能力现代化总体目标"三步走"的时间表：到我们党成立一百年时，在各方面制度更加成熟更加定型上取得明显成效；到2035年，各方面制度更加完善，基本实现国家治理体系和治理能力现代化；到新中国成立一百年时，全面实现国家治理体系和治理能力现代化，使中国特色社会主义制度更加巩固、优越性充分展现。在走向2035年和2050年这两个重要时间过程中，恰逢中国从老龄化社会走向老龄社会和高龄化社会。老龄社会的治理水平和治理能力直接影响国家治理体系和治理能力现代化的进程。老龄社会治理是指国家针对人口年龄结构老龄化的客观事实，通过理念、制度、政策、组织协调与监督控制等方式处理涉老问题的过程，其目的是不断增进老年人及全体公民的福祉并服务于国家现代化建设。

党的十九届四中全会提出"必须加强和创新社会治理，完善党委领导、政府负责、民主协商、社会协同、公众参与、法治保障、科技支撑的社会治理体系"，意味着社会治理体系应包括党组织、政府、社会和人民等多元主体。老年人口数量多、老龄化速度快、未富先老、少子老龄化、老龄化城乡区域差异大等基本特征，加大了中国老龄社会的治理难度。近30年来，全球出现新发传染病40多种，并以每年新发1种的态势发展，传播范围广、传播速度快、社会危害大。在重大自然灾害和突发公共卫生事件中，老年人受到的身心伤害往往更大，进一步加大了老龄社会的治理难度。2019年末以来的波及全球的新冠肺炎疫情更加凸显加强老龄社会治理的重要意义。为顺应新时代背景下社会治理的新要求和推进国家治理体系建设，加强和创新老龄社会的治理体系，已成为党和国家、社会各界共同关注的重大议题。

专栏

全球新冠肺炎疫情对老龄社会治理的启示

2020年3月11日，世界卫生组织正式宣布新型冠状病毒肺炎疫情已构成全球大流行。在此次疫情中，虽然易感染群体是全年龄段的，但是老年人受到的打击最大。老年人易感染、死亡风险高、治愈难度大、治愈周期长，占用大量的公共卫生资源。根据国家卫健委发布的《中国—世界卫生组织新型冠状病毒肺炎（COVID-19）联合考察报告》，在中国所考察的五万多病例中，病死率随年龄增加而增加，80岁以上年龄粗病死率最高，为21.9%，有基础病的死亡率较高，很多老人患有基础病，更易出现重症情况。值得注意的是，意大利的死亡率全球最高，粗病死率高达9.25%。意大利卫生部长的科学顾问沃尔特·里恰尔迪说，造成死亡率高的主要原因之一是意大利人口老龄化全球第二，60岁以上老年人口占比约为28.6%。

突如其来的新冠肺炎疫情，反映出很多社会层面的脆弱性，暴露出我国在重大疫情防控体制机制、公共卫生应急管理体系等方面存在的明显短板和不足。意大利因老龄化而造成的高致死率带来的经验教训是，老龄社会加大了公共卫生风险，削弱了整个社会的抗风险能力，老龄社会的治理难度更大。这些脆弱性和风险在未来的老龄社会将有进一步体现，对加强老龄社会治理提出了更高要求。因此，在未来完善重大疫情防控体制机制和健全国家公共卫生应急管理体系时，更应考虑老龄社会的特点。

一、老龄社会治理体系的国际经验

人口老龄化是全球共同面对的问题。许多发达国家的老龄化进程早于中国，应对老龄社会的治理措施值得我们借鉴。

（一）健全的法律体系保障老龄工作体系与运行机制

健全的法律体系是西方发达国家治理体系的根本。美国1935年通过的《社会保障法》，是各项社会保障具体立法的重要基础。与美国老年社会保障有关的现行法案，都是在这项立法的基础上增补修订的。1965年，美国批准《美国老年法》，对老龄工作的宗旨、机构设置、机构职能、社区计划、老龄服务、经费使用、研究发展、培训计划等方面均做了较为明确详细的规定，为美国此后几十年的老龄工作提供了有力的法律依据和切实可行的行动框架。澳大利亚、日本等国也通过立法明确老龄机构的法律责任和规范，构建起完整统一的老龄工作体系与运行机制，体现了依法治理的特征。

1959年，日本《国民年金法》颁布，其设立目的是向个体户、农民及其配偶、失业者以及学生提供养老年金。1985年，日本政府重新修订的《国民年金法》规定，从1986年4月开始，各类雇员也必须加入这一养老制度，从而将厚生年金和共济年金的参保者也纳入国民年金的覆盖对象。这样，日本国民养老金制度最终发展成为政府强制、覆盖全民、现收现付、缴费和受益统一的全民皆通的养老保险制度。1963年日本颁布《老人福利法》，推行社会化养老。1965年出台《厚生年金保险法》，1982年出台《老人保健法》，使日本老人福利政策的重心，开始转移到居家养老和居宅看护上。1988年，厚生省和劳动省联合出台了《实现长寿、福祉社会的对策、基本方针与目标》。1989年，日本政府公布《发展老人保健福利事业10年战略规划》，又称《黄金计划》，决定利用10年的时间，完善保健、医疗、福利一条龙的配套体系。1995年通过《老龄社会对策基本法》，根据这一法令政府有义务制定"老龄社会对策大纲"，这个"大纲"就是政府关于老龄化社会对策的基本方针。1996年制定了《老龄社会对策大纲》。《确定交费养老金法案》于2002年4月正式生效，形成缴费和基金制相结合的养老金计划。

表7-1　　　　　　　　　　　　　国外主要涉老法律法规及其特点

国家和地区	涉老法律	主要特点
美国	《美国老年法》《社会保障法》	明确涉老机构设置、职能
澳大利亚	《老年照料法》《家庭和社区照料法》	明确各级政府、社区的老龄工作机构设置、责任以及经费来源
日本	《国民年金法》《老人福利法》《老人保健法》	构建养老体系，明确各涉老部门的职能责任

资料来源：全国老龄办：《国外涉老政策概览》，华龄出版社2010年版。

（二）老龄工作行政机构设置各具特色

国外及中国港澳台地区老龄工作体系的设置主要分为三种形式，一是成立老龄协调机构，二是成立专门老龄机构，三是不成立任何老龄机构，由政府相关部门承担老龄工作。

1.设立老龄协调机构

部分国家和地区为适应老龄工作的需要，设立老龄协调机构，这类机构的主要职责是进行老龄工作的相关政策研究和政策建议，保证老龄工作的方向性，一般不设具体的办事机构，不直接参加老龄工作。设置老龄协调机构的国家一般都已经有比较完善的老龄工作体系，有相关部门能够应对老龄工作。

以爱尔兰的国家老龄与老年人委员会为例。该委员会具有独立的法律和行政权力，是爱尔兰政府主管老龄问题的协调机构。其职责：为卫生和儿童部提出政策建议，协助制定老年人的社会事业发展和卫生事业发展政策，促进老年人的福利、健康和自治，宣传老年人和老龄化，与国外同行进行国际交流。该委员会未单独设立办事机构，老龄工作主要由卫生和儿童部承担。卫生和儿童部内设一个老年人办公室，主管老年人照料、养老院法规、监察评估制度、长期照料和社区照料基金、养老院补助法、法律政策发展、上诉案件和虐待老年人问题等。

2. 设立专门老龄机构

一些国家和地区在行政体系中设立专门的老龄机构，这类机构主要是承担具体的老龄工作，也包括老龄政策的制定、执行、评估等。

以美国老人署为例。1965年《美国老年法》规定在联邦政府层面上，专门负责老龄化和老年人事务的机构是卫生与人类服务部下的老人署（AOA），它为老龄服务网络提供组织、领导、协调、监督和技术支持，是联邦政府最重要的环节。同时，老人署与全国范围的老人署地区办公室、州和地区老龄机构保持密切联系，共同规划和协调社区老年服务体系。老人署还与联邦政府部门、全国性组织以及各类商业代理合作，尽可能使他们的项目和资源与老龄工作网络资源共享，用于为老年人服务。

美国老人署的主要职责：在联邦政府内维护广大老年人的利益；负责对联邦政府所有涉及老年人的政策进行评估并提出意见和建议；负责收集和传播有关老年人问题及人口老龄化的资料；协助（卫生与人类服务部）部长处理一切涉及老年人问题及人口老龄化的事务等。

3. 未设立老龄机构，由相关职能部门承担老龄工作

有些国家和地区没有专门设立老龄机构，其老龄工作由政府相关部门负责。这些国家已经有成熟的部门专门负责老龄工作，未设立专门的老龄机构，但这些涉老部门内部都有专门的老龄工作部门。

以瑞典为例。瑞典负责老龄事务的是卫生和社会事务部，该部负责制定有关儿童、残疾人和老年人的政策；制定家庭经济政策、公共卫生和社会服务政策；并负责残疾人群经济保障、老年人经济保障、卫生和医疗照料等事务。

表7-2	国外及港澳台地区老龄机构设置类型		
类型	国家和地区	特点	典型代表
设立协调机构	爱尔兰、日本、泰国、新加坡、印尼、马来西亚、巴基斯坦、巴西、中国香港	政策研究和建议，不设办事机构，不直接参与老龄工作；国家有比较完善的老龄体系	爱尔兰国家老龄与老年人委员会
设立专职机构	美国、澳大利亚、新西兰、墨西哥	政策建议、制定、执行、评估	美国老人署（AOA）
未设立老龄机构	大多数欧洲国家、韩国、越南、印度、柬埔寨、中国澳门	具有成熟的涉老部门；涉老部门均内设老龄工作部门	瑞典卫生和社会事务部

（三）治理主体多元，社会力量参与形式多样

在应对老年问题上，国际社会一直注重政府、社会、家庭和个人等多元主体共同应对，形成了政府、非政府组织、非营利机构、营利性公司、私营经济、家庭和个人多元化的养老格局。在英国、美国、日本等国的老龄服务体系中，非政府组织、志愿者和私人部门等社会力量发挥了重要的作用，他们为老年人提供有偿或无偿的、专业性或一般性的服务，提高了服务效率，降低了服务成本，丰富了社区老龄工作的形式和内容。

如在英国，志愿者包括慈善机构和个人。护理照顾服务的绝大部分由非官方的机构组成，其价值和效益是难以用金钱估算的。在英国的国家统计数据里，非官方的照顾指人们给患病的、残疾的和年老的家人、朋友、邻居和其他人提供的无偿照顾。早在2001年，英国有590万非官方的护理者，其中主要是女性，大部分来自社区志愿组织；在1998年，超过四分之一的18岁以上的成年人参加了社会活动，比如居民协会和家长教师协会。

二、中国老龄社会治理的成就

2000年，中国65岁及以上老年人口占比达到7%，标志着中国进入老龄化社会。中国在应对老龄化方面做了很多工作，老龄化社会治理取得的成就主要体现在以下三个方面。

（一）老龄化认知的科学性不断提高

积极应对人口老龄化。20世纪中后期，社会对人口老龄化持有悲观态度。随着老龄化认知的科学性不断提高，认识到人口老龄化是人类社会的基本规律，需要统筹布局和积极应对，无需过分恐惧。2002年"积极老龄化"被联合国第二届世界老龄大会接受并写进《政治宣言》，成为应对21世纪人口老龄化的政策框架。构成这一发展战略政策框架的三要素是健康、参与和保障，其中参与是关键节点，其要义是发挥老年人的积极能动作用，将老年人由应对人口老龄化的客体转变为主体。中国老年人社会参与制度从零散的政策和法规到纲领性的政策和统一立法，经历了从无到有，从特定主体、有限范围到普遍主体、普适范围，开始走向成熟化和规范化。党的十八大和十八届三中、四中、五中全会以及"十三五"规划纲要都对应对人口老龄化提出明确要求。习近平总书记就积极应对老龄化做出一系列指示。

初步实施全人口全生命周期的健康老龄化战略。世界卫生组织在人口老龄化应对战略领域

发挥着重要引领作用，从"健康老龄化"到"积极老龄化"，到2015年世界卫生组织发布的《关于老龄化与健康全球报告》中再次强调健康老龄化，包括内在能力与功能发挥两个维度。新的健康老龄化理念做了进一步拓展，使其扩大为一项更为综合性的政策体系。这一政策理念对中国具有重要的启示。《"健康中国2030"规划纲要》明确提出，要"立足全人群和全生命周期两个着力点，提供公平可及、系统连续的健康服务，实现更高水平的全民健康"。党的十九大报告提出"要完善国民健康政策，为人民群众提供全方位全周期健康服务"。十三届全国人大一次会议关于国务院机构改革方案的决定，成立国家卫生健康委员会，明确赋予其"实现全人群全生命周期的健康服务，积极应对人口老龄化"的职能。一系列政策文件的出台和制度调整，意味着中国立足实现健康老龄化的基础，构建新时代全生命周期健康服务体系，探索老龄社会的治理路径，体现了中国初步实施全人口全生命周期的健康老龄化战略。

基本形成整体治理的思维。应对老龄社会的治理模式和政策体系并不是孤立的，而是中国整体发展战略的有机组成部分。老龄化的影响已经渗透到中国社会的各个领域。老龄社会的治理也不是某一个部门或单一力量能应对的，需要跨部门联合和多方力量参与。十八届三中全会通过的《中共中央关于全面深化改革若干重大问题的决定》，正式提出社会治理的概念。治理和管理一字之差，体现的是系统治理、依法治理、源头治理、综合施策。党的十九大报告进一步提出"加强社会治理制度建设，完善党委领导、政府负责、社会协同、公众参与、法治保障的社会治理体制"以"打造共建共治共享的社会治理格局"，为老龄社会的治理提供了宏观理论框架。政府、社会学界老龄化认知的科学性不断提高，实现了由被动向积极应对、从片面到整体、由单一向综合、由静态向动态的转变。

（二）法治化水平不断提高，政策制度保障逐渐完善

目前，全国人大及其常委会、国务院及其有关部门颁布的老龄法律、法规、规章及有关政策达300余件，初步形成了以《宪法》和有关基本法律为依据，以法律、行政法规、地方性法规、部门规章和规范性文件为主要表现形式，以养老保障、老龄健康、老龄服务、老龄宜居、老年教育文化、社会参与以及老年权益保障政策为主体的老龄政策体系。

1996年中国颁布第一部《中华人民共和国老年人权益保障法》，先后在2009年、2012年、2015年和2018年进行了修订。近年来，很多省市完成了对老年人权益保障法配套法规的修订。城乡老年保障制度基本建立，城乡居民基本养老保险制度实现统一，老年福利补贴制度逐步建立健全，医养结合和长期护理保险制度试点逐步推进，老龄相关服务政策制度以及改革措施密集出台，老龄事业政策法规框架基本确立，政策制度领域逐步拓展，可操作化程度大幅提升，顶层设

计更加成熟。

（三）养老服务体系不断健全，养老产业初现端倪

新修订的《中华人民共和国老年人权益保障法》明确规定老年人依法享有社会服务的权利，并明确规定"国家建立和完善以居家为基础、社区为依托、机构为支撑的社会养老服务体系"。2015年，北京市率先出台《北京市居家养老服务条例》，此后多省、自治区和直辖市纷纷制定居家养老服务地方性法规。根据民政部发布的《2017年社会服务发展统计公报》，2011~2017年，相关政府部门先后发布了70多个政策、法规、规划文件，以推进社会养老服务体系建设。2019年，国务院办公厅颁发《关于推进养老服务发展的意见》；民政部出台《关于进一步扩大养老服务供给，促进养老服务消费的实施意见》。中国养老服务迅速发展，初步建立了以居家养老为基础，社区养老为依托，机构养老为补充，医养相结合的养老服务体系，各类养老服务设施和机构不断健全。

人口老龄化为养老服务产业的发展提供了基础。中国拥有世界最多的老年人口，老年人不断提高的物质文化需求以及消费观念的转变，为老龄产业的发展提供了强大动力。2013年，国务院印发《关于加快发展养老服务业的若干意见》，提出加快发展养老服务业的总体要求、主要任务和政策措施。近几年国家对养老产业的支持力度不断加大，政策出台数量不断增多。养老产业发展模式不断创新，规模迅速扩张，业态趋于多样化，涉及老年服务业、老年教育、老龄金融、养老地产、老年医护保健、老年文化旅游等多个行业。虽然中国老龄产业处于初步发展阶段，但具有很大的发展潜力。

三、中国老龄社会治理体系的建设

在养老服务的供给和养老问题的解决中，党和政府始终是首要责任主体。新中国成立以来，在养老服务供给中，政府的角色经历了"政府垄断—政府缺位—政府回归"的变迁过程，其治理逻辑分别对应着"科层治理—市场治理—多元治理"。在此更迭中，中国老龄社会治理体系逐渐建立、创新和发展，从中央到地方形成了初步的老龄工作治理格局，治理主体逐渐多元。具体表现为五个方面：全国老龄工作委员会的沿革；老龄工作机构的设置逐渐清晰；涉老部门不断增加；基层社会基本形成多元共建共治共享的治理格局；科技支撑的作用加强。

（一）全国老龄工作委员会的沿革

1982年，为应邀出席联合国老龄问题世界大会，国务院批准由劳动总局牵头组织成立"老龄问题世界大会中国委员会"，代表中国政府出席会议。同年10月，"老龄问题世界大会中国委员会"更名为"中国老龄问题全国委员会"，其性质为政府部门、群众团体、科研机构、新闻单位联合组成的社会团体。

1995年，经国务院批准，"中国老龄问题全国委员会"更名为中国老龄协会，为国务院副部级事业单位，由民政部代管。主要工作任务是对老龄事业发展的方针、政策、规划等重大问题和老龄工作中的问题，进行调查研究，提出建议；开展信息交流、咨询服务等与老龄问题有关的社会活动，参与有关国际活动；承办国务院交办的其他事项和有关部门委托的工作。

1999年，经中共中央、国务院批准，成立"全国老龄工作委员会"，作为国务院主管全国老龄工作的议事协调机构，办公室由民政部代管。职能是协调优化整合相关涉老部门的老龄工作，统筹国家老龄政策研究、老年人社会管理、老年人服务，领导发展老龄事业。

2018年，在党和政府的机构改革中，继续保留全国老龄工作委员会，由国家卫生健康委员会的老龄健康司承担全国老龄工作委员会的具体工作，中国老龄协会亦由其代管。这次机构改革，在一定程度上回应全社会对加强老龄工作体制机制改革的迫切要求，对老龄工作机构在整个行政序列中长期处于弱势地位有较大改善，改变了挂靠在民政部下的全国老龄办行政职能不强的历史问题，意味着卫生健康委可以依靠自身的行政职能以及卫生健康委系统积极开展老龄工作，负责推进医养结合的养老服务体系。

（二）老龄工作机构的主要设置

老龄工作机构主要是指专门从事老年人事业政策研究，对老年人进行社会管理和为老年人提供服务的机构，简称老龄机构。1999年全国老龄工作委员会成立以来，各地陆续成立了由党政领导挂帅、有关部门参加的老龄工作议事协调机构，老龄工作的领导体制和运行机制基本建立。一个完整的纵到底、横到边的省、市、县、乡、村五级老龄工作机构网络正在不断完善，其中乡镇及以上的老龄工作主要由政府正式组织系统承担；而老龄机构自乡镇一级再往下延伸，主要靠村（居）委会及其领导下的老年人协会来完成落实老龄工作，它们为展开老龄工作提供了有力的组织保证。在中央层面，专门承担老龄工作的机构主要有全国老龄工作委员会、全国老龄工作委员会办公室及中国老龄协会。县级以上的地方政府大都完成了老龄委、老龄办的设置，乡镇一级的老龄机构建设也在迅速推进。农村或社区的基层老龄工作主要依赖于村（居）委会及其领导下的老年人协会来完成和落实。截至2014年底，全国城乡社区老年协会49万个，覆盖率为74%。

（三）新一轮机构改革下的涉老部门

2018年，党的十九届三中全会审议通过《中共中央关于深化党和国家机构改革的决定》和《深化党和国家机构改革方案》。新一轮机构改革的总体思路是以提高国家治理能力为导向，在国家治理体系的整体建构中统筹推进机构改革。此次改革中，涉老部门的工作职责得到进一步明确和强化。新一轮机构调整集中体现了政府在老龄工作中的重大理念转变，从实现全人群全生命周期健康服务的视角，积极应对人口老龄化。

国家卫生健康委员会负责拟定应对人口老龄化、医养结合的政策措施，综合协调、督促指导、组织推进老龄事业发展，承担老年疾病防治、老年人医疗照护、老年人心理健康与关怀服务等老年健康工作。下设老龄健康司，主要负责组织拟定并协调落实应对老龄化的政策措施，组织拟定医养结合的政策、标准和规范，建立和完善老年健康服务体系，承担全国老龄工作委员会的具体工作。

民政部负责统筹推进、督促指导、监督管理养老服务工作，拟定养老服务体系建设规划、法规、政策、标准并组织实施，承担老年人福利和特殊困难老年人救助工作。民政部下设养老服务司，主要负责承担老年人福利工作，拟定老年人福利补贴制度和养老服务体系建设规划、政策、标准，协调推进农村留守老年人关爱服务工作，指导养老服务、老年人福利、特困人员救助供养机构管理工作。

人力资源和社会保障部研究拟定机关企事业单位离休退休政策法规、养老保险政策法规、机关企事业单位医疗保险政策法规并下设养老保险司，组织相关政策法规的实施。除以上几个部门外，财政部、司法部、住房和城乡建设部等相关部门也承担着重要的老龄工作职责。中共中央组织部、中华全国总工会、解放军总政治部老干部局也是重要的涉老部门，承担着老龄工作的重任。

2019年8月5日，国务院办公厅发布《关于同意建立养老服务部际联席会议制度的函》。养老服务部际联席会议制度主要职能是在党中央、国务院领导下，统筹协调全国养老服务工作，研究解决养老服务工作重大问题，完善养老服务体系。该制度由21个部门和单位组成，民政部为牵头单位。联席会议制度的建立为中国养老服务体系建设多部门联动奠定了良好基础。

（四）基层社会基本形成多元共建共治共享的治理格局

从历史上看，家庭一直是中国老人养老最重要甚至是唯一的主体，政府通常发挥着法规制定、社会保障和目标规划的主导作用。"打造共建共治共享的社会治理格局"决定着老龄社会应是多元共治。在国家推进治理体系和治理能力现代化的背景下，老龄社会的治理应逐步演变为多元共治的局面。从《老年人权益保障法》《社会养老服务体系建设规划（2010~2015）》《"十三五"国家老龄事业发展和养老体系建设规划》等文件可以看到，老龄化治理体系已经演变为党组织、政府、社会、家庭、老人自身多元主体参与的形态。2016年5月，习近平在主持学习人口老龄化的形势和对策时强调，坚持党委领导、政府主导、社会参与、全民行动相结合的工作方针，建立完善党委统一领导、政府依法行政、部门密切配合、群团组织积极参与、上下左右协同联动的老龄工作机制。在我国防控新冠肺炎疫情工作中，各地全面落实联防联控措施，通过联防联控机制，卫健委、民政部、全国老龄办等多部门发布多个文件，多措并举全力构筑老年人疫情防控安全网，建立老年人疫情防控的体制和机制，充分展示了多元共治的显著优势，为老龄社会的多元治理积累了宝贵经验。在党和国家政策的指引和各地的积极探索下，多元共建共治共享的治理格局已基本形成，具体表现如下。

1. 党建引领的作用不断加强

社会治理的重心在基层。在基层社会治理中，基层党组织具有领导核心作用，党建工作发挥着政治引领作用、社会协调作用和文化引领作用。因此，加强基层党建引领基层社会治理创新，把基层党建贯穿于基层社会治理的各领域各方面各环节，是创新社会治理的突围路径。党的十八大以来，各地建立社区党建服务中心和党群服务中心，为党建引领下的社区治理和服务创新搭建了平台。养老问题得以在党建引领的作用下找到解决途径。如江西省新余市在全国首创的"党建+颐养之家"农村居家养老模式，有效解决了新余市农村养老问题。通过百度检索发现，全国各地正积极探索党建引领下的养老新模式。

"党建+颐养之家"农村居家养老模式

习近平总书记在党的十九大报告中强调，要推动社会治理重心向基层下移，把基层党组织建设成为领导基层治理的坚强战斗堡垒。推进基层治理体系和治理能力现代化，必须把加强党的领导和党的建设摆在首位，以党的建设贯穿基层治理、保障基层治理、引领基层治理。

2016年底以来，江西省新余市充分发挥基层党组织战斗堡垒作用和党员先锋模范作用，在全国首创"党建+颐养之家"农村居家养老模式，为农村老人提供日间生活照料和精神慰藉等服务。党建引领是"颐养之家"的关键之处，江西省委领导，新余市委负责，组织部门牵头，村两委主抓，推动党的建设与民生事业深度融合。"党建+颐养之家"建设经费以政府"财投"为主，每个行政村一次性投入10万元，由市、县（区）、乡三级按4：4：2比例分担。运行经费以老人"自投"为主，每人每月350元标准，老人自交200元，市、县（区）两级财政各补贴50元，乡、村两级自筹50元。在选址布点上，根据老人数量分布、村庄布局等实际情况合理布点。对老人较集中、自然村距离较近、辖区范围较小的行政村，建1~2个标准点。在场所建设上，注重资源整合，鼓励优先利用闲置的村级活动场所、小学校舍等集体房屋进行改扩建。截至2018年5月30日，新余市已基本实现有需求老人的全覆盖，全市413个行政村中已建成736个颐养之家（配送点122个，吃住一体点72个），惠及老人9138名。

2. 社会组织参与水平提高

"激发社会组织活力"是十八届三中全会提出的政策目标。社会系统的复杂网络结构特征要求社会治理需要社会组织的协同参与，社会组织有其独特的优势和作用。政府向社会组织购买居家养老服务的实质是引导社会组织参与老龄问题的协商应对。近年来，中国社会组织数量不断增加。根据民政部发布的社会服务发展统计报告，中国社会组织数量从2010年的44.6万个增加到2018年的81.7万个，增幅明显[1]。新时代"枫桥经验"就是通过整合党政组织、规范村级组织、发展社会组织三种途径推动基层社会的再组织，达到社会治理的目的。在社区、社工和社会组织"三社联动"机制的推动下，社会组织在社会治理中的地位不断提高，社会组织的服务对象逐渐覆盖有特殊需要的老人，服务内容丰富，经费来源渠道多。中国社会组织参与养老服务中的发展趋势具有以下特点：服务老年人的社会组织不断增加，社会组织在养老服务中发挥越来越重要的作用；培育扶持社会组织进入养老服务已成为各地政策创新重点；养老服务的社会组织向专业化和规范化发展；政府和社会组织的合作越来越多。这些意味着社会组织参与应对老龄问题的积极性和参与水平都不断提高。

3. 市场活力增强

市场是参与社会治理的主体之一。2017年，中共中央、国务院发布《关于加强和完善城乡社区治理的意见》提出"积极引导驻社区机关企事业单位、其他社会力量和市场主体参与社区治理"。随着中国养老服务业快速发展，产业规模不断扩大，2016年，国务院办公厅印发《关于全面放开养老服务市场提升养老服务质量的若干意见》，使得各类市场主体的活力不断增强。2015年，北京市发布《北京市养老服务设施专项规划》，明确提出"9064"养老服务发展目标，即到

---

[1] 数据来源：http：//www.mca.gov.cn/article/sj/tjgb/。

2020年，90%的老年人在社会化服务协助下通过家庭照顾养老，6%的老年人通过政府购买社区照顾服务养老，4%的老年人入住养老服务机构集中养老。这一模式在很多城市得到推广，并且出台"居家养老服务条例"，说明居家养老将是重点发展模式。居家养老是"政府主导、社会参与、市场运作"的运作模式，相关服务标准、内容和政策一般由政府制定，通过政府购买或自由竞争的方式，由市场主体提供服务，无疑将进一步激发各类市场活力。综合来看，在国家大力发展养老产业和推广居家养老的背景下，市场主体参与老龄社会治理的活力不断增强。

以社区居家养老服务参与社区治理——诚和敬驿站公司案例

北京诚和敬养老健康产业集团由北京市国有资产经营有限责任公司于2012年出资设立。诚和敬养老驿站目前已在北京布局130余家，实现了主城区和城市副中心的全覆盖。面对社区治理的新要求，诚和敬驿站公司党支部带领公司深度分析居家养老行业发展和社会治理要求，将社区社会治理各项要求融入为老服务的过程当中。

形成了参与社区治理的特色模式，即"1+5+2N+X"社区治理体系模式。1个中心：以推动为老服务事业发展为中心；5项服务功能：矛盾调处功能、安全防范功能、心理服务功能、文化传播功能、康养服务功能；2N个服务组织：N个驿站+N个社区；X个志愿服务者：X个立志于社会公益事业的志愿者。

把社区治理的内容和要求融入企业经营管理工作中，建立七大特色服务体系。特色驿站体系：建立老少结合、老残一体、医养结合等特色养老驿站；康养服务体系：全方位提供基础康养服务；社区救助体系：探索"十五分钟救助圈"社区医疗救护模式；精准帮扶体系：为困难、残疾、高龄、失独等家庭及老人提供针对性帮扶；志愿服务体系：建立志愿服务队，开展志愿服务活动；治安治理体系：建立居民议事厅、开展安全消防教育活动；心理慰藉体系：建立心理慰藉室、"讲述者-口述历史"计划。通过这些服务体系，实现了社会效益和经济效益相互促进、共同提升。

4. 家庭参与水平降低

敬老爱老是中华民族的传统美德。基于家庭伦理的道德维系力和社会关联性使得"慈孝文化"具有重要的社会治理功能。在传统中国家国同构体系下，养老主要由家庭承担，并形成了以家族为单位的共担、分担、均担、共养机制。费孝通用"反哺模式"概括家庭养老，即父母养育了儿女，儿女要反哺赡养父母。随着社会结构的变迁，"慈孝文化"面临基础逐渐丧失和伦理价值失范等困境，同时家庭结构模式也发生了重大变化。主要表现在独生子女数量持续增长，独生子女占总人口的比重从2014年的16.5%增长到2015年的21.1%，预计2050年独生子女人数将达到3.03亿人，并且主要分布在城镇和东部地区；失独家庭的规模也随着独生子女数量增加而增加，根据普查数据预测，到2020年，35岁及以上失独妇女总量达到180万左右的可能性很大，到2035年，峰值达到258万左右；家庭老龄化已成为现代社会的常态，约三分之二的家庭中有1个老年人，有多个老年人的家庭户数增长速度快于有1个老年人的家庭户；老年人独居现象不断增长，"纯老家庭"（全部由65岁以上老人组成的家庭）在2010年有近三千万户，约占家庭户总数的8.1%；户均老年人数量从1982~2000年间的0.22~0.24人陡增到2010年的0.41人，同时户均孩子数量大幅下降，家庭"少子老龄化"的特征比较明显。有关独生子女和独生子女家庭面临的养老问题引起社会各界的广泛关注。社会结构和家庭结构的变迁都不利于家庭在应对老龄化中发挥作用，直接降低了家庭在养老治理中的参与水平。

5. 老年人参与水平提升

提高老龄社会的治理能力，广大老年人是重要的参与主体之一。目前以社区为地缘平台的互助养老模式在全国各地悄然兴起，让老年人参与互助养老，有助于发挥老年人的主体性和社会性，使得老年人老有所为，解决老龄社会治理中的实际问题。互助养老模式灵活多样。目前比较活跃的互助养老模式有：以亲缘和地缘为基础的"亲友邻里互助""时间银行"模式、以社会团体组织为依托的"精英老年人"与"大众老年人"间的互助和社区互助型养老等。农村社区互助型养老主要包括纯公益型和福利+公益型，互助型集中养老包括纯公益型、纯福利型、"市场+"型。民政部社会服务发展统计公报的数据显示，社区互助型养老设施在2018年有9.1万个，比2014年增加5万余个，表明老年个体在参与老龄社会治理中的地位不断加强，参与水平不断提高。

（五）科技支撑的作用加强

党的十九大报告指出，要"提高社会治理社会化、法治化、智能化、专业化水平"。智能化就是运用物联网、云计算、大数据、智能硬件等新一代信息技术产品提升社会治理能力。在老龄工作方面，表现最为突出的是智慧健康养老的迅速发展，就是利用信息技术产品，实现个人、家庭、社区、机构与健康养老资源的有效对接和优化配置，推动健康养老服务智慧化升级，提升健康养老服务质量效率。当前智慧健康养老已成为社会各界共同关注的热点问题。国家出台多个文件推进智慧健康养老体系建设和产业发展。2015年国务院印发《关于积极推进"互联网+"行动的指导意见》，提出"搭建养老信息服务网络平台"；2016年国务院办公厅印发《关于全面放开养老服务市场提升养老服务质量的若干意见》，提出"推进'互联网+'养老服务创新"，并进行了详细阐述；工信部等三部委联合印发《智慧健康养老产业发展行动计划（2017~2020年）》，对发展智慧健康养老产业的总体要求、重点任务和组织实施进行了详细规划。为贯彻落实一系列政策，工信部等三部门制定了《智慧健康养老产品及服务推广目录（2018年版）》，先后于2017年、2018年和2019年开展了三批智慧健康养老应用试点示范工作。这些政策和工作推动了科技在应对老龄问题中的成果转化，使得养老服务内容变得智能化、精准化、便利化、个性化，提高了老年人的生活水平，一定程度上缓解了养老服务的供需矛盾。

四、中国老龄社会治理体系存在的问题

中国人口老龄化程度存在着明显的区域、城乡差异，意味着人口老龄化的情况更为严峻和复杂。未来人口老龄化将呈现人口规模大、进程速度快、程度水平高和形态比较稳定等特点。老龄问题社会治理体制机制仍存在不少问题。

（一）老龄工作体系有待进一步健全

中国老龄工作初步建立了六大体系：养老保障体系、老年服务体系、老年社会管理体系、老年健康支持体系、老年人居环境体系和人口老龄化对策体系。老龄工作体系还不健全，六大体系发展还不够平衡，各部门绝大多数老龄工作围绕养老保障体系开展，而老年服务体系和老年社会管理体系等工作未受到充分重视。各级老龄工作机构的工作重心仍然局限在满足老年人的基本生存需求层面，在推动老年参与、促进老年发展等方面缺少创新。同时，中国尚未建立起比较完善的养老保障体系，养老保障体系区域城乡差别大。各地区试点的新农保保障人群较少、保障水平低、统筹能力差、风险化解能力低、政策效应低，特别是老年农民参保面临个人无力承担、地方财政难以支付等实际困难。

（二）涉老职能部门协调机制尚未形成

就职能的规定和授权来说，全国老龄委的定位是议事协调机构，主要起咨询、参谋助手、综合协调、督促检查的作用，在很大程度上是过去定位为事业单位、社会团体的延续，这样应对老龄化的方式和原来一样由各职能部门按传统思维办理，体现不出与时俱进和以创新思维应对老龄化，也保证不了有力的协调和督促检查作用。现有涉老职能部门的工作机制是分工协作，看起来分工明确，各司其职，但存在三个明显的不足。一是各职能部门职能定位不准确、职责划分不清晰，很容易造成各部门自行其是，出现分工有余、协作不足局面。二是各部门对老龄工作重视的程度大不相同，容易把老龄事业放在无足轻重的地位。这种条块分割的状况持续越久，部门利益刚性就越强，部门协作的效率也就越差，很可能造成许多老龄工作职能缺位。三是由于新的工作内容不断产生而不能及时明确分配到相应部门，就会出现某项工作无人负责、相互推诿的情况。

（三）多元治理主体的职责不清晰

主体责任不清晰是老龄化社会治理的重点和难点，也是国家深化管理体制改革过程中的一个普遍性问题，这一点在农村和欠发达地区表现更明显。老龄社会治理主体已经开始向多元化发展，但仍存在政府越位与缺位现象、市场资源配置存在缺陷、社会组织作用发挥有限等问题，多元共治尚处于初步发展阶段。政府是老龄社会治理不可或缺的主体，但城乡均存在政府职能越位与缺位现象，农村地区更为明显。主要表现为政府包揽老龄社会治理职责，政府职能与市场职能、企业和社会组织不分，行政审批不合理，政事不分问题突出；同时在基本养老服务供给上，政府职能发挥不足，尤其农村地区养老服务基础设施落后，社会化养老服务发展不足。市场力量在养老资源配置中表现不足，除了政府与市场之间的关系没有理顺以外，市场自身也存在缺陷，区域以及城乡发展不平衡，两极分化严重。西部地区以及农村地区老龄市场供给体系尚未建立，养老事业主要依赖于政府，市场力量发挥很少。社会组织在养老服务中有不可忽视的功能，地位日益凸显。截止到2014年底，城区、农村社区老年协会数量分别是7万个和42万个，覆盖率分别为81%和72%，但大多集中分布在东部沿海一带和大、中城市，而且老年协会实际发挥的力量比较弱小，呈现出严重的地域不平衡、实际参与率低的特点。老年协会自治能力有限，在老龄社会治理方面普遍成为政府的衍生物，自身缺乏明确的发展定位和长期规划。

（四）区域和城乡协同治理机制尚未形成

党的十九大报告指出，中国社会主要矛盾已经转化为人民日益增长的美好生活需要和不平衡不充分发展之间的矛盾。发展不平衡主要表现为区域和城乡发展不平衡。加上人口老龄化的区域城乡差异，导致区域和城乡老龄化事业发展不平衡、治理能力差异大。老龄化治理的区域差异则是由于人口迁移流动、老龄化程度差异大和经济发展水平不同导致的，而城乡差异主要是城乡二元体制和农村劳动力转移造成的。目前，区域和城乡老龄化的协同治理机制尚未形成，表现为区域、城乡应对养老风险的能力不一。农村和中西部地区养老保障和医疗保障等待遇相对较低，相关老年优惠政策制度发展不完善，制约了其养老服务的发展。养老服务，城镇地区发展水平高于农村，东部地区高于中西部地区。城镇和东部地区经济发展水平相对较高，地方财政能力较强，有能力为养老服务基础设施建设创造好的条件，而农村地区经济发展比较落后，养老服务发展起步晚，普遍面临财政资金投入不足、养老服务设施建设落后、养老服务社会化程度低等问题。

五、加强和创新老龄社会治理体系的战略选择

在人口老龄化继续加深的背景下，激发老龄社会活力，加强和创新老龄社会治理体系，是应对人口老龄化的重要战略选择。结合国家治理的基本要求、中国人口老龄化发展趋势和老龄社会治理体系存在的问题，可以从以下几个方面实现。

（一）加强老龄社会治理的顶层设计

认识和把握人口老龄化变化趋势对社会治理的影响，要尽早做好老龄社会治理的顶层设计。第一，根据人口老龄化的变化趋势，加强老龄社会治理的前瞻性和系统性，及早制定老龄社会治理的中长期规划。要克服政策制定和制度安排的短视思维，避免采用应急性的政策设计思路，加强事前防范，把老龄社会治理纳入国家治理体系。第二，建立积极应对人口老龄化的战略体系，不管是总体战略上还是在人口、经济、政治、文化、社会、生态和区域发展战略上，都要统筹处理好解决人口老龄化问题、建设老龄社会和社会主义现代化建设之间的关系。第三，在全生命周期视角下，构建积极应对老龄社会的政策体系和社会环境。全生命周期是积极应对人口老龄化顶层设计的核心理念，所以基于全生命周期制定跨部门的涉老政策是前提条件。第四，贯彻落实十九大精神[①]，弘扬中华民族的传统美德，做好年龄友好型社会政策体系和社会环境的顶层设计。年龄友好型社会建设的方向，是使处于不同年龄层的老年人都能根据自身特点，获得自己所需要的支持，充分发挥个人的能力，活跃于家庭、职场和社会各领域。年龄友好型政策体系的基础是家庭孝老，支柱是社会敬老，主体是国家养老，顶层设计应促使三者形成合力，为老年人营造良好的物质、制度和文化支持体系和环境。第五，完善老年福利制度体系。党的十九大报告已经从公民道德体系、社会保障体系和健康中国等多个角度对老年福利保障问题进行了阐释，目前应该加快相关制度的落实和完善，促使多元主体的共同参与，满足老年人对美好生活的需求。第六，人口老龄化是全球面对的共同问题，从构建人类命运共

---

① 党的十九大报告提出"积极应对人口老龄化，构建养老、孝老、敬老政策体系和社会环境"。

同体高度，积极开展国际合作，充分利用国内外资源，加强国家之间的交流和合作，积极借鉴国际应对老龄社会的经验和做法，同时为全球应对人口老龄化做出中国贡献。在应对全球新冠肺炎疫情中，中国积极开展抗疫国际和地区合作、深入参与全球公共卫生治理，是携手应对共同挑战的典范。

（二）明确老龄工作机构和涉老部门的具体职责

健全老龄工作体系，需要进一步明确老龄工作机构及职能部门的具体职责，各老龄工作机构和涉老部门各司其职，互相配合，健康有序运行。首先，明确老龄工作委员会的决策职能，设置负责老龄工作的宏观管理和决策部门，明确成员单位的职责，老龄工作委员会进行老龄工作的相关政策研究和政策建议，保证老龄工作的方向性，而不直接参加具体的老龄工作。其次，完善老龄工作委员会的运行机制和涉老部门的协作机制，通过协调各涉老部门，统筹制定老龄政策，编制老龄工作规划。老龄委通过其办事机构老龄办和老年人协会落实老龄政策，通过老龄办开展政府内部协调、监督与考核，依靠老年人协会做好老年群众组织社会管理工作，在政府内部和外部形成合力，推动老龄政策的贯彻落实。最后，明确涉老部门的职责，杜绝职能定位不准确、职责划分不清晰的局面，在此基础上，对中央、省级、地市、县四级涉老部门的主要职能进行分级明确，使各级工作有侧重点，增强老龄工作的时效性和针对性。

（三）明晰各治理主体的职责

作为社会治理的重要组成部分，老龄社会治理必须坚持依法治理、系统治理、综合治理。老龄社会治理涉及多个部门、各行各业，不是任何单一主体所能承担或主导的，需要党组织、政府、社会组织、家庭、老年人自身等全社会力量共同参与。

第一，强化党委领导的作用，发挥好最大的制度优势。在全局高度，党委对涉及老龄社会治理的方向性和全局性内容，以及关于老龄政策的中长期规划和政策体系进行整体把控，统领各职能部门，发挥好党总揽全局、协调各方的作用；在基层，强化党建在提升基层社会能力上的引领作用，发挥党建的政治引领作用和社会协调作用，整合基层社会的各种资源，加强对多元养老主体的培育和扶持，积极探索"党建+基层社会治理+养老"的新模式，在基层治理中统筹解决养老问题。

第二，强化政府的兜底保障职责。一方面要明确老龄社会治理方向和目标，统筹区域、城乡，规划养老服务体系建设，完善和健全社会保障制度，加强普惠性社会养老服务基础设施的建设。另一方面，要健全政府责任机制，防止政府对非公共性领域的过多干预，强化政府兜底保障和监督职责，同时充分激发市场力量、社会参与和基层民主自治的积极性。

第三，激发市场活力，提升养老服务质量。老龄产业投入大、回报慢，需要政府的支持和引导，进一步落实扶持政策，国家应降低准入门槛，创新服务管理，精简行政审批环节，积极鼓励和引导社会资本进入老龄领域，平衡区域和城乡发展。市场应注重养老服务质量的提升，建立优质的养老服务体系，完善养老行业的规范体系，促进养老产业的高质量发展。

第四，积极鼓励和引导社会组织参与社会养老服务，完善税收优惠政策，多渠道吸引更多民间资本，为社会组织参与社会养老提供政策支持和制度保障。

第五，加大对家庭的政策支持，尤其是独生子女家庭，提升家庭养老能力。缺少家庭支持的养老政策是不完整的，既损害老年人的福利，又会对社会造成负担。独生子女家庭面临养老和育儿的双重压力，政府应该对这部分群体采取更大的税收优惠或现金补贴计划。针对失独家庭，为解决失独老人面临老无所依的困境，应尽快出台专项税收优惠计划或提高现金补贴、加快构建中国养老服务体系。

第六，开发老年人力资源，提升老年人社会参与水平。根据区域、城乡发展的差异性，因地制宜，积极为老年人创造条件，搭建社会参与平台，如鼓励建立老年大学、开展互助养老、组建老年志愿组织等，积极引导有能力有意愿的老年人参与社会治理，实现自身价值。

（四）善用人口机会窗口，完善区域、城乡老龄社会治理的协同发展

我国幅员辽阔，区域、城乡差异大，统筹区域、城乡发展是重大问题。党的十九届四中全会提出要构建区域协调发展新机制、健全城乡融合发展体制机制。中国正处于人口机会窗口的最后时期，随着城镇化进程的进一步加快和人口在区域间的迁移流动，会使得人口机会窗口在城乡和区域之间依次推移。老龄化的区域差异和城乡差异增加了应对人口老龄化的复杂性，但如果善用"人口红利"的区域、城乡差异，可以缓解城市和东部地区的人口老龄化压力，延长东部和城市人口红利的窗口期，创造政策回旋空间，为区域、城乡的错位发展提供机遇，为协调与整合机制的建设提供时机。既可以纠偏现有资源的错配，也可以引导未来资源的优化配置，达到区域和城乡均衡发展的目标。在区域协同发展战略上，统筹解决人口老龄化问题和区域发展不平衡之间的关系问题。比如养老服务硬件设施要根据地方经济发展水平、老年人支付能力与意愿以及老年人口规模等因素，因地制宜，逐步发展。在城乡协同发展战略上，破除二元体制带来的各种障碍，在理念、主体、政策和方式上，尽快实现老龄社会的协同治理，打破城乡分割的局面，缩小城乡在社会公共服务上的差距，实现城乡社会制度的一体化。

（五）完善应对重大突发事件的老龄社会治理体系

在面对诸如公共卫生事件、自然灾害等重大突发事件时，由于老年人整体抗风险能力较弱，老龄化社会相比于年轻人为主体的社会更脆弱、面对的风险也更大；但在未来中国长期发展的过程中，各类重大突发事件又是难以避免的。因此，有必要在推动老龄社会治理体系发展的过程中，将应对重大突发事件纳入考虑范围，重点推动以下三个方面的发展。第一，健全志愿服务体系，进一步增强社会的组织力、动员力，继续强化党的领导作用和基层党组织的作用，整合社会资源与人力资源，强化社会主义集中力量办大事的优势，调集更多力量应对可能出现的各类重大突发事件。第二，健全老年人关爱服务体系。随着人口老龄化不断加深，由于自然灾害、突发公共卫生事件日益频繁发生，为降低老年人的身心伤害，要发挥志愿服务和多元主体的优势，加强对失能、失独、独居、残疾、高龄等老年群体的关爱，建立重点关照老年人的防控、救治和恢复体系，全方位关爱老年人的身心健康。第三，摆脱"一刀切"的工作方式，在一定程度上增强地方自主性，给予地方容错空间，强化社会治理体系的灵活性，鼓励各地根据自身情况，在服从中央统一安排的情况下，灵活应对社会重大突发事件。例如，在面对大规模传染病一类的公共卫生事件时，经济相对落后、老年人口比重较大的地区，在恢复社会生活、复工复产时可以缓行，以保证人民群众特别是老年人生命健康；而较为发达的地区，则可以借助经济、技术、医疗优势，优先恢复生产生活和社会的正常运行。

参考文献

[1] 杜鹏，王永梅.改革开放40年中国老龄化的社会治理——成就、问题与现代化路径.北京行政学院学报，2018（6）

[2] 原新.国际社会应对老龄化的经验和启示.老龄科学研究，2015（03）

[3] 潘屹.从北欧、英国的社会照顾看中国社区照顾服务业的发展.民政部政策研究中心，http：//zyzx.mca.gov.cn/article/zyzx/shfl/200803/20080300012829.shtml

[4] 党俊武.中国要抓紧研究制定应对人口老龄化的国际战略.老龄科学研究，2018（05）

[5] Kalache A，Gatti A. *Active ageing：a policy framework*. Advances in gerontology，2003

[6] 李志宏.新时代中国老龄工作的新使命：积极应对人口老龄化 构建理想老龄社会.老龄科学研究，2018（09）

[7] 杜鹏，董亭月.促进健康老龄化：理念变革与政策创新——对世界卫生组织《关于老龄化与健康的全球报告》的解读.老龄科学研究，2015（12）

[8] 胡湛，彭希哲.应对中国人口老龄化的治理选择.中国社会科学，2018（12）

[9] 2014年3月5日习近平总书记在参加他所在的十二届全国人大二次会议上海代表团审议时的讲话.人民日报，

2014-3-6

[10] 陆杰华. 新时代积极应对人口老龄化顶层设计的主要思路及其战略构想. 人口研究，2018（01）

[11] 易艳阳，周沛. 元治理视阈下养老服务供给中的政府责任研究. 兰州学刊，2019（04）

[12] 全国老龄办，民政部. 关于进一步加强城乡社区老年协会建设的通知，2015

[13] 胡雯，陆杰华. 新一轮机构改革对改善民生顶层设计的要义解读. 国家行政学院学报，2018（03）

[14] 曹海军. 党建引领下的社区治理和服务创新. 政治学研究，2018（01）

[15] 罗良意，喻尊平，万鑫. 江西省探索农村养老模式的实践之路. 中国社会工作，2018（26）

[16] 范如国. 复杂网络结构范型下的社会治理协同创新. 中国社会科学，2014（04）

[17] 刘开君，卢芳霞. 再组织化与基层社会治理创新——以"枫桥经验"为分析案例. 治理研究，2019（5）

[18] 何辉等. 中国社会组织报告（2016~2017）. 社会科学文献出版社，2017

[19] 屈群苹. 慈孝文化的现代困境与实践转型：浙江"慈孝仙居"的经验表达. 治理研究，2019（01）

[20] 陈军亚. 由家到国、家国共责："老有所养"的中国治理进程——基于大型农村实地调查的认识和启示. 政治学研究，2018（04）

[21] 姚引妹，李芬，尹文耀. 单独两孩政策下独生子女数量、结构变动趋势预测. 浙江大学学报（人文社会科学版），2015（01）

[22] 王广州. 中国失独妇女总量、结构及变动趋势计算机仿真研究. 人口与经济，2016（05）

[23] 彭希哲，胡湛. 当代中国家庭变迁与家庭政策重构. 中国社会科学，2015（12）

[24] 万谊娜. 社区治理视角下互助养老模式中社会资本的培育——基于美国"村庄运动"的经验. 西北大学学报（哲学社会科学版），2019（04）

[25] 刘妮娜. 中国农村互助型社会养老的类型与运行机制探析. 人口研究，2019（02）

[26] 原新. 积极应对人口老龄化是新时代的国家战略. 人口研究，2018（03）

[27] 何文炯. 改革开放以来中国社会保险之发展. 保险研究，2018（12）

[28] 李伟旭. 老年社会组织的发展状况及其路径. 新视野，2015（03）

[29] 孔伟. 老龄社会条件下基层老年群众组织社会治理功能探析. 老龄科学研究，2014（05）

[30] 许宪春，郑正喜，张钟文. 中国平衡发展状况及对策研究——基于"清华大学中国平衡发展指数"的综合分析. 管理世界，2019（05）

[31] 罗志刚. 中国城乡社会协同治理的逻辑进路. 江汉论坛，2018（02）

[32] 党俊武. 应对人口老龄化顶层设计刍议. 老龄科学研究，2017（01）

[33] 陆杰华. 新时代积极应对人口老龄化顶层设计的主要思路及其战略构想. 人口研究，2018（01）

[34] 林闽钢，康镇. 构建中国养老、孝老、敬老社会政策体系. 人口与社会，2018（04）

第八章

应对人口老龄化的政策建议

健康长寿是人类永恒的追求。人口老龄化的出现，意味着长寿人群比重的提升，充分体现了经济社会的发展成果。老龄化的出现，也意味着中国发展的基本条件发生了变化。基于这些变化和未来趋势，谋划老龄化背景下经济社会发展的各项策略，能够将未来的中国带入更为良性发展的轨道，助力现代化目标的实现。

2022年，新中国成立后第二次生育高峰期的出生人口将陆续进入老年阶段，中国将进入老龄社会，人口老龄化的发展也将更为迅速。65岁及以上老年人口的规模在2025年、2035年、2050年将分别达到2.1亿人、3.1亿人、3.8亿人。经过70年的发展，中国正在从中高收入国家迈向高收入国家行列，物质条件的丰富和生活条件的改善为应对人口老龄化奠定了基础。经过长期的探索和努力，应对老龄化的各类制度安排和服务体系也都有所发展，为老年人口基本生活和各类活动的展开提供了基本制度支撑。

随着2020年全面建成小康社会目标的实现，现代化将成为中国经济社会发展的主旋律。到2035年，中国将基本实现社会主义现代化；到2050年，中国将建成富强民主文明和谐美丽的社会主义现代化强国。2019年10月召开的十九届四中全会，对推进国家治理体系和治理能力现代化做出了部署。应对人口老龄化的各项措施，将成为人口领域推进现代化建设的重要举措。

一、应对人口老龄化的总体目标和原则

未来十年是中国构建老龄化应对体系的重要"窗口期"。在这一时期，面对日渐深化的人口

老龄化，需要结合现代化战略的实施，服务于分阶段走的现代化战略大局，在主动适应和积极引领的总原则下，在社会治理、经济增长、服务提供、健康促进、经济保障和社会参与六个核心领域，分三步针对人口老龄化构建完善的应对措施，建设起年龄友好型社会。

第一步，到2025年，满足老年人各类需求以及与老龄社会相适应的经济社会发展模式的基本制度框架初步建立；第二步，到2035年，与基本现代化相适应的较为成熟的老龄化应对制度框架总体建成，基本解决老龄社会发展中的不平衡不充分问题，老年人基本需求得到较好保障，老年人活力充分发挥的社会环境基本形成；第三步，到2050年，建成与社会主义现代化强国相适应的老龄问题应对体系，形成全面、公平、高质量、可持续的老龄社会发展格局，老年人福祉得到充分保障，老年人平等参与全面实现，年龄友好型社会全面建成，充分实现"老有所依、老有所养、老有所医、老有所乐、老有所为、老有所学"。

具体措施的出台，需要坚持两个原则。一是分类指导原则：鉴于老年人群规模巨大以及中国的发展在城乡、地域等维度上存在显著不同，政策举措需要根据城乡、区域、性别、教育水平和老年人健康状况等特征加以分类，根据不同人群需求特点设立政策目标。二是动态调整原则：由于出生于不同年代的老年人在群体特征和需求等方面有着显著不同，应对老龄化的制度建设需要坚持动态眼光，根据不同时期老年人的特征及需求及时进行调整。

二、构建与老龄社会相适应的社会治理体系

构建和完善与老龄化相适应的社会治理体系是国家治理体系现代化的内在要求，也是解决人口领域相关问题、支撑经济社会可持续发展的基本保障。

完善老龄社会治理体系建设，总方向是充分发挥中国的制度优势，坚持和完善共建共治共享的社会治理制度，以构建年龄友好型社会为目标，建设"人人有责、人人尽责、人人享有"的社会治理共同体，将人口老龄化事业与中国特色社会主义事业融合发展，把老龄社会治理纳入整个社会治理中。重点任务包括六个方面。

第一，做好老龄社会治理顶层设计。建设年龄友好型社会，是使处于不同年龄层的老年人都能根据自身特点，获得自己所需要的支持，充分发挥个人的能力，活跃于家庭、职场和社会各领域。年龄友好型政策体系的基础是家庭孝老，支柱是社会敬老，主体是国家养老。顶层设计应促使上述三者形成合力，为老年人营造良好的物质、制度和文化支持体系和环境，具体落实在六个方面。一是强化党的领导，统筹协调老龄化相关各部门的职责安排和分工协作，形成合力。二是

把应对人口老龄化上升为人口领域的基本国策，从全生命周期入手，制定老龄社会治理的中长期规划。三是分别从人口、经济、政治、文化、社会、生态和区域发展入手，统筹考虑人口老龄化的影响，建立积极应对人口老龄化的综合战略体系。四是注重发挥中国特色社会主义制度优势和孝老敬老传统文化作用，完善家庭政策体系，充分发挥老龄社会治理中家庭的作用，构建符合中国国情的老龄制度设计。五是以基层治理为核心，扩大老年人政治参与，通过强基层、建机制，夯实老龄社会治理的基础。六是坚持开放融合，加强与世界各国开展应对人口老龄化的政策对话和项目对接，有效利用国际国内两个市场、两种资源。

第二，明确各治理主体的核心职责。老龄社会治理是多主体行为，需要党组织、政府、社会组织、家庭、老年人自身等全社会力量共同参与。在我国防控新冠肺炎疫情工作中，各地全面落实联防联控措施，构筑群防群治防线，充分展示了多元共治的显著优势，为老龄社会的多元治理积累了宝贵经验。参与中需要清晰边界，明确各主体核心职责。

第三，党委需要发挥好领导作用。在全局，党委需要对涉及老龄社会治理的方向性和全局性内容以及中长期规划和政策体系进行整体把控，统领各职能部门，发挥好总揽全局、协调各方的作用；在基层，需要发挥好党建的政治引领作用和社会协调作用，整合基层社会各种资源，积极探索"党建+基层社会治理+养老"模式，在基层治理中统筹解决养老问题。

第四，政府需要强化兜底保障职责。一方面，政府统筹区域、城乡，规划养老服务体系建设，完善和健全社会保障制度，加强普惠性社会养老服务基础设施的建设。另一方面，政府健全责任机制，防止对非公共性领域过多干预，强化兜底保障和监督职责。对于纵横不通畅问题，横向上，需要避免不同部门职能定位不准确和职责划分不清晰，做到信息互通和资源共享；纵向上，需要破除头重脚轻和贯通不畅问题，明确各级涉老部门主要职能，使工作各有侧重，增强老龄工作的快速响应和精准落地。

第五，市场需要充分激发活力。完善政府购买服务机制，充分发挥市场在资源配置中的决定性作用，积极引导各类市场主体进入养老服务领域，提高养老供给水平、供给质量和供给效率。注重发挥国有资本和国有企业优势，充分实现其在服务国家养老战略目标和解决重大养老问题中的作用。

第六，社会需要畅通参与渠道。搭建互动平台和载体，提供政策支持和制度保障，多渠道吸引更多民间资本和各种类型的社会组织参与养老。完善公众参与体制，积极引导离退休老党员、教师、医生、企业家等人员充分发挥自身优势，参与社区治理。

要实现良好社会治理效果，需要创新方法手段，提升治理效能。一方面，综合发挥自治的基础作用、法治的保障作用和德治的引领作用。明确政府管理权和群众自治权边界，运用法治思维推进老龄社会治理，积极培育和践行社会主义核心价值观，弘扬中华优秀传统孝老爱老文化，为社会治理凝聚精神力量。另一方面，加强科技支撑，充分发挥大数据、物联网等新技术作用，打造智能化的老龄社会治理新模式。比如，通过建立全民数据信息平台，探索"区块链+"等在养老和公益领域的运用，在全国范围内推动区块链技术在志愿服务和养老时间银行的建立，推动志愿服务体系建设。通过数字技术，开展远程诊疗，强化基层医疗卫生机构为老年人提供常见病、多发病诊疗服务的能力，增强疫情暴发时对老年人的支持功能。

三、形成老龄化社会背景下的经济增长新动能

老龄化背景下，实施新的增长战略，形成经济增长新动能十分关键。总体涵盖三个方面。

一是改善人口质量，增加人口数量。首先是调整生育政策，改善中长期劳动力供给。根据2016年全面二胎政策实施后的人口出生情况和人口老龄化的发展趋势，"十四五"时期生育政策调整可考虑分两步走。第一步，全面放开生育数量限制，由家庭自主选择生育子女的数量；配套实施生育服务政策。第二步，在部分人口老龄化程度深的区域，探索实施包括育儿支持在内的各类鼓励生育政策。其次是提升既有的人力资源开发利用水平和人力素质。提升既有人力资源开发利用水平，既需要通过户籍、土地制度改革，充分实现劳动力在城乡、区域之间的自由流动，让既有的劳动力资源实现最优配置，提升劳动生产率；也需要继续拓宽就业渠道，为农村剩余劳动力向城镇转移提供支持，最大程度提升劳动力供给水平。提升人力资源素质，需要多管齐下：第一，完善国民教育体系，提升学历教育质量，促进教育公平，在提升劳动者的总体受教育水平、延长总体劳动者受教育年限同时，注重培养顶尖高技能专业人才；第二，大力发展职业教育与培训体系，推动校企合作、产学研一体的培养模式，加快应对人口老龄化所需的职业教育体系发展；第三，加快终身学习体系发展，加快推动学习型社会建设，倡导终身学习的社会氛围，为全民提供终身学习的机会，持续提升既有劳动者的素质水平。

二是积极扶持老龄产业发展，发挥"银发经济"作用。第一，把老龄产业作为具有巨大潜力的重要组成部分，将老龄产业发展融入社会经济发展规划整体战略。第二，落实好国家现行针对养老产业的补贴和税收优惠政策，对所有的市场参与者一视同仁，依照统一规则和标准实施支持，激发各类主体市场活力。第三，通过财政贴息、小额贷款等金融手段，刺激养老服务市场的资金投入，实施投融资模式创新，吸引更多社会资本与民间资本进入养老服务市场，培育和扶持一批养老服务企业发展。第四，拓展家政服务体系向为老服务延伸，推动养老服务产

业与教育、旅游、体育和文化等相关产业协同发展，大力发展健康养老和文化养老，不断开发老龄产业新市场。第五，推动与老年人生活直接相关的食品、药品、保健品行业规范发展，进一步推动助听器、呼吸机等老年功能代偿品和康复辅具的发展，鼓励家庭医疗用品的发展，注重科技创新，开发智能化老年产品，推动智能监测、看护设备、服务型机器人研发生产，发展多样化、高质量的老年产品。

三是实现科技进步与老龄化良性互动。注重跨学科推动关键技术产品研发，从老年人及其家庭需求出发，推动技术的普及和适用。提高老龄产业、服务业信息化水平，加快发展新一代移动互联网、云计算、大数据、人工智能技术，促进新技术在应对人口老龄化过程中的应用，重点推进老龄健康、老龄教育领域的信息化平台建设。制定和细化针对高科技养老产品数据存储和传输的相关规范，保障老年人隐私和权益。

四、构建以居家社区为基础的多元养老服务体系

老年人对养老服务体系的利用，同所处年龄阶段密切相关。对70岁以下的活力老人，重点是保持健康状态和充分的社会参与，减少对养老服务的利用；对70岁到80岁的中龄老人，目标应放在大部分人保持独立，少数人依托居家和社区获取所需的养老服务；对80岁以上的高龄老人，目标是大多数人依靠居家和社区获取养老服务，少数失能、半失能老人进入机构养老。

养老服务发展的方向，是坚持"居家为基础，社区为依托，机构充分发展，医养有机结合"的发展模式，以发展居家社区养老服务为重点，不断提质扩容，逐步构建起居家养老、机构养老和社区养老相结合，多类主体共同参与的高效、充分、可负担、可持续、覆盖城乡全体老年人的现代养老服务体系。

养老服务体系的构建，城乡各有不同重点。在城镇地区，一方面，通过完善老年社会福利机构建设，针对"三无""五保"重点人群进行老年生活照料托底；另一方面，积极推动公建民营、民办公助、民办民营等各类养老机构发展，逐步形成以社会力量为主的养老服务供给格局，为绝大多数老年人提供生活服务。在农村地区，要在强化乡镇敬老院/养老院基础上，通过村落幸福院等机构建设实现养老服务的辐射，在强化家庭支持基础上，推动互助养老的发展。

养老服务体系构建工作，包括如下方面：一是尽快制定中长期规划，构建多部门统筹加快养老服务体系建设的新体制，为养老服务多元主体提供法律和制度保障；二是建立居家养老、社区养老服务机构的认证和评估标准体系，开展养老服务示范活动，推动养老服务标准化、规范化发

展；三是建立科学的养老机构评级制度、老年人入院出院评估制度和养老需求评估制度；四是充分利用现代信息技术，建立健全居家养老信息服务平台，推动养老服务体系的智慧化发展。

有效的养老服务体系需要充分发挥家庭的养老功能。一方面，通过税收优惠、带薪休假等措施，建立健全家庭养老支持政策；另一方面，开展老年人家庭照料者支持行动，以政府购买服务方式为老年人家庭照顾者提供情绪支持、喘息照护支持和照护管理支持，连接跟进所需要的照料和护理资源。

居家养老服务是未来的养老服务体系建设的投入重点，需要扭转近些年片面注重兴建机构的做法，确保扩大居家养老服务内容，改善居家养老服务质量，提升居家养老服务水平，培育居家养老服务队伍。机构养老重点从数量扩张转向质量提升，不再大力鼓励大规模新建养老机构，重点是提升既有养老机构利用效率。通过制定引入医疗服务的相关方案和实施步骤，改善既有养老机构的服务质量。在养老压力大的老城区，通过改造、更新、利用既有设施等做法，提升养老机构服务能力。对于当前养老服务机构依然缺乏的地区，做好必要的机构建设，确保养老服务机构服务网在全国范围内的完整构建，并扩大向社区和居家的服务延伸。

近期，需要从以下方面入手，破解当前服务体系中存在的突出问题。一是通过宣传教育，辅以税收优惠等激励措施，提升社区机构提供康复辅助器具租用和康复训练服务意愿和可及性，并尽快在社区机构普及老年人免费体检服务。二是对政府和相关社会组织提供的养老服务进行定期评估，确保服务供给和老年人的实际需求相互匹配，减少资源浪费，扩大有效供给。三是充实针对多主体合作进行监管及评估的理论支撑，建立针对多元养老服务体系的评价指标体系。

五、提高老年人健康水平，构建年龄友好型健康服务体系

有效应对老年人所面临的健康问题，要做好两个"前移"一个"扩大"。两个前移：一是健康维护端口前移，在疾病未发之时做好筛查、干预和健康管理工作；二是将干预人群前移，将少儿人口和青壮年人口也放在干预范围之内，推动全生命周期的早期疾病筛查、行为干预和健康管理，降低这些人到达老年期后的患病风险。一个"扩大"：从更广泛领域入手，实施减少老年人健康风险的对策。

未来的年龄友好型健康服务体系建设包含五方面内容：一是建立"健康影响评价"制度，依托多学科全方位全生命周期的健康教育体系，强化个人健康责任，提高居民健康素养，推进全生命周期的健康促进与健康教育；二是建立综合、连续的老年健康服务体系，加强医疗卫生资源下

沉，筑牢社区基层医疗卫生服务网底，发挥中医在老年人健康干预和健康管理中的独特作用，推动"医养结合"向"医养康养相结合"转变；三是构建覆盖城乡的老年人社会心理服务体系，构建心理健康三级预防体系，健全心理援助电子服务平台，规范社会心理服务机构发展；四是完善长期照护服务体系，以法律法规明确服务的标准和服务内容、资金来源与费用分担机制，规范服务市场秩序，明确服务功能定位，将对失能、失智老年人的照顾从纯粹的家庭服务变成家庭和社会相结合的服务，整合各类社会资源，将基本养老服务设施建设纳入城市总体规划统筹考虑，推进社区嵌入式中小型长期照护机构建设，充分利用包括社区卫生服务中心、社区驿站、社会组织和小规模多功能社区机构在内的各类社区资源，积极探索为长期照护需求者提供高质量的服务；五是构建完善安宁疗护支持体系，完善法律法规加强行业准入监管，依托多元主体协同供给，加强专业人才培养。

近期健康服务体系建设的重点项目包括七个方面：一是针对当前老年人群重点风险因素进行防控，展开控烟、控盐、控糖、控油专项行动；二是进一步落实农村老年人免费体检工作，制定基本医疗服务包，形成和体检密切联动的工作机制，提升体检实际效果；三是针对多发的严重慢性疾病，进行多部门攻关，强化国际合作，推动诊疗技术突破；四是通过统一信息平台建设，提高数据使用效率，发挥大数据对老年健康的支持作用；五是加大对农村健康服务体系建设的支持，提升农村医疗卫生服务体系服务能力；六是对认知障碍等精神类疾病展开专项行动，从社会环境治理入手减少发病诱因；七是结合2019年末新冠病毒肺炎疫情中的做法，从措施部署、综合学科组建、落实居家和机构老年人保护措施等多方面入手，建立重大疫情发生时针对老年人的保护预案和疫情防控机制。

六、多措并举提升老年经济保障水平

完善老年人经济保障，既需要通过老年人劳动参与率提升，增加劳动收入在老年人生活保障中所占份额，也要建立多渠道筹资来源，尽快落实多层次养老保障体系和医保基金支持体系。总的目标，是缩小老年人收入差距与财富差距，确保不同年龄层次的老年人病有所医、老有所养。需要注意的是，在提升涉老财政支出水平同时，要将财政支出重点从硬件设施投入转为支持日常运营，并要注意中长期财政支出可持续性，合理确定涉老财政支出增长水平。提升老年人的经济保障水平，核心是完善以养老保险为基础的养老保障体系，并降低老年人的医疗经济负担，同时加快构建覆盖城乡全国的长期护理保障体系。

完善养老保障体系，重点是做好基本养老保险、职业/企业年金、商业养老保险共同发展的多层次养老保障体系。

基本养老保险改革涵盖四个方面：一是尽快实现全国统筹，建议最迟到2030年实现基本养老保险的全国统筹；二是建立针对城乡居民基本养老保险待遇水平的年度调整机制，提升城乡居民基本养老保险水平，缩小同城镇职工养老保险间的差距；三是落实精算平衡原则，在养老金征缴和待遇水平调整中建立常态化的参数调整机制；四是完善养老保险征缴机制，推动养老保险征缴人群全覆盖，针对新出现的各类就业形态，建立完善的养老保险征缴机制，同时探索城乡居民养老保险征缴制度改革，增强其保险属性。

企业/职业年金改革的主要方向是逐步实现企业年金的普及。针对目前覆盖率过低的问题，需要采取五方面措施：第一，引入"自动加入"机制，采用半强制模式，让加入企业养老保险的个人自动加入企业年金，逐步扩大加入人群规模；第二，放开个人投资选择权，增加企业年金基金的投资收益水平，提升企业年金的吸引力；第三，建立"合格默认投资工具"，为个人选择投资工具提供支持；第四，完善EET型税优政策，提升个体加入企业年金的获得感；第五，建立中国版的TEE型"免税账户"，提升个人加入企业年金积极性。同时要针对当前职业年金"代理人"导致的委托代理问题，应尽快制定相关条例，规范代理人行为。

商业养老保险和个人储蓄，应该在既有试点基础上，加快开发新的产品类型，通过完善相关税费支持，稳步提升其作用。

针对老年人医疗费用负担沉重问题，要多措并举建立对老年人健康服务体系的费用支持。整体方向，是完善以基本医保为主体，大病保险为延伸、医疗救助为托底，商业健康保险及多种形式补充医疗保险为补充的多层次保障体系。2030年之前医疗保障需要做的重点工作：一是完善统一的城乡居民基本医疗保险制度和大病保险制度，健全筹资和待遇调整机制，缩小人群保障水平差异；二是推动完善全国统一的医疗保障信息平台建设，尽快实现异地就医住院费用直接结算，在此基础上实现异地就医直接结算；三是针对当前医疗保障中部分人群保障过高的问题进行调整，探索取消少数人就医完全不付费模式，引入个人负担部分，以避免浪费；四是在老年人疾病诊疗中，加大运动处方和健康处方的利用水平，通过改善营养和锻炼等行为因素，提高健康水平并大幅降低医疗支出。

长期照护保障需要尽快在国家层面推出以社会保险为基础，商业长期照护保险为补充的长期照护保障体系。基础性的长期照护社会保险筹资，可考虑在降低其他社会保险项目缴费比例前提下，整合对老年人的既有各类补贴，建立由单位、个人以及财政三渠道共同筹资的模式。积极鼓励商业类长期照护保险的发展，对居民的多样化和差异性长期照护服务提供支持。

探索多种方式增加老年人财产性收入。在农村，可结合宅基地和承包地使用制度改革，以土地入股、土地流转等多种模式增加老年人获取收入的能力。对于收入低且缺乏其他收入来源的老年人，需要进一步完善低保制度，实现应保尽保，并通过完善其他社会救助制度，防范老年贫困的发生。

推进养老保障、医疗保障和长期护理保障改革同时，需要配套实施三类措施：一是改革税收制度，逐步建立以家庭为征税单位的模式，实施家庭赡养老人支出的税收抵扣；二是探索采用国有资本划拨等方式，加大对农村居民养老和医疗保障的支持力度；三是在老年人中普及金融知识，增强老年人防范金融欺诈的能力，扩大理财收益。

七、积极开发老年人力资本，扩大老年社会参与

当前，中国60岁到70岁的低龄活力老人约有1.4亿人，占总人口的十分之一。2030年前，老年人口增长仍以70岁以下的低龄老人为主。充分发掘处于活力期的老年人潜力，促进劳动参与，可以收获中国第二次人口红利，为经济社会发展提供新的动力。

不同时期出生的老年人社会参与的重点有所不同。当前的老年人群政治素质较高，有很强的组织性，可以政治参与和公益活动为核心推动其社会参与。随着老年人受教育水平的逐步提高，社会参与种类可更加丰富，劳动参与的比例也应逐渐提升。需要注意的是，促进老年人参与要以自愿和激励为原则，确保其参与获得应有的报酬和保护，充分保障老年人应有权益。活动多种方式并举，既可以是正规参与，也可以是非正规参与；既可以是家庭内部参与，也可以是社会类活动。具体建议从六个方面入手。

第一，树立终身学习的社会共识。大力发展老年教育，推动老年大学发展，引导社区、院校、行业企业开设老年大学，提供更加丰富的老年教育资源。鼓励青年人与老年人之间的多领域知识和技能的代际交流，建立代际合作项目示范。为社会中青年人群提供应对进入老龄时期的知识和技能储备。

第二，加强老年人就业参与的法律保障和政策引导。一方面，改革劳动法，消除阻碍老年人就业的制度障碍，对再就业或继续就业的老年人给予充分的权益保障，使老年人在应聘过程中不受歧视。另一方面，从税收等方面对雇主给予激励，促进吸纳老年人再就业的企业发展。

第三，建立合理的老年就业模式。消除老年人就业过程中的歧视和偏见，通过工作类型调整，让老年人的能力和经验发挥作用。一方面，引入老年人口弹性就业模式，通过调整养老金领

取水平，促进老年人继续就业；另一方面，调整工作流程和技术管理模式，开发适宜老年人就业模式和工种，保障老年人工作安全和健康。除正规就业外，还可鼓励老年群体参与家庭和社会发展中的非正规就业。通过经济补贴、喘息服务和员工支持等政策和项目，对照顾家人的老人提供切实的福利和帮助，提升老年人参与家庭活动的积极性。

第四，为老年参与创造条件。加强与公共交通出行、信息交流和社区服务获取等相关公共设施的无障碍设计与适老化改造。继续推进街道、社区"老年人生活圈"配套设施建设，为老年人提供一站式便捷服务。

第五，探索以社区为基础的互助养老新模式。通过"时间银行"模式，充分发挥城市中低龄的健康老年人作用，以社区为依托，为生活在社区的高龄老年人提供多种形式的养老服务。在农村地区，进一步发挥互助幸福院作用，推动互助养老发展，探索以抱团养老形式化解农村养老负担。

第六，重视科技对促进老年社会参与的作用。对于健康状况不佳的老年人，利用移动类、生活类辅助器具和健康管理类穿戴设备等产品对其进行功能性赋能，使他们有可能过上健康、富有成效、独立和有尊严的生活，参与劳动、公益活动和家庭活动。对于健康状况良好的老年人，利用计算机、互联网和人工智能等科学技术进行智慧赋能，为其更广泛便捷地进行社会参与提供支持。

针对中老年群体劳动参与率过低问题，近期需要做的重点工作是实施延迟退休政策。可以分为两步：第一步，2020年到2025年，将女性职工退休年龄逐步提升至55岁，女性公务员退休年龄调整至60岁；第二步，自2025年开始，逐步实施弹性退休年龄制度，用5~10年时间，将全额领取养老金的年龄逐步提升至65岁。

八、"十四五"时期需要采取的措施

随着第二次生育高峰期出生人口进入老年阶段，"十四五"期间中国人口老龄化将以更快速度发展，老年人口规模和比例将呈现"双增长"态势，65岁及以上人口所占比例超过14%，中国将由老龄化社会进入到老龄社会。人口结构变化、经济结构变化，加上财政收支变化，使人口老龄化的应对环境更为复杂。这一时期，人口老龄化对经济社会的影响将全面显现，应对人口老龄化的任务将更为迫切，"十四五"将成为我国应对人口老龄化最重要的"窗口期"。基于上述各领域确定的重点任务和相关举措，"十四五"时期需要采取以下十二项措施。

1. 完善党建引领、各服务主体协同、老年人充分参与、多元共治的老龄社会基层治理机制，形成若干有代表性的基本模式。

2. 实施自主生育，完善生育服务政策，形成支持生育的基本制度框架。

3. 制定实施老龄产业发展规划。

4. 从税收改革和道德伦理建设等方面入手，形成支持家庭充分发挥养老功能的基本制度框架。

5. 分领域充实养老服务内容，形成居家社区机构紧密衔接、服务内容相对丰富、服务质量有所保障的养老服务体系。

6. 借助乡村振兴契机，加大农村养老基础设施建设，充实农村养老服务内容，提升农村老年人养老服务质量。

7. 建立针对失能、半失能老年人的长期照护服务体系和长期照护费用保障机制。

8. 着眼医疗、医药、医保联动，强化康复护理体系建设，实施老年人医保费用异地完全结算，制定完善老年医疗健康服务体系。

9. 制定实施城乡居民基本养老金待遇水平定期调整的常态机制，完善养老保险异地无障碍衔接机制，加大对相对贫困的研究，制定实施完善的针对老年贫困群体的救助机制。

10. 分步实施退休年龄调整方案，为全面实施60岁以上退休做好准备。

11. 推进社区示范性老年大学建设，分阶段实施老年大学社会化发展。

12. 总结时间银行试点经验及教训，构建规范化、制度化的时间银行体系。